INTRODUCCIÓN
AL
SISTEMA JUDICIAL ESPAÑOL

ORGANIZACIÓN JUDICIAL

***

PROCESO CIVIL

3ª edición

JUAN DAMIÁN MORENO
Catedrático de Derecho Procesal
Universidad Autónoma de Madrid

INTRODUCCIÓN AL SISTEMA JUDICIAL ESPAÑOL

ORGANIZACIÓN JUDICIAL

***

PROCESO CIVIL

3ª edición

Editorial Dykinson
Madrid, 2013

Editorial DYKINSON, S.L. Meléndez Valdés, 61 - 28015 Madrid
Teléfono (+34) 91 544 28 46 - (+34) 91 544 28 69
e-mail: info@dykinson.com
http://www.dykinson.es
http://www.dykinson.com
Consejo Editorial véase www.dykinson.com/quienessomos

ISBN: 978-84-9031-748-8
Depósito Legal: M-33925-2013

A Valentín Cortés
Maestro, compañero y amigo

ÍNDICE

PRIMERA PARTE
Organización judicial

SEGUNDA PARTE
Proceso civil

PRIMERA PARTE

Organización judicial

I. EL DERECHO Y SU GARANTÍA JURISDICCIONAL

1. Qué son y para qué sirven los tribunales

El punto de partida de nuestra exposición debemos situarlo necesariamente en un dato que parece incontrovertible en un Estado de Derecho, y es que todos los ciudadanos tenemos el deber de acomodar nuestra propia conducta a lo previsto en las normas jurídicas. En mayor o en menor grado, todas las sociedades están regidas por normas. El conjunto de esas normas, estableciendo derechos y obligaciones a los ciudadanos («reglas de conducta»), conforman el ordenamiento jurídico de un país y tienen por finalidad esencial ordenar pacíficamente la convivencia; de ahí que los ciudadanos, independientemente de sus creencias o convicciones, se hallan obligados por ellas, lo que lleva, como derivación de una exigencia de moralidad colectiva en los países democráticos, el deber de cumplir la ley como expresión de la voluntad general [L. HIERRO].

Nuestra Constitución, siguiendo los principios inspiradores de un Estado de Derecho, no hace sino contemplar también esta exigencia, imponiendo a todos, sin excepción, el deber de cumplir las normas que conforman el ordenamiento jurídico.

Art. 9 de la Constitución

Los ciudadanos y los poderes públicos están sujetos a la Constitución y al resto del ordenamiento jurídico.

La proclamación que antecede constituye sin duda alguna uno de los fundamentos de la paz social al imponer a todos, incluido al propio Estado, el deber de actuar de acuerdo con las disposiciones que en ellas se contienen. Esta clase de normas que, en contraposición a las procesales, denominamos materiales o sustantivas, reciben en el ámbito de la ciencia jurídica el nombre normas primarias [Hart] y tienen por objeto regular la actividad de quienes integran una determinada sociedad atribuyendo o imponiendo derechos y deberes a sus integrantes. Ahora bien, si bien es cierto que la realización del derecho, según las tesis de Austin, suele llevarse a cabo (al menos en las sociedades democráticas) bajo *un hábito general de obediencia*, de modo que las normas suelen cumplirse de forma espontanea o voluntaria, esto es, de manera que no sea necesaria la intervención de ningún otro órgano que coactivamente imponga su cumplimiento, no lo es menos que puede ocurrir todo lo contrario.

En este sentido, quien es titular de un derecho no viene obligado a hacerlo valer continuamente pero es indudable que el más completo sistema de garantías jurídicas atribuidas a los particulares se convertiría en algo totalmente inútil si no incluyese los remedios adecuados para el caso de que las normas que establecen dichos derechos fuesen violados o lesionados los intereses tutelados por los mismos. Por este motivo, frente a los actos antijurídicos a los ciudadanos les caben dos opciones jurídicamente admisibles: resignarse, no haciendo valer sus derechos (renunciado o transigiendo), lo que a juicio de Hobbes supondría privarle de la libertad de impedir que otro se beneficie de lo mismo a lo que uno tiene derecho o, por el contrario, utilizar el uso legítimo de la fuerza recurriendo a los remedios que proporciona en cada caso el ordenamiento jurídico, mediante el sometimiento de la controversia a la decisión de un tercero imparcial a fin de que imponga la sanción que legalmente corresponda.

En este contexto podemos decir que el derecho constituye un marco de referencia que posibilita que las conductas de los ciudadanos se acomoden a la propia voluntad soberana que la norma representa, de modo que la inadecuación de la conducta que deba ser observada por los sujetos origina un conflicto o una controversia entre particulares cuya resolución suele ser encomendada unos órganos específicos, los tribunales de justicia, cuya misión es precisamente velar por el cumplimiento de la ley.

En las organizaciones políticas civilizadas a los ciudadanos les está vedado imponer a la fuerza su propia ley y que cada cual se tome la justicia por su mano. Hasta tal punto esto es así que, excepción hecha de las prerrogativas de autotutela atribuidas a la Administración, ni siquiera el Estado, que teóricamente representa la esencia del ejercicio legítimo del poder y de la fuerza, puede prescindir de los tribunales para hacer valer sus propios derechos.

El derecho, según la clásica formulación kelseniana, obliga a todos, incluso al propio sujeto del cual emana. Este fenómeno se advierte con toda claridad cuando lo que se pretende aplicar es una pena o una medida de seguridad, pues aunque el derecho a imponer penas, el *ius puniendi*, corresponda al Estado, éste nunca puede ejercitarlo al margen del proceso. Pero, además de esa función primaria, los tribunales tienen también confiada en un Estado de Derecho la función de asegurar el libre ejercicio de los derechos fundamentales y las libertades públicas, lo cual explica el importante papel que los jueces desempeñan en las sociedades libres.

En relación con estas cuestiones, uno de los aspectos que debiéramos afrontar es el que se refiere a la determinación de cuál ha de ser el objeto de la actividad jurisdiccional, es decir, analizar lo que es y para lo que sirve. Son muchas las explicaciones que se han ofrecido en este sentido. La aplicación de la norma por parte de los tribunales no tiene un fin en sí misma. La función primordial de los tribunales de justicia es la de resolver las controversias que se susciten entre los particulares como consecuencia del ejercicio de los derechos que legalmente tengan reconocidos, operación que consiste esencialmente en aplicar la ley al caso controvertido como medio de garantizar la tutela de dichos derechos: en eso consiste básicamente la función de juzgar.

Las controversias originan a su vez mutuas y recíprocas pretensiones entre las partes lo cual sucederá en la medida en que cada una de ellas considere que la ley actúa a su favor. El contenido de cada una de ellas varía lógicamente en atención a la posición que cada uno ocupe en relación con la misma. Las pretensiones siempre tienen un carácter instrumental ya que incorporan una concreta solicitud de tutela respecto del derecho que cada uno de los contendientes considera infringido. Por lo tanto, las pretensiones que deduzcan las partes ante los tribunales son las que constituyen realmente el objeto de su actividad, las cuales sólo pueden ser satisfechas aplicando el derecho al caso concreto; eso significa que las pretensiones que los jueces están llamados a resolver son siempre jurídicas y, en consecuencia, su decisión sólo puede alcanzarse resolviendo de forma irrevocable y definitiva la controversia con efectos de *cosa juzgada* mediante la aplicación de la norma al caso controvertido.

Sin embargo, la ley no es la única fuente de las decisiones judicial pero si la más importante. La supremacía de la ley como fuente de las decisiones judiciales faculta al juez a verificar la adecuación de esta con el resto de las normas que coexisten en el ordenamiento jurídico, especialmente de la potestad reglamentaria; de ahí que la Ley Orgánica del Poder Judicial encomiende a los tribunales el control del principio de jerarquía normativa.

Contemplado desde la perspectiva de los postulados del Estado de Derecho podría afirmarse que el fin de tutela que se garantiza a través de la actividad jurisdiccional se resuelve en la realización de los derechos e intereses legítimos de los particulares mediante la aplicación del derecho objetivo, en el bien entendido que esta tutela no permite al juez impartir cualquier tipo de justicia, sino la justicia que emana de la ley.

No obstante, debido a las deficiencias de la ley, o sencillamente a causa de la inactividad de los poderes públicos, forzoso es reconocer a jueces y tribunales la facultad de suplir en ocasiones esas deficiencias o esa inactividad dispensando a los ciudadanos la tutela de sus derechos e intereses mediante soluciones integradores del ordenamiento jurídico («ubi ius ibi remedium») actuando los tribunales en este caso como instrumentos de ordenación social [Lon L. Fuller].

La justicia, al igual que otros, es un sistema organizado de resolución de conflictos, aunque desde luego no es el único; también es posible acudir a remedios alternativos como el arbitraje, la conciliación o recurrir a auxilio de los modernos sistemas de negociación asistida (mediación, etc.). Estos medios no son más que vías sustitutivas para prevenirlos y, en su caso, darles una solución distinta a la establecida legalmente evitando que a través de otro tipo de soluciones determinados conflictos lleguen a los tribunales, con lo que sirven para reducir la litigiosidad.

El Estado debe seguir manteniendo su compromiso con los particulares y continuar poniendo a su servicio todo un sistema judicial para la defensa de sus intereses y, por consiguiente, quien se considere perjudicado por la actuación de los demás debe poder hacer valer sus derechos ante los tribunales, que son los únicos a quienes se les encomienda con exclusividad el ejercicio de la potestad jurisdiccional. Aun así, la sobrecarga y el exceso de litigiosidad que soportan algunos de nuestros tribunales, a causa muchas veces de la propia decisión de la ley del imputar al sistema judicial el coste de determinadas prohibiciones o la toma de decisiones que probablemente no debiera asumir, causan una desafección ciudadana sobre la confianza de nuestra administración de justicia.

2. Configuración política de la jurisdicción: El poder judicial

A lo largo de los años, el Estado ha ido asumiendo de forma absolutamente hegemónica el monopolio de la función judicial. El poder judicial surge por ello al compás y como resultado de la formación del Estado contemporáneo. Si durante las primeras etapas de la formación del Estado moderno la función de juzgar se encontraba encomendada a los miembros pertenecientes a diversos estamentos sociales, existiendo una pluralidad de jurisdicciones especiales (que incluso pugnaban entre sí) tras la revolución francesa se fue implantando un sistema basado en el principio de división de poderes cuyo modelo ha llegado hasta nuestros días.

Por este motivo, la función de juzgar y, por lo tanto, la responsabilidad de decidir las cuestiones que surjan en caso de que se suscite una controversia, se encuentra encomendada a uno de los tres poderes del Estado: el poder judicial. El poder judicial surge por ello al compás y como resultado de la formación del Estado contemporáneo.

Ya sabemos que en nuestra organización política la función de elaborar y aprobar las leyes reside en las Cortes y la función ejecutiva corresponde al Gobierno, la función judicial se atribuye a los órganos que forman parte del poder judicial. Y al igual que sucede con el resto de los poderes del Estado, la doctrina suele designar dichos poderes de una forma abstracta, derivada de su configuración legal, aludiendo a su vertiente funcional: *Legislación* para referirse al poder legislativo y *Administración* para aludir al poder ejecutivo y *Jurisdicción* para el poder judicial. Así pues, en un Estado de Derecho los términos *Jurisdicción* y *Poder Judicial* suelen utilizarse indistintamente cuando nos referimos al poder del Estado encargado de administrar justicia.

Bien es verdad, que el término «jurisdicción» tiene varias acepciones. Siguiendo a Almagro Nosete, genéricamente expresa una idea de prerrogativa o de cualidad de mando atribuible a los actos provenientes de una autoridad y, por extensión, puede ser entendido también como el ámbito territorial en que aquélla se ejerce. Procesalmente puede ser definida como aquella actividad que tiene por objeto la resolución de una controversia aplicando el derecho al caso concreto (*iuris-dicere*). En este sentido, cabe calificar de jurisdiccional la actividad que desarrollan los árbitros en el arbitraje o los magistrados del Tribunal Constitucional y otros órganos en el ejercicio de sus respectivas atribuciones constitucionales (jurisdicción constitucional, jurisdicción contable, etc.). Técnicamente, el término *jurisdiccional* se reserva para referirse a la actividad judicial que desempeñan jueces y magistrados integrados en el poder judicial; de ahí que, por lo general, hablemos de la función jurisdiccional para aludir a la actividad que desarrollan los jueces y magistrados en el ejercicio de la potestad que constitucionalmente tienen encomendada.

Art. 117 de la Constitución

1. La justicia emana del pueblo y se administra en nombre del Rey por Jueces y Magistrados integrantes del poder judicial, independientes, inamovibles, responsables y sometidos únicamente al imperio de la ley.

2. Los Jueces y Magistrados no podrán ser separados, suspendidos, trasladados ni jubilados, sino por alguna de las causas y con las garantías previstas en la ley.

3. El ejercicio de la potestad jurisdiccional en todo tipo de procesos, juzgando y haciendo ejecutar lo juzgado, corresponde exclusivamente a los Juzgados y Tribunales determinados por las leyes, según las normas de competencia y procedimiento que las mismas establezcan.

4. Los Juzgados y Tribunales no ejercerán más funciones que las señaladas en el apartado anterior y las que expresamente les sean atribuidas en garantía de cualquier derecho.

5. El principio de unidad jurisdiccional es la base de la organización y funcionamiento de los Tribunales. La ley regulará el ejercicio de la jurisdicción militar en el ámbito estrictamente castrense y en los supuestos de estado de sitio, de acuerdo con los principios de la Constitución.

6. Se prohíben los Tribunales de excepción.

La configuración política que la Constitución Española diseña del poder judicial aparece sustentada en dos pilares fundamentales. El primero de ellos está constituido por el reconocimiento a nivel constitucional del origen democrático de todos los poderes del Estado (art. 1.2 CE). El segundo de los pilares se asienta en el clásico dogma de la separación de poderes, piedra angular sobre la que se sustentan los cimientos del Estado de Derecho. Así pues, la cuestión acerca de si el poder judicial es un auténtico poder del Estado, debería quedar resuelta, no tanto por el hecho de que al frente de ese poder haya un órgano de gobierno propio e independiente del poder político, como sucede con el Consejo General del Poder Judicial, sino fundamentalmente porque, como existe en otros países, el poder judicial incorpora, al igual que el resto de los poderes, la idea de autoridad o de supremacía, en la medida en que impone, no ya su voluntad, sino la voluntad mayoritaria de los ciudadanos expresada en la ley, asegurando de esta manera la observancia de las normas jurídicas.

El poder judicial, como encarnación de la *Jurisdicción*, actúa como mecanismo que asegura la actuación del derecho material o sustantivo; de ahí que se haya considerado que la función jurisdiccional tiene un carácter complementario respecto de la función legislativa y en la que se manifiesta el poder soberano del Estado llamado a garantizar la observancia del ordenamiento jurídico [Andrea LUGO].

Nuestro ordenamiento constitucional, siguiendo una larga tradición, ha acogido esta formulación, configurado a la Jurisdicción como un auténtico poder del Estado, tal como explícitamente aparece recogido en el Título VI de la Constitución («Del poder judicial»). Sin embargo, a diferencia de lo que sucede con el resto de los poderes del Estado, los integrantes de ese poder, esto es, los jueces y magistrados, no ejercen poder político alguno, ya que su función no va, ni puede ir, más allá de la mera aplicación de las leyes; su legitimación democrática, en la medida en que le ha sido confiada esta función, reside precisamente en esta nota esencial, el sometimiento al imperio de la ley (art. 117.1 CE).

A fin de asegurar la autonomía en cuanto al funcionamiento del poder judicial, la Constitución ha confiado el gobierno de ese poder a un órgano propio: el Consejo General del Poder Judicial, cuya principal función radica en velar por la independencia de todos y cada uno de sus miembros. El Consejo General del Poder Judicial no ejerce jurisdicción; no es un tribunal, sino un órgano de gobierno del poder judicial. Los jueces y magistrados son los verdaderos depositarios y detentadores de la *potestad jurisdiccional*, la potestad estatal de juzgar y hacer ejecutar lo juzgado que emana de la soberanía popular.

Por esta razón, cuando la Constitución atribuye a los órganos integrantes del poder judicial el ejercicio exclusivo de la potestad jurisdiccional no está haciendo más que constatar lo que en definitiva es el poder judicial en un Estado de Derecho al configurarlo como una manifestación más que el poder soberano del pueblo ejerce sobre los ciudadanos y que, por lo tanto, trasciende a la mera consideración de lo judicial como un aspecto parcial de la actividad de los poderes públicos.

3. El gobierno del poder judicial. El Consejo General del Poder Judicial

Como acabamos de indicar, en nuestro país el *gobierno* del poder judicial está encomendado constitucionalmente un órgano específico, el Consejo General del Poder Judicial. La idea de constituir un órgano encargado del gobierno del poder judicial no tiene más fundamento que el de alejar las decisiones que afecten a jueces y magistrados del área de influencia del poder ejecutivo y de esa manera garantizar el principio de separación de poderes como medio de salvaguardar la independencia de los miembros que lo integran; desde este punto de vista se pensó que esa era la solución que mejor convenía a los países donde los jueces forman parte de la maquinaria administrativa del Estado. Con ello se ha perseguido un objetivo de enorme trascendencia para la consolidación del Estado de Derecho como es el de privar al poder ejecutivo de las competencias que tradicionalmente ha venido ejerciendo en relación con las cuestiones que afectan a jueces y magistrados.

Este órgano está integrado por el Presidente del Tribunal Supremo y veinte miembros, elegidos por el Congreso y por el Senado entre jueces y magistrados y el resto entre profesionales del derecho, todos ellos de reconocida competencia y con más de quince años de ejercicio en su profesión. La determinación del modo de selección de los vocales, incompatibilidades de sus miembros y régimen de funcionamiento corresponde a la Ley Orgánica del Poder Judicial.

Art. 122 de la Constitución:

1. La ley orgánica del poder judicial determinará la constitución, funcionamiento y gobierno de los Juzgados y Tribunales, así como el estatuto jurídico de los Jueces y Magistrados de carrera, que formarán un cuerpo único, y del personal al servicio de la Administración de Justicia.

2. El Consejo General del Poder Judicial es el órgano de gobierno del mismo. La ley orgánica establecerá su estatuto y el régimen de incompatibilidades de sus miembros y sus funciones, en particular en materia de nombramientos, ascensos, inspección y régimen disciplinario.

3. El Consejo General del Poder Judicial estará integrado por el Presidente del Tribunal Supremo, que lo presidirá, y por veinte miembros nombrados por el Rey por un periodo de cinco años. De estos, doce entre Jueces y Magistrados de todas las categorías judiciales, en los términos que establezca la ley orgánica; cuatro a propuesta del Congreso de los Diputados, y cuatro a propuesta del Senado, elegidos en ambos casos por mayoría de tres quintos de sus miembros, entre abogados y otros juristas, todos ellos de reconocida competencia y con más de quince años de ejercicio en su profesión.

La Constitución no ha sido muy explícita a la hora de definir en qué ha de consistir el *gobierno* del poder judicial ni cuáles han de ser las funciones que debe desempeñar, pero parece descartado que ni por su especial configuración ni por la privilegiada posición que ocupa como órgano constitucional haya querido que fuera un órgano de *autogobierno* del poder judicial, de manera que no le correspondería definir o determinar una determinada política en materia judicial, entre otras razones porque esta función le corresponde al Gobierno pero sí contribuir con sus decisiones a mejorarla y a corregir aquellas actuaciones contrarias al ejercicio de la función que desempeñan. Además, a pesar de la expresión utilizada, no puede ejercer una posición de mando o de supremacía en cuanto al ejercicio de la potestad de quienes integran ese poder, los jueces y los magistrados, al menos en lo que se refiere al ejercicio de la función jurisdiccional.

En cuanto a sus atribuciones, la Constitución ha preferido confiar al Parlamento a que, a través de Ley Orgánica del Poder Judicial, tome las decisiones oportunas sobre esta importante cuestión estableciendo el alcance de sus funciones, en particular las que les corresponda en materia de nombramientos, ascensos, inspección y régimen disciplinario. Por lo tanto, no debe de haber duda de que el gobierno del poder judicial debe contraerse en la forma que determine la ley como mínimo a la regulación de estas materias y cualquier otra tendente al garantizar la independencia de este poder y de los miembros que lo integran.

La existencia de una administración judicial a cargo del Poder Ejecutivo, entendiendo por tal cualquier tipo de actividad que no sea la propiamente jurisdiccional, no es incompatible con el principio de separación de poderes. Sin embargo, a fin de preservar la independencia judicial, la LOPJ ha querido que la selección, nombramiento formación y perfeccionamiento, provisión de destinos, ascensos, situaciones administrativas y régimen disciplinario de Jueces y Magistrados, así como el ejercicio de la función inspectora de juzgados y tribunales corresponda en exclusiva al Consejo General del Poder Judicial (art. 122 CE).

La administración judicial es, pues, la encargada de llevar a cabo una serie de actividades auxiliares de la justicia mediante las cuales ésta se pone en funcionamiento por la Administración como puede ser la satisfacción de las necesidades financieras de los tribunales, el cuidado y mantenimiento de los edificios o, según hemos indicado, en general la gestión de los medios materiales y personales. Así mismo, se ocupa de otro tipo de instituciones al servicio de los tribunales como sucede con el Ministerio Fiscal, la Abogacía del Estado o la llamada administración de las instituciones penitenciarias.

Corresponde en cambio a las Comunidades Autónomas decidir si se hacen cargo o no de la gestión de estos recursos, razón por la cual, mientras se mantenga nuestro actual sistema de distribución competencias en materia de justicia, parece adecuado seguir reclamando del Gobierno un protagonismo en este tipo de asuntos. Y esto es así, entre otras cosas, porque la responsabilidad de llevar a cabo la acción de gobierno en materia de política judicial sólo puede ser atribuida a un órgano que supervise toda esa actividad y garantice un tratamiento homogéneo de esas cuestiones en todo el territorio nacional. Esto no significa que las políticas autonómicas deban necesariamente estar subordinadas a las decisiones del Ministerio de Justicia pero sí coordinadas con él; de la misma manera, que las decisiones del Ministerio de Justicia tampoco deberían condicionar ni comprometer las acciones y las políticas que en el ejercicio de sus respetivas competencias desarrollan en este ámbito las respectivas Comunidades Autónomas.

4. La cosa juzgada como atributo específico de la actividad jurisdiccional

Como hemos indicado, para que la actividad encomendada a jueces y tribunales resulte de utilidad para poder cumplir con el fin que tiene asignado el poder judicial, es preciso que las decisiones que adopten sirvan para resolver de manera definitiva e irrevocable la cuestión planteada. Los conflictos, una vez que se convierten en irreductibles, no pueden estar permanentemente abiertos; en algún momento hay que ponerles fin. El Estado ha confiado a los tribunales de justicia el poder para decidir las controversias de una vez y para siempre y con ello crear las condiciones para asegurar la pacífica convivencia y conferir seguridad jurídica a las relaciones entre los ciudadanos. Si no existiera el proceso y la jurisdicción y si el Estado a través de la sentencia del juez no fuera capaz de resolver definitivamente la controversia, el estado de conflictividad que dio origen al proceso nunca podría ser eliminado [MONTELEONE].

Este efecto característico de las decisiones judiciales recibe el nombre de *cosa juzgada* («res iudicata») y constituye la nota definitoria y el atributo específico de la actividad jurisdiccional, hasta el punto de que con frecuencia es utilizada como criterio para distinguir la actividad jurisdiccional del resto de las actividades que llevan a cabo los tribunales (por ejemplo, la llamada *jurisdicción voluntaria*); de ahí que el procesalista uruguayo Eduardo COUTURE llegara a afirmar que donde no hay cosa juzgada no hay actividad jurisdiccional.

Art. 118 de la Constitución:

Es obligado cumplir las sentencias y demás resoluciones firmes de los Jueces y Tribunales, así como prestar la colaboración requerida por éstos en el curso del proceso y en la ejecución de lo resuelto.

La cosa juzgada se concreta en el bien de la vida (el derecho de crédito, la propiedad, etc.) que ha sido objeto del proceso una vez que el juez lo ha reconocido por medio de la sentencia, protegiendo al vencedor frente a cualquier pretensión que tenga el mismo objeto y por lo tanto tiene un efecto excluyente frente a ulteriores demandas o reclamaciones («non bis in idem»); eso quiere decir que una vez que los tribunales han dicho la última palabra, es obligación de los poderes públicos impedir que la cuestión litigiosa pueda ser objeto de discusión en un momento posterior. La cosa juzgada representa la gran contribución que el proceso proporciona a la sociedad a favor de la paz social dotando de certidumbre a las relaciones jurídicas controvertidas [CHIOVENDA], y, en el ámbito de la justicia penal, implica por su parte la imposibilidad de que una misma persona pueda ser juzgada dos veces por el mismo delito («double jeopardy»).

Hoy sabemos que no es posible atribuir presunción de veracidad a lo declarado en la sentencia, tal como hasta no hace mucho se ha venido sosteniendo («res iudicata pro veritate accipitur»). Sin embargo, esta manifestación, tan cargada de simbolismo, nos acerca mucho más a la exacta dimensión acerca del papel que juega la cosa juzgada en el mundo de las relaciones jurídicas. Probablemente si no fuera así, el proceso dejaría de ser un instrumento de pacificación y de prevención de futuras controversias.

En este sentido, aunque la cosa juzgada por lo general afecte sólo a las partes que hayan litigado, en algunos casos se extiende a quienes no lo han hecho. Este fenómeno de extensión de la cosa juzgada está adquiriendo una nueva dimensión en tanto en el ámbito de la tutela de los derechos de los consumidores como en materia de impugnación de actos administrativos en asuntos de personal o tributario, pues en muchas ocasiones no resulta nada fácil aplicar las categorías clásicas del proceso al fenómeno de la defensa de los intereses difusos o colectivos, al menos en lo que se refiere a la «cosa juzgada». En estos casos, se entiende que la sentencia adquiere, a través de un proceso único, denominado comúnmente *proceso testigo* («test case»), la condición de *lex specialis* que habilita a que, una vez dictada, los afectados puedan deducir una pretensión de carácter individual sobre la base de la declaración previamente efectuada.

II. CARACTERÍSTICAS DEL SISTEMA JUDICIAL ESPAÑOL

1. Exclusividad. El principio de reserva jurisdiccional

El principio de exclusividad jurisdiccional se halla enunciado en el artículo 117 de la Constitución al declarar que *el ejercicio de la potestad jurisdiccional en todo tipo de procesos, juzgando y haciendo ejecutar lo juzgado, corresponde exclusivamente a los juzgados y tribunales determinados por las leyes, según las normas de procedimiento que las mismas establezcan».* Eso quiere decir que en nuestro país la función de juzgar y, eventualmente, la función de hacer ejecutar lo juzgado, únicamente puede ser atribuida a los órganos integrantes del poder judicial.

La exclusividad tiene su fundamento en la asunción por el Estado del monopolio de la potestad jurisdiccional, lo cual no es ni más ni menos que el resultado de aplicar a nuestro sistema constitucional el principio de separación de poderes. A la vista de ello, vemos como el principio de exclusividad puede ser entendido en un doble sentido. En sentido positivo, la exclusividad jurisdiccional comporta la imposibilidad de atribuir la potestad jurisdiccional a órganos de otros poderes del Estado.

Así pues, ni los órganos del poder ejecutivo ni del legislativo ostentan potestad alguna a la hora de juzgar y, por lo tanto, no pueden ejercitar la función de administrar justicia ya que ésta corresponde exclusivamente a aquellos a quienes la Ley Orgánica del Poder Judicial les atribuya esta potestad. Pero la exclusividad significa, a su vez, que los jueces y tribunales no pueden ejercer más funciones que las propiamente jurisdiccionales, a excepción de aquellas que expresamente les sean atribuidas por ley en garantía de cualquier derecho (art. 117 CE); eso quiere decir que la actividad jurisdiccional no tiene por único objeto la resolución de controversias; es frecuente que se les encomiende funciones de garantía de los derechos fundamentales: tal sucede por ejemplo para proteger el derecho a la inviolabilidad del domicilio o el secreto de las comunicaciones (art. 18 CE).

Tradicionalmente ha sido bastante común además atribuirles otro tipo de actividades que no se corresponden exactamente con la naturaleza propiamente decisora, fundamentalmente debido al prestigio y la formación que siempre han disfrutado. Este es motivo por el cual el principio de exclusividad ha servido a algunos autores para cuestionar la legitimidad constitucional de la actividad que llevan a cabo los jueces en materias que no son propiamente jurisdiccionales, como por ejemplo cuando se le encomienda la instrucción de las causas criminales o, como veremos seguidamente, cuando se les atribuye el conocimiento de ciertos asuntos que conocemos con el nombre de actos de jurisdicción voluntaria. En este aspecto, la exclusividad debiera operar fundamentalmente como un principio que debe informar la política legislativa pues de lo contrario habría que entender que todas estas actividades actualmente encomendadas a jueces y magistrados son abiertamente incompatibles con la Constitución.

El monopolio del Estado en cuanto se refiere al ejercicio de la potestad jurisdiccional es, en principio, absoluto e inderogable; a ningún otro sujeto se le reconoce la potestad jurisdiccional. No obstante, en algunos casos el ordenamiento admite que la función de resolver controversias con trascendencia jurídica pueda ser atribuida otro tipo de órganos o instituciones.

A) El arbitraje

Hemos de señalar que los particulares tienen abierta la posibilidad de resolver sus controversias a través de jueces privados o árbitros. El arbitraje es una institución que responde a unos postulados netamente liberales, permitiendo que sean otros particulares, siempre que se trate de materias de su libre disposición, quienes tengan reconocida la facultad de resolver controversias al margen de la justicia estatal. En la actualidad el procedimiento arbitral se encuentra regulado en la Ley 60/2003, de 23 de diciembre, de *Arbitraje.*

El arbitraje excluye la actividad jurisdiccional; de ahí que ambas partes hayan de estar de acuerdo en someterse al procedimiento arbitral y, en consecuencia, a aceptar la decisión del árbitro, la cual recibe en nuestro derecho el nombre de *laudo.* Por este motivo, en la medida en que dicha decisión sirve para eliminar la situación de conflicto creado, la ley atribuye a sus resoluciones las mismas cualidades atribuidas a las resoluciones judiciales y, por lo tanto, al igual que aquéllas, gozan de fuerza de cosa juzgada que es, en definitiva, lo que caracteriza a los actos jurisdiccionales, no como fruto del ejercicio de la potestad jurisdiccional, ya que la imperatividad de sus resoluciones viene dada, no por la ley, sino en último extremo por la propia voluntad de los contendientes.

Se ha discutido mucho acerca de la naturaleza jurídica del arbitraje y sobre su encaje constitucional. En realidad, el ejercicio de las funciones que la ley atribuye a los tribunales compuestos por árbitros tiene un origen convencional y, aunque se trata de una obviedad, la jurisprudencia constitucional ha señalado que el arbitraje no es contrario al derecho a la tutela judicial efectiva ya que su existencia se fundamenta en una renuncia a la jurisdicción estatal basada la autonomía de la voluntad de las partes (STC 174/1995).

En todo caso, para ello es esencial que las normas que lo regulen reúnan unas condiciones mínimas, capaces de sustituir a los tribunales en su función de satisfacer el derecho de los ciudadanos a la tutela de sus legítimos intereses. Hoy en día el arbitraje ha dejado de ser una institución al servicio de las grandes multinacionales y ha alcanzado cierta popularidad en determinados sectores como medio para la protección de sus derechos, fenómeno que obedece esencialmente al interés de los gobiernos por favorecer su uso como alternativa a la justicia estatal ya que hay quienes opinan que pueden ser el remedio ideal para evitar la sobrecarga de trabajo que recae sobre los tribunales de justicia; de hecho la ley vigente ha dejado abierta la posibilidad de que se pueda recurrir al arbitraje para resolver, incluso, conflictos sometidos al derecho administrativo.

B) Los tribunales internacionales

Por otra parte, desde el punto de vista del derecho internacional debe tenerse presente que la Constitución autoriza a celebrar tratados internacionales y, en consecuencia, dado que la potestad jurisdiccional, como el resto de los poderes del Estado, tiene su origen en la soberanía popular, no hay inconveniente en admitir que el poder legislativo pueda atribuir a órganos jurisdiccionales internacionales las competencias que la Constitución encomienda a los jueces en esta materia; es por ello, que al amparo de esta norma, la ley permite encomendar el ejercicio de la potestad jurisdiccional tanto a los juzgados y tribunales que determinen tanto las leyes como los tratados internacionales, lo que, en último extremo, supone reconocer la jurisdicción de estos tribunales internacionales y la obligación de aceptar las decisiones que provengan de ellos. Así, y aunque no están integrados en el poder judicial, para tutela de determinados derechos existen instancias internacionales específicas, tal como ocurre por ejemplo con el Tribunal Europeo de Derecho Humanos (TEDH) y en el ámbito de la Unión Europea, con el Tribunal de Justicia de las Comunidades Europeas (TJCA).

El Tribunal Europeo de Derechos Humanos, con sede en Estrasburgo, fue creado por el Consejo de Europa in 1959 para luchar contra las violaciones al Convenio Europeo de Derechos Humanos (1950). Conoce de las demandas formuladas contra los países que se han adherido al Convenio Europeo de Derechos Humanos, y si bien las resoluciones que declaran la existencia de una violación de un derecho fundamental de momento no tienen reconocida eficacia revocatoria directa para anular las sentencias dictadas por los órganos judiciales españoles, su jurisprudencia ejerce una enorme influencia en la doctrina de nuestros tribunales. Por su parte, el Tribunal de Justicia de las Comunidades Europeas [*Luxemburgo*], tiene en la actualidad una importancia decisiva en la medida en está llamado a velar por el cumplimiento y la efectividad del ordenamiento jurídico comunitario.

C) Extensión y límites de la jurisdicción española. La competencia judicial internacional

Cuestión distinta es la de determinar cuándo la decisión de un proceso con un elemento extranjero corresponde a un tribunal extranjero y cuando a un español. En principio, la presencia de un elemento extranjero no tiene por qué alterar la competencia de los tribunales españoles; salvo los supuestos de inmunidad, los tribunales españoles son competentes, cualquiera que sea la naturaleza del asunto que se les plantee, para conocer de los litigios que se susciten entre españoles, entre extranjeros o entre españoles y extranjeros (art. 21 LOPJ). Los jueces vienen siempre obligados a resolver cuantas pretensiones se les formulen, independientemente de cuáles sean las leyes que tengan que aplicar para la resolución de la controversia, pues concurriendo ciertas circunstancias la ley les faculta, incluso, para aplicar el derecho extranjero a la cuestión controvertida (arts. 9 a 12 CC y 281 LEC).

El problema radica en que la atribución en exclusiva de un asunto a favor de un tribunal español excluye el conocimiento del asunto por parte del tribunal extranjero, siendo así que esta cuestión permitiría que cada país pudiese atribuir determinadas competencias a favor de sus tribunales [González Granda]. El hecho de que no siempre estos criterios de atribución sean coincidentes, provoca con frecuencia enormes disfunciones ya que nada impide que cualquier otro país pretenda utilizar criterios diferentes para reclamar para sí el conocimiento del mismo tipo de asuntos.

Afortunadamente, esta situación viene mitigada por el hecho de que muchos países, a través de tratados internacionales hayan intentado uniformar o armonizar sus legislaciones nacionales para evitar esta clase de problemas. Así ha sucedido por ejemplo en el ámbito de la Unión Europea con el Reglamento 44/2001, relativo a la competencia judicial internacional, el reconocimiento y la ejecución de resoluciones judiciales en materia civil y mercantil y su sustituto, el Reglamento 1215/2012 (*Bruselas I Bis*). Cuando no es así, es a través de la ley o de los instrumentos de cooperación judicial internacional, particularmente mediante el reconocimiento y ejecución de resoluciones extranjeras, la única manera de solventar las dificultades que se plantean por este motivo.

En nuestro ordenamiento jurídico la distribución de asuntos en esta materia se lleva a cabo mediante convenios internacionales, las reglas propias que establezca en la legislación comunitaria y, en su defecto, por lo que disponga la normativa interna que a estos efectos regula una serie de criterios legales que en el ámbito forense reciben la denominación de *fueros exclusivos* cuya existencia impide el que, salvo que medie convenio, el asunto pueda ser atribuido a un juez o tribunal extranjero (art. 22 LOPJ). En todo caso, a fin de que por el juego de estos criterios se pueda causar indefensión, su aplicación ha de hacerse de manera que en función del objeto del proceso el demandante al menos tenga «posibilidad razonable» de acceder a la jurisdicción (STC 61/2000).

Especial incidencia tiene esta materia en la justicia penal, al menos en lo que se refiere a la competencia para investigar y juzgar crímenes contra la humanidad. La ley española, a fin colaborar en la persecución universal de estos delitos, se ha atribuido la competencia para conocer de los hechos delictivos cometidos fuera del territorio nacional susceptibles de calificarse, según la ley española, de genocidio, crímenes de lesa humanidad, terrorismo y otros especialmente graves (piratería, secuestro de buques y aeronaves, etc.). Esta atribución ha generado en algunos casos problemas interpretativos sobre la extensión y límites que debe tener la jurisdicción penal española en este tipo de asuntos.

La reforma llevada a cabo en 2009 en la Ley Orgánica del Poder Judicial ha precisado que para que los tribunales españoles puedan conocer de estos delitos es preciso que los presuntos responsables se encuentren en España o que existan víctimas de nacionalidad española, o que se haya constatado la existencia de algún vínculo de conexión relevante con nuestro país y, en todo caso, que en otro país competente o en el seno de un tribunal internacional no se haya iniciado procedimiento que suponga una investigación y una persecución efectiva, en su caso, de tales hechos punibles. En este aspecto, para evitar precisamente la impunidad de estos delitos, como complemento a las jurisdicciones nacionales se ha creado, promovido bajo los auspicios de Naciones Unidas, la Corte Penal Internacional mediante convenio que han suscrito ya más de un centenar de países de todo el mundo. Su existencia se justifica por la necesidad de superar los inconvenientes que existen en algunos lugares a la hora de investigar y enjuiciar a los responsables de dichos delitos.

2. La unidad jurisdiccional

A) La llamada jurisdicción ordinaria. La jurisdicción militar

A tenor de lo dispuesto en apartado 5 del artículo 117 de la Constitución, el principio de unidad jurisdiccional es la base de la organización y funcionamiento de los tribunales. El objeto de este principio consiste en primer lugar en impedir la existencia de jurisdicciones especiales al margen del poder judicial; es evidente que un poder judicial fraccionado y disperso en multitud de jurisdicciones especiales, cada una de ellas respondiendo a principios diversos y a cargo de órganos de gobierno diferentes, es mucho más proclive a la manipulación que un poder unitario y uniforme ya que la dispersión jurisdiccional es uno de los mayores enemigos de la independencia judicial.

La unidad jurisdiccional es sin embargo compatible con la coexistencia de órganos especializados como también lo es con el hecho de que existan varios órdenes jurisdiccionales, circunstancias ambas que constituyen un mero criterio de organización. En nuestro país se ha considerado oportuno establecer cuatro órdenes jurisdiccionales (civil, penal, laboral y contencioso-administrativo), lo cual no supone evidentemente una quiebra al principio de unidad jurisdiccional.

La especialización viene impuesta por la progresiva complejidad del ordenamiento jurídico que exige una mayor preparación de los jueces. Ahora bien, este fenómeno, que no sólo afecta al ámbito de la justicia, podría conducir, si no se lleva a cabo adecuadamente, a una excesiva proliferación de tribunales especiales, que es justamente lo que trató de evitar la Constitución al consagrar el principio de unidad jurisdiccional.

El principio de unidad jurisdiccional tiene por principal finalidad garantizar la independencia de todos los integrantes del poder judicial, lo cual no comporta necesariamente la exigencia de que los jueces tengan que pertenecer a un mismo cuerpo, sino que todos ellos estén sometidos a un mismo estatuto orgánico.

Frente a la llamada jurisdicción ordinaria, formada por los órganos pertenecientes al orden civil, penal, laboral y contencioso-administrativo, solo cabe contraponer pues la jurisdicción militar, regulada tanto por la Ley Orgánica 4/1987, de 15 de julio, de competencia y organización de la jurisdicción militar como por la *Ley Procesal Militar* de 13 de abril de 1989. La jurisdicción ordinaria sería pues aquella que se extendería con carácter general a todas las personas, todas las materias y a todo el territorio español (art. 4 LOPJ), mientras que la competencia de la jurisdicción militar quedaría limitada al ámbito estrictamente castrense, y fundamentalmente para el conocimiento de los delitos castigados en el Código Penal Militar, y en los supuestos de estado de sitio (arts. 117 CE).

La jurisdicción militar ha sufrido cambios muy importantes y ha ido adaptándose a las exigencias derivadas de la Constitución, sobre todo en cuanto a su estructura orgánica. Los antiguos Consejos de Guerra, integrados normalmente por oficiales de rango superior al de la persona juzgada, han dado paso a unos nuevos tribunales que están funcionalmente desvinculados de la línea de mando, en los que predomina su carácter jurisdiccional y a quienes la ley les atribuye con exclusividad la función de juzgar y hacer ejecutar lo juzgado en el ámbito estrictamente castrense.

B) La unidad del poder judicial y la configuración de la España de las Autonomías. La atribución a las Comunidades Autónomas de la administración de la Administración de Justicia

La jurisdicción es única porque el poder del que emana es también único. Así como las Comunidades Autónomas tienen reconocido constitucionalmente el poder legislativo y el ejecutivo en el marco de sus respectivas competencias, no ocurre lo mismo con el poder judicial, el cual no es susceptible de un tratamiento semejante ya que su origen se asienta sobre el principio de unidad de soberanía. Sin embargo, como ya adelantamos al tratar del gobierno del poder judicial, es evidente que la estructura del Estado español obliga en todo caso tener en cuenta el papel que desempeñan las Comunidades Autónomas en sus relaciones con el poder judicial. En principio, se entendió que la previsión contenida en el artículo 149.1 de la Constitución, mediante la cual se atribuye al Estado la competencia exclusiva en materia de *Administración de Justicia*, suponía un obstáculo que vedaba a las Comunidades Autónomas asumir competencias en materia de justicia.

Sin embargo, el Tribunal Constitucional pronto empezó manifestarse en favor de una interpretación tendente a favorecer las tesis defendidas por las Comunidades Autónomas, lo que suponía, a la postre, admitir la posibilidad de que éstas pudieran asumir las competencias en esta materia. El Tribunal Constitucional, recurriendo a una clásica formulación que permitió a finales de los años sesenta a un sector de la doctrina administrativista reclamar para sí el estudio de ciertas materias relacionadas con lo judicial, dio luz verde a esta posibilidad. La solución consistió básicamente en distinguir entre lo que es la *Administración de Justicia* de lo que es la *administración de la Administración de Justicia.*

Como consecuencia de ello, a las Comunidades Autónomas se les autorizó a asumir competencias en lo que se ha dado en llamar la «administración de la Administración de Justicia», respaldando con ello la constitucionalidad de las llamadas cláusulas subrogatorias que en su momento incluyeron los distintos Estatutos de Autonomía, lo que les ha permitido ejercer las atribuciones que la Ley Orgánica del Poder Judicial reservaba inicialmente al Gobierno de la Nación (SSTC 56/1990, 62/1990 y 97/2001 y, especialmente, las SSTC 31/2010, 163/2012 y 224/2012). Conforme con esta doctrina, existe un nutrido grupo de materias, tales como la dotación de los medios materiales y personales al servicio de la Administración de Justicia, la participación en las demarcaciones judiciales, la regulación de los requisitos para la concesión del beneficio de justicia gratuita o la organización de las oficinas judiciales radicadas en sus respectivos territorios, que no forman parte de lo que es propiamente el desarrollo de las competencias relacionadas con el ejercicio de la función jurisdiccional y, por consiguiente, pueden perfectamente ser transferidas a las Comunidades Autónomas.

III. LA INDEPENDENCIA JUDICIAL

Únicamente tiene sentido hablar de un auténtico poder judicial si los sujetos que lo integran, jueces y magistrados, tienen garantizada su independencia. En nuestro país esto se lleva a cabo atribuyéndoles un estatuto específico que les permite juzgar con imparcialidad y, por tanto, permitirles que sólo puedan decidir conforme a Derecho. A tal fin, nuestro ordenamiento jurídico contiene varias previsiones tendentes a garantizar la imparcialidad de los jueces y proteger su actividad de cualquier posible interferencia que tenga por objeto influir en sus decisiones.

La independencia constituye una garantía para los ciudadanos y que posibilita a los jueces y magistrados resolver los asuntos que se les sometan sin ningún tipo de influencia externa que pueda alejarles de su obligación de decidir con arreglo a los criterios legalmente establecidos. En este sentido, aunque los jueces, en el ejercicio de sus funciones, son independientes a la hora de juzgar, en cuanto al ejercicio de dicha potestad se refiere, se encuentran, al igual que los demás ciudadanos y poderes públicos, sujetos a la Constitución y al resto del ordenamiento jurídico; no en vano, el poder judicial del que forman parte está subordinado a la ley, como expresión de la voluntad popular.

La independencia judicial ampara a los jueces exclusivamente en el ejercicio de la potestad jurisdiccional, esto es, a la hora de juzgar, pero en su condición empleados públicos, están obligados a respetar tanto las normas establecidas por las leyes procesales como las que rigen su propio estatuto orgánico. Por lo tanto, la independencia nunca puede ser concebida como un privilegio sino como un medio para garantizar la observancia de la ley y del resto del ordenamiento jurídico.

A tenor de lo establecido en la Ley Orgánica del Poder Judicial, en el ejercicio de su potestad jurisdiccional, los jueces son independientes no sólo respecto de los demás tribunales sino de los propios órganos de gobierno del Poder judicial. Eso quiere decir que a la hora de decidir un asunto, únicamente están sometidos al imperio de la ley, de modo que la Constitución les garantiza tal grado de independencia que les protege frente a los actos que puedan provenir tanto de los tribunales superiores como de los propios órganos del gobierno del Poder judicial.

1. La independencia de los jueces respecto de los órganos judiciales superiores. La función de la jurisprudencia del Tribunal Supremo

El sistema judicial español está organizado jerárquicamente. Esta circunstancia posibilita que las decisiones de unos tribunales puedan ser revisadas por parte de otros, pero en modo alguno la relación que existe entre unos y otros es de dependencia o de subordinación. Los jueces son, en este aspecto, absolutamente libres a la hora de juzgar, de modo que en el ejercicio de la potestad jurisdiccional únicamente están sometidos al imperio de la ley hasta el punto de que ni siquiera los tribunales superiores pueden hacerles indicaciones o recomendaciones acerca de cómo han de aplicar e interpretar las leyes. La independencia a la hora de juzgar se manifiesta en la posibilidad que tienen los jueces de elegir, entre las múltiples opciones que la ley les ofrece, la solución que, ante determinado supuesto de hecho, consideren más conveniente e impide a los tribunales superiores corregir la aplicación o interpretación del ordenamiento jurídico hecha por sus inferiores en el orden jerárquico salvo cuando administren justicia mediante los recursos que las leyes establezcan (art. 12 LOPJ).

En realidad, la independencia otorga al juez el poder para decidir en la forma que crea más oportuna, porque, al fin y al cabo, las decisiones judiciales no son más que el resultado de una actividad que depende de la voluntad del propio juez. Sin embargo, si la elección es errónea o arbitraria, el Derecho dispone de medios adecuados para poner remedio a las desviaciones que se produzcan en este sentido. Estos medios, que reciben el nombre de *recursos*, tienen por objeto corregir los errores cometidos por los juzgados inferiores, lo cual, obviamente, se justifica por la necesidad de obtener una decisión lo más justa y acertada posible. Esta es la razón por la cual las resoluciones judiciales sólo pueden dejarse sin efecto en virtud de los recursos previstos en las leyes (art. 18 LOPJ).

Desde esta perspectiva cobra especial relevancia la función que desempeña la jurisprudencia del Tribunal Supremo, el cual, con jurisdicción en toda España, es, de acuerdo con la Constitución, el órgano jurisdiccional superior en todos los órdenes, salvo en materia de garantías constitucionales. Hay que tener en cuenta que a pesar de que formalmente los jueces no se encuentren vinculados por su doctrina, la jurisprudencia tiene asignada una importante función, como es la de complementar el ordenamiento jurídico con la doctrina que de modo reiterado establezca el Tribunal Supremo al interpretar y aplicar la ley, la costumbre y los principios generales del derecho (art. 1.6 CC), lo que evidentemente convierte a la doctrina del Tribunal Supremo en un elemento de gran influencia a la hora de condicionar las decisiones de los jueces inferiores, aportando el deseable grado de uniformidad que el derecho necesita.

En este aspecto, para que los jueces se consideren realmente vinculados es preciso que entre el caso que se proponen decidir y aquel que se invoca exista semejanza en lo que constituye la *ratio decidendi* ya que, en caso contrario pueden quedar liberados exponiendo las razones por las cuales consideran que la solución precedente resulta inaplicable al supuesto enjuiciado. Esta circunstancia, si bien no afecta propiamente a la independencia de los jueces, confiere un innegable elemento de seguridad jurídica en el tratamiento de casos sustancialmente iguales, pues, como veremos, no cabe duda que la previsibilidad de las decisiones judiciales, además de servir para reducir los altos índices de litigiosidad, proporciona seguridad y confianza a los destinatarios de las normas jurídicas; no cabe ignorar que las resoluciones del nuestros tribunales tienen una enorme trascendencia en la medida en que establecen pautas de conducta de las que los ciudadanos pueden deducir o extraer reglas de conducta vinculantes para casos idénticos o similares.

2. La independencia respecto de los órganos de gobierno del poder judicial. La inamovilidad

A la vista de las consideraciones anteriores, es evidente que el objetivo institucional es situar a los jueces en un escenario que les preserve de toda clase de influencias, de modo que esto les permita decidir con absoluta libertad de criterio. Este es el motivo por el cual la ley les protege de los órganos de gobierno del poder judicial, entre los que hay que incluir, no sólo al propio Consejo General del Poder Judicial, sino a los demás órganos de gobierno establecidos en la Ley Orgánica del Poder Judicial, como son, por ejemplo, la Salas de Gobierno, los Presidentes de los Tribunales, Presidentes del Salas o los Jueces Decanos.

El ejercicio de la potestad jurisdiccional debe ser inmune también frente al ejercicio de las funciones gubernativas y de administración encomendadas a todos estos órganos. Esta inmunidad frente a los órganos de gobierno se garantiza a través de varios medios. En primer lugar, mediante la inamovilidad que, como veremos, impide que los jueces puedan ser separados, suspendidos, trasladados o jubilados sin que medie una causa legal que lo justifique (art. 117 CE), y, en segundo lugar, como hemos dicho, prohibiendo a los distintos órganos de gobierno dar a jueces y tribunales en el ejercicio de sus funciones, instrucciones de carácter general o particular sobre cómo aplicar o interpretar las normas del ordenamiento jurídico a la hora de administrar justicia (art. 12 LOPJ).

La inamovilidad es esencial para garantizar la independencia de los miembros del poder judicial ya que su finalidad es evitar que los destinos judiciales queden a merced de los cambios de gobierno. La inamovilidad ampara a los jueces frente a las eventuales arbitrariedades de los órganos que gobiernan el poder judicial, pero no es incompatible con la posibilidad de limitar la duración temporal en determinados destinos, evitando así que la perpetuación de los jueces en ciertos juzgados produzca efectos indeseados en la función judicial. Los destinos judiciales pueden perfectamente tener una duración limitada en el tiempo sin que ello afecte a su sistema de garantías.

Por último, la inmunidad de los jueces en activo alcanza también a los requisitos que es preciso observar cuando sean acusados de la comisión de un delito. La Ley Orgánica del Poder Judicial incluye una serie de prevenciones para el caso de que tal situación se produzca, entre las que figura, como más relevante, la prohibición de ser detenidos por la policía, salvo en caso de flagrante delito (art. 398 LOPJ).

3. La independencia de los jueces en relación con su entorno social. Incompatibilidades y prohibiciones

Como miembros de una sociedad, los jueces también pueden ser víctimas de las influencias que provengan tanto del entorno en el que conviven como de los miembros que integran la comunidad en la que ejercen su jurisdicción. Por esa razón, la ley ha establecido una serie de mecanismos para protegerlos frente a este tipo de injerencias. Y lo primero que ha hecho el legislador es establecer una serie de reglas que limitan su capacidad de actuar en relación con el resto de los ciudadanos. La Ley Orgánica del Poder Judicial ha querido ser muy prolija a la hora de enumerar los supuestos de incompatibilidades y prohibiciones aplicables de los jueces en el ejercicio su función;

todas ellas tienen por objeto mantener a los jueces alejados de las posibles influencias derivadas de sus relaciones sociales y familiares y, de esta manera, evitar que éstas puedan condicionar el sentido de sus resoluciones.

Art. 13 LOPJ

Todos están obligados a respetar la independencia de los Jueces y Magistrados.

Así, el cargo de juez o magistrado es incompatible con el ejercicio de cualquier cargo en la Administración y, en general, con todo cargo o profesión retribuida, salvo la docencia o investigación jurídica. También es incompatible con el ejercicio de toda actividad mercantil, por sí o por otro, con el de director, gerente, administrador, consejero, socio o cualquier otro que implique intervención directa, administrativa o económica en sociedades o empresas mercantiles, públicas o privadas, de cualquier género. Por lo mismo, la ley prohíbe a los jueces y magistrados desempeñar sus funciones en lugares donde ejerzan habitualmente, como Abogado o Procurador, su cónyuge o un pariente dentro del segundo grado de consanguinidad o afinidad, incompatibilidad, que no será aplicable en las poblaciones donde existan diez o más Juzgados de Primera Instancia e Instrucción o Salas con tres o más Secciones.

La ley ha establecido un principio general que impone el deber de todos de respetar la independencia judicial (art. 13 LOPJ), atribuyendo al Consejo General del Poder Judicial la función de garantizarla. Por eso, el art. 14 de la Ley Orgánica del Poder Judicial atribuye a los jueces que se consideren inquietados o perturbados en su independencia, la facultad de poner los hechos en conocimiento de este órgano sin perjuicio del poder que les asiste de practicar por sí mismos las diligencias estrictamente indispensables para asegurar la acción de la justicia y restaurar el orden jurídico. Los jueces tienen, por tanto, la posibilidad de ordenar las medidas que estimen oportunas para preservar su propia independencia, reconociéndoles algo similar a lo que en el derecho inglés se conoce con el nombre de *contempt of court*.

Entre el conjunto de disposiciones destinadas a preservar a los jueces de las presiones sociales se halla también el reconocimiento del derecho a percibir una remuneración adecuada (art. 402 LOPJ). Al objeto de evitar que el poder ejecutivo pueda atentar contra la independencia de los jueces y magistrados mediante la política de retribuciones, la Ley Orgánica del Poder Judicial exige que éstas se establezcan siempre por una norma con rango de ley. En la actualidad esta materia se encuentra regulada por la Ley 15/2003, de 26 de mayo, reguladora del régimen retributivo de las carreras judicial y fiscal.

Art. 127 de la Constitución

1. Los Jueces y Magistrados así como los Fiscales, mientras se hallen en activo, no podrán desempeñar otros cargos públicos, ni pertenecer a partidos políticos o sindicatos. La ley establecerá el sistema y modalidades de asociación profesional de los Jueces, Magistrados y Fiscales.

2. La ley establecerá el régimen de incompatibilidades de los miembros del poder judicial, que deberá asegurar la total independencia de los mismos.

4. La imparcialidad. La recusación de jueces y magistrados

La imparcialidad constituye la variante funcional de la independencia de jueces y magistrados. El derecho que tienen todos los ciudadanos a un juicio con todas las garantías, esto es, el derecho a un juicio justo, tal como aparece recogido en el Convenio Europeo de Derechos Humanos, requiere que los jueces sean absolutamente imparciales. La imparcialidad alude a un fenómeno que se manifiesta sólo dentro de un proceso determinado. La imparcialidad constituye una exigencia que deriva de la propia Constitución, entendiendo por tal el ejercicio objetivo y desinteresado de la función judicial en el caso concreto. La ley ha extremado las cautelas para que la neutralidad de los jueces quede absolutamente salvaguardada; de ahí que el derecho a un juez imparcial sea una de las garantías que forman parte del contenido esencial del derecho fundamental a la tutela judicial efectiva consagrado en el artículo 24 de la Constitución y, por lo tanto, susceptible de ser invocado ante el Tribunal Constitucional a través del recurso de amparo.

La imparcialidad puede ser garantizada de varias formas. La primera de ellas a través de la institución de la *recusación*, la cual tiene por objeto apartar a los jueces del conocimiento determinados asuntos cuando concurra causa legal para ello. Los ciudadanos no tienen la posibilidad de elegir al juez que vaya a decidir sus asuntos; esta es una circunstancia que le viene dada en función de reglas objetivas de competencia. En cambio, si pueden rechazarlo si no reúne las debidas condiciones de idoneidad.

En esta materia prevalece la confianza que las partes tengan sobre el tribunal; no en vano son ellas quienes han de aceptar la resolución que en su día se dicte pues al fin y al cabo la fuerza vinculante de las decisiones de los tribunales está en función del valor que le concedan los ciudadanos y desde luego será más fácil que esto ocurra si no se duda de la imparcialidad los jueces que vayan a resolver sus controversias. Por eso, como defendió GÓMEZ ORBANEJA, con la recusación la ley no excluye al juez porque vaya a ser parcial sino simplemente porque pueda temerse que lo sea. Por eso, los jueces no tienen que esperar a que se les recuse; bastaría con que manifestaran su decisión de separarse del asunto desde el mismo momento en que entienden que concurre en ellos alguna causa de recusación ya que están obligados a abstenerse aun cuando consideren que la causa de recusación no les vaya a influir.

En el supuesto de que un juez decidiera no abstenerse, al interesado siempre le cabría la posibilidad de plantear la recusación, la cual produce el efecto inmediato de apartar provisionalmente del asunto al juez recusado hasta que se decida sobre la misma. Si el recusado negara la existencia de causa de recusación, se iniciaría un procedimiento que tiene por objeto decidir si se da o no la causa de recusación. No es suficiente con hacer valer la existencia de una causa de recusación; es preciso acreditarla ya que de otra manera bastaría la mera indicación para apartar a un juez de sus funciones; tan reprochable es no abstenerse concurriendo causa legal como hacerlo sin que medie una causa debidamente justificada con el fin de autoexcluirse de la decisión por razones de conveniencia o de oportunidad (art. 418 LOPJ).

La recusación produce el efecto de suspender el proceso principal, salvo que se dirija contra el instructor de una causa penal, debido a los perjuicios que por las dilaciones puede causar en la investigación la suspensión de las actuaciones. En este caso, el juez que legalmente le sustituya, continuará la tramitación del procedimiento hasta que se decida sobre esta cuestión.

El procedimiento para la recusación es relativamente sencillo y permite a las partes practicar las pruebas que sean necesarias para acreditar la causa alegada. Si finalmente prosperara la recusación formulada, el juez o magistrado quedaría apartado definitivamente del asunto respecto del cual ha sido recusado.

Sin embargo, la imparcialidad es más que la ausencia de parcialidad. Por eso, otra manera de asegurarla consiste en evitar que en un determinado sistema procesal los jueces tengan la facultad de asumir funciones que comprometan su neutralidad. Se habla así de la llamada *imparcialidad objetiva* la cual se vería amenazada si en un proceso los jueces tuvieran que llevar a cabo actos que procesalmente considerados determinasen una razonable sospecha de parcialidad [Galán González]. Para ello no es necesario que concurra ningún motivo concreto; basta con que exista la duda de que lo puede haber. El ejemplo más característico de este tipo de situaciones es el que impide en el proceso penal la acumulación en un mismo órgano de las funciones instructoras y decisoras, tal como en su momento declaró el Tribunal Constitucional en su sentencia de 12 de julio de 1988.

La imparcialidad quedaría también seriamente comprometida si a los jueces se les permitiera involucrarse en la actividad que corresponde a las partes o asumir iniciativas probatorias al margen de la estrategia procesal de los contendientes. Esta es la razón por la cual el ordenamiento jurídico ha recurrido a varias técnicas que tienen por objeto fundamental asegurar la imparcialidad objetiva de los jueces, tal como sucede por ejemplo atribuyendo a un órgano específico como el Ministerio Fiscal para que ejercite la función de acusar; lo mismo ocurre con la instauración del *adversary sistem*, propio de los países anglosajones, donde los jueces son meros directores del proceso, siendo un conjunto de ciudadanos o jurado quien tiene encomendada la responsabilidad de resolver. También puede garantizarse atribuyendo las funciones que han de desarrollarse en un proceso a diversos órganos a fin de que nadie pueda ser juez y parte al mismo tiempo, o bien confiando a los litigantes la función de aportar los hechos que van a ser objeto de discusión, lo que evita que los jueces acaben involucrándose directamente en la controversia.

IV. LA RESPONSABILIDAD DE JUECES Y MAGISTRADOS

1. El sistema de responsabilidad judicial

Ya hemos visto lo importante que es el que existan mecanismos eficaces para garantizar la independencia de los jueces a hora de juzgar; no parece lógico es que un ordenamiento jurídico carezca de instrumentos para sancionar las conductas de quienes, en el ejercicio de su potestad jurisdiccional, atentan gravemente a los principios esenciales que rigen su convivencia, porque, en definitiva, las resoluciones judiciales arbitrarias no sólo deslegitiman al juez que las pronuncia sino también al Estado que las respalda. La proclamación de la independencia de los jueces no garantiza nada si no viene acompañada de un sistema de responsabilidad realmente eficaz.

La independencia no significa que los jueces estén autorizados a resolver de acuerdo con criterios arbitrarios pues, como sabemos, en el ejercicio de sus funciones están sometidos al imperio de la ley y a su propio estatuto orgánico. La infracción de las normas que regulan el ejercicio de su profesión da lugar a responsabilidad. Los jueces están investidos de un poder que tiene su origen en la soberanía popular y, por lo tanto, responden de su actuación ante los ciudadanos.

Nuestra Constitución, de acuerdo con esta idea, proclama como principio esencial de nuestro ordenamiento jurídico el de la responsabilidad judicial. El art. 117 de la Constitución no deja lugar a dudas: *la justicia emana del pueblo y se administra en nombre del rey por jueces y magistrados integrantes del poder judicial, independientes, inamovibles, responsables y sometidos únicamente al imperio de la ley*. Así pues, la responsabilidad a la que alude la Constitución es de carácter personal. Son los jueces sobre los que individualmente recae esta responsabilidad; no en vano son ellos quienes tienen atribuido el ejercicio de la potestad jurisdiccional.

El fundamento de este tipo de responsabilidad, aplicada a los funcionarios judiciales, ha sido analizado desde varios puntos de vista. Sin embargo, en todos ellos parece advertirse una consideración que destaca sobre las demás: su condición de servidores públicos. No podemos olvidar que en el ejercicio de la actividad jurisdiccional los jueces representan cumplen una importante función social y sus resoluciones afectan a cuestiones esenciales de la vida, la libertad y el patrimonio de los ciudadanos. En toda decisión judicial siempre está presente el ejercicio de la libertad del juez para elegir entre varias soluciones jurídicas; por eso los jueces son independientes y a la vez responsables. La responsabilidad del juez se asienta sobre la posibilidad de elegir; si los jueces se limitaran simplemente a hacer lo que la ley les dice nunca podría exigírseles responsabilidad [Rovira Viñas].

Como veremos seguidamente, la responsabilidad de jueces y magistrados está encomendada en último extremo a los propios tribunales de justicia. Este es el motivo por el cual es esencial que el Consejo General del Poder Judicial, que como órgano de gobierno del poder judicial es quien constitucionalmente debe responder ante los ciudadanos de la profesionalidad de los miembros que lo integran, lleve a cabo esa labor de control que legalmente le corresponde, adoptando las medidas que sean necesarias para evitar que actúen amparándose en esa sensación de impunidad. En nuestro país, la ley no permite al Consejo General del Poder Judicial examinar la conducta de los jueces en función del contenido de sus resoluciones, las cuales son, como hemos visto, inmunes a la acción inspectora de este órgano. Sin embargo, es evidente que ningún aspecto de la actividad judicial debiera quedar exento de responsabilidad. Considerar lo contrario sería tanto como convertir a jueces y magistrados en sujetos ajenos a todo tipo de responsabilidad cuando se trata del ejercicio de funciones jurisdiccionales. Hay que tener en cuenta que no basta con que los jueces observen una conducta ejemplar; la competencia y la profesionalidad son elementos que también deben ser tenidos en cuenta.

Sin embargo, la Ley Orgánica del Poder Judicial no incluye, dentro las conductas que dan lugar a responsabilidad disciplinaria, que es la que más incidencia tiene en el ámbito profesional de los jueces y magistrados, ni una sola que se refiera a estos aspectos de la actividad judicial. A lo más que llega la ley es a considerar como falta muy grave la actitud de los jueces y magistrados que, por ignorancia inexcusable, no cumplan con sus deberes judiciales, fórmula que no sirve para afrontar conductas de esta naturaleza, lo que muchas veces dificulta la labor que debe llevar a cabo el Consejo General del Poder Judicial en su función de velar por el correcto ejercicio de la potestad jurisdiccional.

2. Ámbito de la responsabilidad de jueces y magistrados

El principio de la responsabilidad personal de los jueces se encuentra en la actualidad en la Ley Orgánica del Poder Judicial; dependiendo de la naturaleza del hecho que lo motiva se regulan tres tipos de responsabilidad: existe una responsabilidad penal, una de carácter civil y otra disciplinaria.

a) La responsabilidad penal se origina siempre que en el ejercicio de su cargo los jueces hayan cometido una infracción penal, esto es, un delito o una falta. La responsabilidad penal es una cuestión que debe ser declarada por los órganos de la jurisdicción penal. La exigencia de esta responsabilidad no está sometida a ningún condicionamiento previo y, por lo tanto, la acción penal contra un juez o magistrado puede ser ejercitada por cualquier persona o por el Ministerio Fiscal. Aun así, a fin de evitar que el ejercicio de una acción penal contra un juez o magistrado pueda ser utilizado como medio para apartarle del conocimiento de un determinado asunto, la Ley Orgánica del Poder Judicial ha impuesto al juez la obligación de practicar antes de la admisión de la querella algunas diligencias dirigidas a verificar la relevancia penal de los hechos denunciados y la verosimilitud de la imputación.

b) Los jueces y magistrados responden civilmente por los daños y perjuicios que causaren cuando, en el desempeño de sus funciones, incurriesen en dolo o culpa. Por consiguiente, para exigir este tipo de responsabilidad no basta con que haya habido una actuación dolosa o culposa, sino que es preciso que su actividad haya producido daños. Esta responsabilidad es exigible por el procedimiento civil correspondiente y da lugar, además, a que el juez o el magistrado puedan ser sancionado en el supuesto de que tal responsabilidad haya sido declarada mediante sentencia firme. Sin embargo, la exigencia de este tipo de responsabilidades apenas suele darse en la práctica ya que, desde la promulgación de la Constitución, el Estado se ha hecho cargo de las indemnizaciones derivadas de los daños ocasionados por el funcionamiento de la administración de justicia. Y no cabe duda de que esta circunstancia, en la medida en que el ejercicio de la función judicial entraña siempre ciertos riesgos, proporciona muchas ventajas puesto que reduce esa sensación de inseguridad que, de existir, impediría a los jueces actuar con absoluta libertad de criterio, los cuales muchas veces se resistirían a conocer de los procesos cuya decisión pudiera ocasionar daños.

c) La responsabilidad disciplinaria se produce en el caso de que los jueces y magistrados hayan incurrido en una conducta tipificada como falta en la Ley Orgánica del Poder Judicial. Se trata de una responsabilidad que tiene un eminente carácter sancionador y que afecta al juez en su condición de funcionario público. Su existencia constituye el instrumento más idóneo de control en los sistemas basados en un modelo de justicia profesionalizada y de carrera conforme al cual los jueces ante todo responden ante sus propios órganos de gobierno y que asegure a los ciudadanos, no sólo el derecho a un juez imparcial sino también el derecho a que esté convenientemente preparado y con un nivel de conocimientos adecuado al ejercicio de las funciones que tenga encomendadas.

La ley distingue entre faltas leves, graves y muy graves; de cada una de ellas se deriva la correspondiente sanción y van desde la pura advertencia a la suspensión. El conocimiento de cada una de ellas se determina en función de su gravedad previa la instrucción del procedimiento y la formulación del pliego de cargos encomendada al *Promotor de la acción disciplinaria*, órgano de nueva creación que será el encargado de la instrucción del expediente disciplinario y de resolver sobre la procedencia de presentar al órgano competente la propuesta de sanción en el supuesto que encuentre méritos para ello (art. 606 LOPJ).

La sanción de las faltas leves está atribuida a los Presidentes de la Audiencias o del Tribunal Supremo y a las Salas de Gobierno. Las faltas graves y muy graves a la Comisión Disciplinaria del Consejo

General del Poder Judicial, salvo aquella que suponga la separación de la carrera judicial, que corresponderá al Pleno del Consejo. Aun así, debido al principio de tipicidad que rige en este tipo de cuestiones, la responsabilidad disciplinaria sólo es exigible si concurren las causas previamente establecidas en la ley.

La incoación de un procedimiento penal no impide que pueda iniciarse un expediente disciplinario que tenga por objeto los mismos hechos, pero no podrá resolverse hasta tanto no haya recaído sentencia o auto de sobreseimiento en la causa penal. Los hechos que hayan quedado probados en el proceso penal vincularán a la resolución que se dicte en el expediente disciplinario, sin perjuicio de la distinta calificación jurídica que puedan merecer en una y otra vía. Las sanciones impuestas por los órganos de gobierno no son revisables ante la Sala de lo contencioso-administrativo del Tribunal Supremo, lo cual, ciertamente, ha generado en ocasiones suspicacias entre los ciudadanos derivadas sobre todo de la posible sospecha de corporativismo que pueda existir en el tratamiento de este tipo de cuestiones, viendo como son los propios jueces quienes, al final, son juzgados por sus compañeros de profesión.

d) Por último, como hemos indicado, este sistema de responsabilidad se completa con el reconocimiento en el ámbito constitucional de la responsabilidad patrimonial del Estado en los supuestos de error judicial o funcionamiento anormal de la administración de justicia. Este tipo de responsabilidad nada tiene que ver con la de los supuestos anteriores ya que se trata de una responsabilidad objetiva, no personal, y por lo tanto imputable solo al Estado, por lo que es preciso que hayan existido daños, que es lo que realmente da lugar a la obligación de indemnizarlos(art. 121 CE).

V. LA ORGANIZACIÓN JUDICIAL

1. Los juzgados y tribunales. Los órdenes jurisdiccionales y sus respectivas atribuciones

Los juzgados y tribunales en España se organizan atendiendo a diversos criterios. Pero quizás lo que caracteriza a la organización judicial de nuestro país es que se encuentra estructurada en forma piramidal. Por lo tanto, cabe hablar de unos tribunales que ejercen su jurisdicción en el primer grado jurisdiccional, esto es, en lo que se conoce como la primera instancia, y otros, los órganos superiores, que tienen atribuida la función de revisar las decisiones de los primeros, esto es, son órganos de apelación o de casación.

TRIBUNAL SUPREMO

AUDIENCIA NACIONAL

[Juzgados Centrales de Instrucción, Juzgados Centrales de lo Penal, Juzgados Centrales de lo Contencioso-Administrativo, Juzgados Centrales de Menores y Juzgados Centrales de Vigilancia Penitenciaria]

TRIBUNALES SUPERIORES DE JUSTICIA

AUDIENCIAS PROVINCIALES

JUZGADOS DE PRIMERA INSTANCIA, JUZGADOS DE INSTRUCCIÓN, JUZGADOS DE LO MERCANTIL, JUZGADOS DE VIOLENCIA SOBRE LA MUJER, JUZGADOS DE LO PENAL, JUZGADOS DE LO CONTENCIOSO-ADMINISTRATIVO, JUZGADOS DE LO SOCIAL, JUZGADOS DE MENORES Y JUZGADOS DE VIGILANCIA PENITENCIARIA

JUZGADOS DE PAZ

A) Los órdenes jurisdiccionales

Como hemos señalado, cada país organiza sus tribunales de la forma que crea más conveniente; no hay en este aspecto un modelo uniforme. En muchos casos las razones históricas influyen de una manera especialmente significativa, aunque también afectan otro tipo de factores (económicos, demográficos, territoriales, etc.). Saber administrar los recursos existentes forma parte de una buena política en materia judicial. En este aspecto, lo primero que hay que señalar es que nuestro derecho organiza sus tribunales sobre la base de la existencia de cuatro grandes grupos o divisiones, denominados órdenes jurisdiccionales. Con ello se persigue que gracias a la especialización de los tribunales que integran cada orden, los asuntos se tramiten de manera más rápida y eficaz y que la cuestión controvertida recaiga siempre en aquel órgano que esté en mejores condiciones para resolverla.

En España existen cuatro órdenes jurisdiccionales: civil, penal, social o laboral y el contencioso-administrativo (art. 9 LOPJ). La pertenencia de un determinado juzgado o tribunal a un concreto orden jurisdiccional se efectúa por razón de las materias que tienen atribuidas. Existen tribunales que por sus atribuciones pueden formar parte de varios órdenes jurisdiccionales; tal es el caso de los Juzgados de Paz, de los Juzgados de Primera Instancia e Instrucción, de las Audiencias Provinciales, de los Tribunales Superiores de Justicia, de la Audiencia Nacional y, por supuesto, del Tribunal Supremo, que es el órgano jurisdiccional superior en todos los órdenes.

En estos casos, estos tribunales, cuando están formados por varios jueces o magistrados, se organizan internamente en Salas y Secciones, a fin de distribuirse los asuntos conforme a los mismos criterios de especialización a los que antes hemos aludido. En cambio, hay órganos que son específicos de un determinado orden jurisdiccional, como son los Juzgados de lo Penal, los Juzgados de lo Mercantil, los Juzgados de Menores, los Juzgados de Vigilancia Penitenciaria, los Juzgados de lo Social o los Juzgados de lo Contencioso-Administrativo. La Ley Orgánica del Poder Judicial es la norma encargada de asignar las respectivas atribuciones a estos cuatro órdenes jurisdiccionales para lo cual el legislador ha tenido en cuenta los criterios que tradicionalmente vienen utilizándose en el ámbito académico o universitario.

CIVIL	PENAL	CONTENCIOSO-ADMINISTRATIVO	SOCIAL
Tribunal Supremo (Sala 1ª)	*Tribunal Supremo (Sala 2ª)*	*Tribunal Supremo (Sala 3ª)*	*Tribunal Supremo (Sala 4ª)*
	Audiencia Nacional	*Audiencia Nacional*	*Audiencia Nacional*
Tribunales Superiores de Justicia	*Tribunales Superiores de Justicia*	*Tribunales Superiores de Justicia*	*Tribunales Superiores de Justicia*
Audiencias Provinciales	*Audiencias Provinciales*		
Juzgados de lo Mercantil	*Juzgados de Vigilancia Penitenciaria*		
	Juzgados de Menores		
	Juzgados de lo Penal		
Juzgados de Violencia sobre la Mujer	*Juzgados de Violencia sobre la Mujer*		
Juzgados de Primera Instancia	*Juzgados de Instrucción*	*Juzgados de lo Contencioso-Administrativo*	*Juzgados de lo Social*
Juzgados de Paz	*Juzgados de Paz*		

Los juzgados y tribunales del orden *civil* conocerán, además de las materias que le son propias, aquellas que no estén atribuidas expresamente a otro orden jurisdiccional. Por lo tanto el orden civil tiene asignado *por defecto* el conocimiento de los asuntos que no estén reservados a otros órdenes jurisdiccionales.

A los del orden jurisdiccional *penal* se les atribuye el conocimiento de las causas y juicios criminales, con excepción de los que correspondan a la jurisdicción militar.

Los del orden *contencioso-administrativo* conocerán de las pretensiones que se deduzcan en relación con la actuación de las Administraciones Públicas sujeta al derecho administrativo así como todas aquellas reclamaciones en relación con la responsabilidad patrimonial de la Administración Pública, cualquiera que sea la naturaleza de la actividad o el tipo de relación de que se derive.

Por último, los del orden jurisdiccional *social* conocerán de las pretensiones que se promuevan dentro de lo que se conoce como *la rama social del derecho*, tanto en conflictos individuales como colectivos, así como las reclamaciones en materia de Seguridad Social o contra el Estado, cuando le atribuya responsabilidad la legislación laboral.

B) Los conflictos entre juzgados y tribunales de distintos órdenes jurisdiccionales

Como es fácil imaginar, el hecho de que exista una pluralidad de órdenes jurisdiccionales puede dar lugar a que tribunales de distinto orden pretendan atribuirse el conocimiento de un determinado asunto (conflicto de positivo), o, por el contrario, que ninguno quiera asumir la responsabilidad de decidirlo (conflicto negativo). Hay que tener presente que los tribunales no están autorizados a disponer a su antojo de las normas que regulan sus propias atribuciones. A esto es a lo que la Ley Orgánica del Poder Judicial denomina *improrrogabilidad de la jurisdicción*, que determina la obligatoriedad de cualquier juzgado o tribunal de apreciar de oficio su falta de jurisdicción (art. 9 LOPJ). Este problema se ha resuelto atribuyendo la decisión final a una Sala especial del Tribunal Supremo integrada por el Presidente de dicho órgano y por dos magistrados, uno por cada orden jurisdiccional en conflicto (art. 42 LOPJ). Hay que tener en cuenta no obstante que, en caso de conflicto, la ley otorga preferencia a los órganos de la jurisdicción penal, por lo que ningún juez o tribunal podrá plantear conflicto de competencia a los órganos de dicho orden jurisdiccional (art. 44 LOPJ).

2. Los juzgados y tribunales españoles

A) *Juzgados de Paz*

En el orden jerárquicamente inferior se encuentran los Juzgados de Paz. Estos órganos son de carácter unipersonal, es decir, están servidos por un solo juez y son los únicos que no precisan que sus titulares sean jueces de carrera. Por lo tanto, no es necesario ser experto en Derecho para poder estar al frente de un Juzgado de Paz. Se trata de un cargo de carácter electivo y honorífico y su designación recae en el Pleno de Ayuntamiento del lugar donde radiquen. Ejerce sus funciones únicamente dentro del municipio correspondiente en que ejerza su jurisdicción. Juzgados de Paz no existen en todos los municipios; tan solo en aquellos lugares donde no exista Juzgado de Primera Instancia e Instrucción.

En general tienen encomendadas unas competencias muy reducidas. Los Juzgados de Paz tienen atribuido el conocimiento de asuntos en materia civil y penal. En materia civil conocen de las reclamaciones no superiores a 90 euros. En materia penal solo conocen de determinadas infracciones penales de menor importancia (faltas). También ejercen funciones de auxilio; los Jueces de Paz cooperan por tanto con los Jueces de Primera Instancia e Instrucción en la tramitación de los asuntos que estos tengan encomendados. Las resoluciones que dicten los Juzgados de Paz son recurribles en apelación ante los Juzgados de Primera Instancia e Instrucción.

B) Juzgados de Primera Instancia e Instrucción. Juzgados de Primera Instancia y Juzgados de Instrucción

Los Juzgados de Primera Instancia e Instrucción han sido tradicionalmente los órganos de primera instancia por antonomasia. Radican en las grandes capitales y en aquellos municipios de mayor densidad de población o donde se concentre mayor número de asuntos. Al frente de estos juzgados se encuentra un juez de carrera. No obstante, la ley permite la separación de ambas jurisdicciones de modo que existan, por un lado, *Juzgados de Primera Instancia,* para conocer exclusivamente de los asuntos civiles, y, por otro, los *Juzgados de Instrucción,* para asuntos penales (art. 89 LOPJ).

Los Juzgados de Primera Instancia son competentes para conocer de asuntos en materia civil. Conocen en primera instancia de la mayor parte de los asuntos, salvo aquellos que la ley reserve especialmente a los Tribunales Superiores de Justicia o a la Sala de lo Civil del Tribunal Supremo en los casos en que exista alguna persona que goce de un fuero especial. Conocen también de las solicitudes de reconocimiento y ejecución de las sentencias y laudos dictados por los tribunales extranjeros en materia civil, salvo que en virtud de un tratado o norma internacional esta función esté atribuida a otro órgano jurisdiccional.

Las competencias de los Juzgados de Primera Instancia son prácticamente inabarcables, lo que dificulta el adecuado tratamiento de los asuntos que la ley les encomienda. Por ello se tiende cada vez más hacia la especialización. En este aspecto, la ley posibilita que en ciertas circunscripciones, normalmente en las grandes capitales, y a causa del elevado número de asuntos, el Consejo General del Poder Judicial se reserve la facultad de asignar a uno o varios Juzgados de Primera Instancia, el conocimiento de una determinada clase de asuntos, los cuales reciben en la práctica el nombre de las materias sobre las que recae su jurisdicción, tal como sucede por ejemplo con los denominados *Juzgados de Familia.*

Los Juzgados de Instrucción se encargan de la instrucción de las causas por delito cuyo enjuiciamiento corresponda, dependiendo de la gravedad de la pena, a los Juzgados de lo Penal o a las Audiencias

Provinciales. Así, pues, conocen de lo que se denomina la fase sumarial, que es una de las dos en las que se divide el proceso penal, ya que, para preservar la imparcialidad de quien tiene que decidir, el enjuiciamiento de los delitos se encomienda siempre a un órgano diferente al que ha llevado a cabo la instrucción. El hecho de que los Juzgados de Instrucción tengan atribuida la función de instruir las causas penales lleva desde hace años siendo motivo de un fecundo e interesante debate debido a la existencia un amplio sector doctrinal que insiste en que esta función debiera ser encomendada al Ministerio Fiscal que es, como se verá, el órgano que en nuestro país tiene la responsabilidad de ejercer la acusación pública.

Los Juzgados de Instrucción conocen así mismo del procedimiento de *habeas corpus* previsto en el artículo 17 de la Constitución, un procedimiento que permite poder poner a disposición judicial a toda persona que presuntamente haya sido detenida ilegalmente. También son competentes para autorizar la entrada y registro de los domicilios de los particulares cuando se trate de la investigación de un delito. Asimismo, conocerán de la autorización del internamiento de extranjeros así como del control de la estancia de éstos tanto en dichos centros como en las salas de inadmisión de fronteras. También conocerán de las peticiones y quejas que planteen estos internos en cuanto afecten a sus derechos fundamentales (LO 2/2009, de 11 de diciembre). Los Juzgados de Instrucción conocen igualmente del enjuiciamiento, a través del llamado juicio de faltas, esto es, de las infracciones penales que el Código Penal atribuye tal calificación así como de los recursos cuando sus resoluciones provengan de un Juzgado de Paz.

En las localidades donde radiquen varios Juzgados de Instrucción, cada uno de ellos tiene la obligación de asumir periódicamente el servicio de guardia. Los *Juzgados de Guardia*, como se les conoce, tiene asignada una variada gama de funciones, aunque la mayoría de ellas están relacionadas con la justicia penal. El servicio de guardia no tiene por qué recaer en un solo juzgado. Así por ejemplo, en las grandes capitales hay siempre más de uno, a fin de hacer frente a la gran cantidad de asuntos que provoca la delincuencia en las grandes ciudades. Las funciones de los Juzgados de Guardia no son únicamente de carácter jurisdiccional; en ocasiones tienen encomendadas funciones de carácter asistencial.

El servicio de guardia comprende la realización de las diligencias de carácter urgente, actuando en este caso como juzgado de diligencias, encargándose entonces de la investigación de los delitos cometidos durante el periodo de la guardia (levantamiento de cadáveres, registros domiciliarios, asistencia a las víctimas de delitos violentos y custodia de las personas que a diario son puestas por la policía a disposición judicial). Los Juzgados de Guardia son, además, los encargados de la celebración de *juicios rápidos* y en ciertos casos de la adopción de las órdenes de protección a las víctimas de violencia de género.

C) Juzgados de lo Mercantil

Los Juzgados de lo Mercantil son órganos de naturaleza civil pero con jurisdicción especializada en materia mercantil y fueron creados al amparo de la normativa que ha abordado reforma de la legislación concursal. Con carácter general, está previsto que en cada provincia haya uno o varios Juzgados de lo Mercantil, que tendrán su sede en su capital. También, podrán establecerse Juzgados de lo Mercantil que extiendan su jurisdicción a dos o más provincias. En atención a las funciones que se le han encomendado (fundamentalmente resoluciones que tengan relación con crisis empresariales), también podrán establecerse en poblaciones distintas cuando lo aconsejen otro tipo de circunstancias, como, por ejemplo, la existencia de núcleos industriales o mercantiles.

Los Juzgados de lo Mercantil conocerán de cuantas cuestiones se susciten en materia concursal. Así mismo, conocerán de cuantos asuntos corresponda a la jurisdicción civil respecto de cuestiones de naturaleza mercantil (competencia desleal, propiedad industrial, propiedad intelectual, publicidad, sociedades mercantiles y cooperativas, transportes, derecho marítimo, etc.). No obstante, hasta que vayan entrando en funcionamiento, las competencias de estos órganos serán asumidas por los actuales Juzgados de Primera Instancia o de Primera Instancia e Instrucción. Como órganos con jurisdicción limitada se ha creado en Alicante un Juzgado de lo Mercantil para el conocimiento exclusivo de los litigios que se promuevan al amparo de lo previsto en las normas sobre la marca comunitaria. En el ejercicio de esta competencia, estos juzgados extenderán su jurisdicción a todo el territorio nacional y a estos solos efectos se denominarán *Juzgados de Marca Comunitaria*.

D) Juzgados de Violencia sobre la Mujer

La Ley Orgánica 1/2004, de 28 de diciembre, de Medidas de Protección Integral contra la Violencia de Género, creó los Juzgados de Violencia sobre la Mujer. Se trata de juzgados especializados, de jurisdicción mixta (civil y penal), para los cuales se exige una formación adecuada en atención a la complejidad de los asuntos de que conocen. En el orden penal tienen atribuida la instrucción de los delitos que sean constitutivos de violencia de género así como del conocimiento y fallo de las faltas relativas a esta misma materia. En el orden civil conocerán de los procesos de esta naturaleza que versen sobre estas cuestiones siempre que alguna de las partes haya sido víctima de violencia de género (art. 49 *bis* LEC). Los Juzgados de Violencia sobre la Mujer tienen su sede en el partido donde hayan sido creados y ejercerán su jurisdicción de forma exclusiva sobre los asuntos que la ley les ha encomendado. En los partidos judiciales en los que exista un único Juzgado de Primera Instancia e Instrucción será este quien asuma las funciones que tiene encomendados.

E) Juzgados de lo Penal

Los Juzgados de lo Penal fueron creados en 1988. Su implantación vino determinada por la necesidad de adecuar nuestro sistema procesal penal a la jurisprudencia del Tribunal Constitucional que prohibió la acumulación en un mismo órgano jurisdiccional de las funciones instructoras y decisoras. Son órganos unipersonales y tienen funciones de enjuiciamiento de las causas por delito castigados con pena privativa de libertad no superior a cinco años, multa, cualquiera que sea su cuantía, o cualquier otra pena de distinta naturaleza a las anteriores que no exceda de diez años (art. 14 LECRIM).

Normalmente radican en las capitales de provincia y en los municipios de mayor densidad de población. Sus resoluciones pueden ser objeto de recurso de apelación cuya decisión corresponde a las Audiencia Provincial de su circunscripción.

Los Juzgados de lo Penal también son competentes para la ejecución de las sentencias en causas por delito dictadas a través de *juicios rápidos* por los Juzgados de Instrucción, para el reconocimiento y ejecución de resoluciones extranjeras que impongan penas de multa como consecuencia de la comisión de un delito cuando la multa venga impuesta por tribunales de países miembros de la Unión Europea (LO 2/2008, de 4 de diciembre) y, en desarrollo de la Ley 4/2010, de 10 de marzo, para la ejecución en la Unión Europea de resoluciones judiciales de decomiso derivadas del comisión de infracciones penales y para el reconocimiento y ejecución de las resoluciones transmitidas por las autoridades de otros miembros de la Unión Europea, cuando las mismas deban cumplirse en territorio español (LO 3/2010, de 10 de marzo, para la ejecución en la Unión Europea de resoluciones judiciales de decomiso).

F) Juzgados de lo Contencioso-Administrativo

Los Juzgados de lo Contencioso-Administrativo entraron en funcionamiento a principios de 1999, esto es, al tiempo de la entrada en vigor de la Ley de 13 de julio de 1998, reguladora de la jurisdicción contencioso-administrativa. La constitución de estos juzgados supuso un gran avance ya que contribuyeron a reducir de forma considerable el número de asuntos encomendados a los Tribunales Superiores de Justicia que hasta esa fecha eran quienes debían conocer en primera instancia de los asuntos atribuidos en materia administrativa.

Los Juzgados de lo Contencioso-Administrativo son órganos unipersonales y por lo general su circunscripción es de ámbito provincial. Conocen de asuntos que están más cercanos al ciudadano como son los referidos a la impugnación de actos emanados de los Ayuntamientos y de las Comunidades Autónomas (art. 8 LJCA) así como las autorizaciones de entrada en los domicilios cuyo acceso requiera el consentimiento del titular, cuando ello proceda para la ejecución forzosa de actos de la Administración (art. 91 LOPJ). Sus resoluciones son susceptibles de recurso de apelación ante la Sala de lo Contencioso-Administrativo de los Tribunales Superiores de Justicia (art. 10 LJCA).

G) Juzgados de lo Social

Los Juzgados de lo Social sustituyeron a las antiguas Magistraturas de Trabajo. Son órganos de instancia y, por lo tanto, conocen de la mayoría de las reclamaciones en materia laboral. Las resoluciones de los Juzgados de lo Social son susceptibles de ser impugnadas a través de un recurso denominado de suplicación ante la Sala de lo Social de los Tribunales Superiores de Justicia. El proceso ante los Juzgados de lo Social se caracteriza por su sencillez ya que la mayoría de las actuaciones procesales se concentran en un solo acto, el juicio, informado por los principios de oralidad, inmediación y publicidad. Esta circunstancia hace que este modelo de juicio se haya tomado por algunos como paradigma de una justicia rápida y eficaz.

H) Juzgados de Menores

Son herederos de los antiguos Tribunales Tutelares de Menores. La profunda reforma experimentada en la jurisdicción de menores tras la aprobación de la Ley reguladora de la responsabilidad penal de los menores de 12 de enero de 2000 y, sobre todo, la elevación a dieciocho años la minoría de la edad penal, ha propiciado que estos juzgados hayan adquirido un papel muy destacado en la organización judicial española. Los Juzgados de Menores son competentes para conocer de las infracciones penales cometidas por los menores de edad penal.

A fin de evitar los efectos aflictivos que el proceso penal pueda causar en ellos, el legislador ha establecido un sistema que responde a unos principios diferentes al de los adultos. Las especialidades de la jurisdicción de menores se explican en función del carácter reeducador y no retributivo de las medidas que estos jueces puedan adoptar respecto de los menores afectados. El Tribunal Constitucional ha cerrado el camino a cualquier intento de deslegitimar las especialidades de la legislación de menores y no ha observado tacha alguna respecto de las funciones que tiene atribuido el juez de menores en este tipo de procedimientos y menos aun el que disponga penas diferentes a las establecidas en la normativa ordinaria (STC 64/2011).

En estos procesos, la instrucción está confiada al Fiscal, de modo que este órgano tiene encomendada una doble función; por un lado, asumir la defensa de los derechos de los menores y, por otro, promover las acciones que correspondan contra quienes sean responsables de la comisión de alguna infracción penal imputable a un menor de edad. En el ámbito de la Audiencia Nacional existe un Juzgado Central de Menores que conocerá de los hechos que se imputen a menores por la comisión de cualquiera de los delitos a que se refieren los arts. 571 a 580 del CP (delitos de terrorismo, violencia callejera, etc.). Corresponderá igualmente al Juzgado Central de Menores de la Audiencia Nacional la competencia para conocer de los delitos cometidos por menores en el extranjero cuando conforme al artículo 23 de la LOPJ y a los tratados internacionales corresponda su conocimiento a la jurisdicción española (LO 8/2012).

I) Juzgados de Vigilancia Penitenciaria

La ejecución de las penas privativas de libertad ha estado encomendada a partir de la entrada en vigor de la Ley General Penitenciaria a unos órganos específicos: los Juzgados de Vigilancia Penitenciaria. Con posterioridad, la Ley Orgánica del Poder Judicial mantuvo su existencia ampliando sus competencias en materia penal. Conocen también de los recursos frente a determinadas sanciones que imponga la Administración Penitenciaria y de las decisiones en cuestiones sobre libertad condicional. En el ámbito de la Audiencia Nacional existen los Juzgados Centrales de Vigilancia Penitenciaria con atribuciones para la ejecución de penas por delitos cuyo conocimiento se atribuya a dicho órgano jurisdiccional.

J) Audiencias Provinciales

Las Audiencias Provinciales tienen jurisdicción en materia civil y penal; normalmente tienen su sede en las capitales de provincia, aunque en algunos casos la ley autoriza la constitución de secciones desplazadas en aquellas poblaciones donde el número de asuntos aconseje. En materia civil, la Audiencia Provincial, o en su caso las secciones correspondientes, tienen atribuido el conocimiento de los recursos de apelación que se hayan interpuesto frente a las sentencias y demás resoluciones dictadas por los Juzgados de Primera Instancia, los Juzgados de lo Mercantil y los Juzgados de Violencia sobre la Mujer de la provincia. En las grandes capitales es habitual que las secciones de las Audiencias Provinciales tengan atribuido el conocimiento exclusivo de los recursos procedentes de una determinada circunscripción territorial. A fin de facilitar el conocimiento de algunos recursos es posible también encomendar exclusivamente a una sección el conocimiento de una determinada clase de asuntos como sucede por ejemplo para conocer de los recursos frente a las resoluciones dictadas por los Juzgados de lo Mercantil y los Juzgados de Violencia sobre la Mujer.

Son órganos colegiados; normalmente están constituidos por tres magistrados. No obstante, en determinados casos se atribuyen al conocimiento de un único magistrado (apelaciones de juicios de faltas). En estos casos, la exigencia de la colegialidad cede en favor de un tratamiento más rápido de los asuntos. Con ello se intenta reducir el tiempo de respuesta en la segunda instancia en conflictos que, por tratarse de asuntos que no revisten especial complejidad, no precisan ser resueltos por tres magistrados.

Como ya hemos adelantado, en materia penal las Audiencias Provinciales son órganos que tienen atribuido el conocimiento en primera instancia de aquellos delitos más graves y cuyo enjuiciamiento no esté reservado a otros órganos, tales como por ejemplo la Audiencia Nacional, los Tribunales Superiores de Justicia o, incluso, al Tribunal Supremo, en estos dos últimos casos en el supuesto de que el acusado goce de fuero especial.

El enjuiciamiento de las causas penales en las Audiencias Provinciales puede llevarse a cabo de varias formas, con o sin jurado. En el caso de que el delito sea de los que la ley atribuye al jurado, el tribunal estará compuesto por un único magistrado, que lo presidirá, y los miembros del jurado. Estos son los encargados de emitir un veredicto. Una vez que los miembros del jurado se han pronunciado sobre la culpabilidad o inocencia, corresponderá al Magistrado-Presidente la labor de dictar la sentencia correspondiente e imponer, en su caso, la pena que proceda en el supuesto de que el veredicto haya sido de culpabilidad. En cambio, si el delito no es de los atribuidos al jurado, el juicio se desarrollará ante un tribunal compuesto por tres magistrados, los cuales tienen encomendada la función, no sólo de valorar el resultado de las pruebas practicadas, sino de dictar la sentencia que consideren oportuna.

K) Tribunales Superiores de Justicia

Los Tribunal Superiores de Justicia se encuentran previstos en el artículo 152 de la Constitución. Fueron creados a la vista del modelo autonómico previsto en la misma. Los Tribunales Superiores de Justicia culminarían, sin perjuicio de la jurisdicción que corresponde al Tribunal Supremo, la organización judicial en el ámbito territorial de cada Comunidad Autónoma. Además, previó también que sin perjuicio de lo dispuesto en el art. 123 de la Constitución, referido al Tribunal Supremo, las sucesivas instancias procesales se agotaran ante órganos judiciales radicados dentro de la respectiva Comunidad Autónoma; sin embargo, de ahí no se extrae necesariamente que todas las instancias procesales hayan de agotarse en los Tribunales Superiores de Justicia (STC 31/2010).

En la actualidad, los Tribunales Superiores de Justicia tienen encomendadas funciones en todos los órdenes jurisdiccionales. Cada uno de ellos está compuesto por tres Salas: la Sala de lo Civil y Penal, la Sala de lo Social y la Sala de lo Contencioso-Administrativo. Extienden su jurisdicción en el ámbito de su respectiva Comunidad Autónoma. En algunos casos la ley se ha visto obligada a establecer unos criterios de organización que permitan que, en determinadas Comunidades Autónomas, existan varias sedes. Así pues, tienen limitada su jurisdicción a las provincias de Cádiz, Córdoba, Huelva y Sevilla las Salas de lo Contencioso-Administrativo y de lo Social del Tribunal Superior de Justicia de Andalucía que tienen su sede en Sevilla; y a las provincias de Almería, Granada y Jaén las que tienen su sede en Granada. Las Salas de lo Contencioso-Administrativo y de lo Social del Tribunal Superior de Justicia de Andalucía con sede en Málaga tienen jurisdicción limitada a su provincia.

También tienen jurisdicción limitada a las provincias de León, Palencia, Salamanca, Valladolid y Zamora las Salas de lo Contencioso-Administrativo y de lo Social del Tribunal Superior de Justicia de Castilla y León que tienen su sede en Valladolid; y a las provincias de Ávila, Burgos, Segovia y Soria, las que tienen su sede en Burgos. Por las mismas razones, tienen limitada su jurisdicción a la provincia de Las Palmas, las Salas de lo Contencioso-Administrativo y de lo Social del Tribunal Superior de Justicia de Canarias que tienen su sede en Las Palmas de Gran Canaria, y a la provincia de Santa Cruz de Tenerife, las que tienen su sede en Santa Cruz de Tenerife. En este sentido, hay que tener en cuenta que a efectos de demarcación judicial, las ciudades de Ceuta y Melilla quedan integradas en la circunscripción territorial del Tribunal Superior de Justicia de Andalucía.

a) En el orden civil, las competencias encomendadas a la Sala de lo Civil y Penal son meramente testimoniales. Según la Ley Orgánica del Poder Judicial, las Salas de lo Civil y Penal de los TSJ tienen atribuido el conocimiento en primera instancia de las demandas de responsabilidad civil por hechos cometidos en el ejercicio de su cargo dirigidas contra quienes según los respectivos Estatutos de Autonomía gocen de fuero especial (Presidente y demás miembros de los gobiernos de las Comunidades Autónomas así como los parlamentarios de sus respectivas Asambleas Legislativas); de igual forma conocen de ese mismo tipo de reclamaciones cuando la demanda vaya dirigida contra todos o la mayor parte de los magistrados de las Audiencias Provinciales. Mucha más relevancia adquiere la función de esta Sala a la hora de resolver los recursos de casación cuando éstos se funden en la infracción de normas de Derecho Civil, Foral o Especial, propio de la Comunidad Autónoma en la que ésta tenga su sede y siempre que los correspondientes Estatutos de Autonomía hayan previsto tal atribución (art. 474 LEC).

b) En materia penal, a la Sala de lo Civil y Penal se le encomienda el enjuiciamiento de las causas penales contra aquellas personas aforadas, siempre que los respectivos Estatutos de Autonomía tengan prevista tal atribución. Así mismo, la Ley Orgánica del Poder Judicial ha previsto que se les atribuya también el conocimiento de los recursos de apelación contra las sentencias dictadas por las Audiencias

Provinciales. En estos casos, se podrán crear Salas de lo Penal con su propia circunscripción en aquellas capitales que ya sean sede de otras Salas del Tribunal Superior.

c) La Sala de lo Contencioso-Administrativo conocerá con carácter general, también en primera instancia, de las demandas que se deduzcan en relación con actos de la Administración cuya impugnación no esté atribuida a los Juzgados de lo Contencioso-Administrativo. Así mismo conocerá de los recursos de apelación interpuestos frente a las resoluciones dictadas por este tipo de órganos judiciales.

d) Por último, la Sala de lo Social conocerán de los litigios entre trabajadores y empresarios cuyo ámbito sea superior al de un Juzgado de lo Social y no superior al de la Comunidad Autónoma en la que éste se haya producido. Así mismo, como ya hemos dicho, conocerá también de los recursos de suplicación contra las sentencias dictadas por los Juzgados de lo Social y de lo Mercantil en materia laboral.

L) Audiencia Nacional

La Audiencia Nacional tiene su sede en Madrid y extiende su jurisdicción a todo el territorio nacional. Sin embargo, eso no quiere decir que sea un órgano jerárquicamente superior a los Tribunales Superiores de Justicia ya que, en realidad, cada uno de ellos tiene un ámbito competencial diferente. La Audiencia Nacional está, a su vez, integrada por varios órganos: *(a)* en materia *penal*, por una Sala de lo Penal, un Juzgado Central de lo Penal y, a su servicio, varios Juzgados Centrales de Instrucción. La Sala de lo Penal y los Juzgados Centrales de lo Penal, son órganos de enjuiciamiento. Al igual que sucede en los supuestos ordinarios, los Juzgados Centrales de Instrucción tienen encomendada la investigación de las causas por delito cuyo enjuiciamiento corresponda posteriormente a la Sala de lo Penal o, en su caso, dependiendo de la gravedad del delito, a los Juzgados Centrales de lo Penal. Los Juzgados Centrales de Instrucción tienen atribuida además la competencia para tramitar los expedientes de ejecución de las órdenes europeas de detención y entrega y de extradición pasiva, así como las solicitudes de información entre los servicios de seguridad de los Estados miembros de la Unión Europea cuando requieran autorización judicial; así mismo, la Audiencia Nacional dispone de un Juzgado Central de Menores y de varios Juzgados Centrales de Vigilancia Penitenciaria; *(b)* en materia *administrativa*, por una Sala de lo Contencioso-Administrativo y varios Juzgados Centrales de lo Contencioso-Administrativo; *(c)* en materia *laboral*, por una Sala de lo Social.

M) Tribunal Supremo

El Tribunal Supremo es el único órgano jurisdiccional a que se refiere la Constitución en el Título dedicado al *Poder Judicial*, destacando de esta manera la especial posición que ocupa en relación con el resto de los tribunales. El Tribunal Supremo es, pues, el órgano el que culmina la organización jurisdiccional española y su Presidente, que ostenta asimismo el cargo de Presidente del Consejo General del Poder Judicial, es elegido por los vocales que integran este órgano. El carácter superior del Tribunal Supremo se manifiesta no sólo en la denominación que históricamente se le ha asignado, cargada de un enorme simbolismo, sino principalmente por las funciones que la ley le asigna. En este sentido, la ley confía al Tribunal Supremo la labor de dotar al sistema judicial de predecibilidad, continuidad y coherencia, unificando la doctrina de los tribunales inferiores (STC 31/2010), lo cual se lleva a cabo normalmente atribuyéndole el conocimiento de los recursos de carácter extraordinario, tal como ocurre por ejemplo con el recurso de casación.

Art. 123 de la Constitución

1. El Tribunal Supremo, con jurisdicción en toda España, es el órgano jurisdiccional superior en todos los órdenes, salvo lo dispuesto en materia de garantías constitucionales.

2. El Presidente del Tribunal Supremo será nombrado por el Rey, a propuesta del Consejo General del Poder Judicial, en la forma que determine la ley.

Al tiempo que sirve para unificar la doctrina del resto de los tribunales, el recurso de casación tiene asignado otro cometido más específico como es el de verificar si, en el ejercicio de su actividad jurisdiccional, los jueces se han ajustado a lo establecido en la ley (función *nomofiláctica*); con ello algunos autores entienden que mediante la casación se contribuye a garantizar el principio de separación de poderes [Gómez Orbaneja]. Como veremos, también tiene la función de uniformar la doctrina emanada por el resto de los tribunales. Sin embargo, eso no significa que todos los procesos hayan de acabar necesariamente en el Tribunal Supremo. No todos los asuntos que terminan en el Tribunal Supremo; ésta es una cuestión cuya decisión corresponde al legislador.

El Tribunal Supremo tiene atribuciones en todos los órdenes jurisdiccionales. Está compuesto por cuatro Salas: La Sala Primera, de lo Civil, la Sala Segunda, de lo Penal, la Sala Tercera, de lo Contencioso-Administrativo y la Sala Cuarta, de lo Social. A estas cuatro Salas hay que añadirle una más, la Sala Quinta, de lo Militar, que culmina el último escalón de la jurisdicción militar, constituyendo, como hemos dicho anteriormente, el nexo de unión entre la jurisdicción militar con la ordinaria.

Ya hemos dicho que por regla general el Tribunal Supremo tiene atribuido el conocimiento de los recursos de casación y otros de carácter extraordinario. Aun así, la ley le encomienda también el conocimiento de ciertos procesos en primera instancia cuando las personas enjuiciadas gocen de fuero especial (aforados), tal como sucede con los Diputados y Senadores o quienes ostenten cargo en alguno de los altos organismos de la Nación. En concreto, es la Sala Segunda del Tribunal Supremo la que tiene atribuida la competencia para el conocimiento de las causas penales que se dirijan contra todas estas personas aforadas, las cuales gozan del privilegio procesal de ser juzgadas por este tribunal. En estos supuestos, al igual que sucede en otros supuestos similares, tal como ocurre por ejemplo cuando el conocimiento del delito se atribuya a los Tribunales Superiores de Justicia, la Ley Orgánica del Poder Judicial exige que la instrucción de las causas especiales no se confíe a los órganos ordinarios correspondientes, esto es, a los Juzgados de Instrucción, sino a un magistrado de la propia Sala del Tribunal Supremo, el cual, lógicamente, no puede luego formar parte de la misma para enjuiciarlo.

VI. EL PERSONAL AL SERVICIO DE LOS JUZGADOS Y TRIBUNALES

1. La gestión administrativa de la jurisdicción. La oficina judicial

A) Composición de los órganos judiciales. Salas y secciones. La oficina judicial: unidades que componen la oficina judicial

Los órganos jurisdiccionales, al igual que sucede con el resto de las oficinas públicas, están servidos por varios tipos de profesionales, a quienes la ley asigna diversas funciones, según su categoría y formación. Al frente de cada juzgado se encuentra siempre un juez o una juez, que es a quien la ley atribuye la función de juzgar; pero, además, en cada tribunal existen otro tipo de personal encargado de que las oficinas judiciales lleven a cabo su labor correctamente. Por eso, todos los órganos jurisdiccionales cuentan también con secretarios judiciales, que actúan como colaboradores de los jueces y depositarios de la fe pública judicial, y un conjunto de funcionarios de diversa clase y categoría en cuyas manos queda la tramitación ordinaria de los procedimientos y la gestión de la oficina judicial.

Esta misma estructura existe igualmente en los órganos colegiados. Cada tribunal puede estar integrado por su Presidente y varias Secciones dentro de un mismo tribunal o dentro de una misma Sala, de modo que al frente de cada una de las secciones se encuentren al menos tres magistrados. La división en Salas y Secciones obedece a razones puramente administrativas ya que sólo tiene por objeto facilitar el despacho de los asuntos. Aun así, cada una de las Secciones funciona de forma autónoma, como si se tratara de un órgano independiente, con jurisdicción propia, pudiendo contar incluso con sus respectivos secretarios judiciales y con sus correspondientes funcionarios.

El modelo de oficina judicial que ha predominado en nuestro país ha sido excesivamente personalista, heredero de la estructura organizativa existente a mediados del siglo XIX y, en consecuencia, muy alejado de las modernas técnicas de distribución del trabajo que tratan de obtener el máximo rendimiento de los recursos disponibles.

La reforma llevada a cabo por la Ley Orgánica 19/2003, de 29 de diciembre, sentó las bases para la futura reorganización y modernización de la estructura administrativa de la Administración de Justicia. En su diseño el legislador ha optado por un sistema flexible que permitirá que en los próximos años las oficinas judiciales se puedan ir adaptando de forma gradual a las necesidades que demanda la sociedad en esta materia. El modelo previsto en dicha ley se consolida definitivamente con la reforma de la Ley de 3 de noviembre de 2009, de reforma procesal para la implantación de la nueva oficina judicial.

La *oficina judicial* es definida por la ley como *la organización de carácter instrumental que sirve de soporte y apoyo a la actividad jurisdiccional.* La oficina judicial está diseñada para que funcione con criterios de agilidad, eficacia, eficiencia, racionalización del trabajo y responsabilidad en la gestión, coordinación y cooperación entre las administraciones públicas que tienen competencia en esta materia. Con ello el legislador ha manifestado un compromiso decidido en favor de la modernización de la justicia tratando de huir de un modelo de oficina judicial aislado y autosuficiente más propio de los tiempos en que los tribunales eran considerados órganos sometidos a unos criterios de trabajo difícilmente admisibles hoy en día. La idea es apostar por un modelo de oficina judicial que, aprovechando los beneficios que proporcionan las nuevas tecnologías, permita el trabajo colectivo mediante el intercambio datos y que posibilite la puesta en común de información entre los distintos funcionarios que operan en la oficina. Se pretende que la labor de la oficina judicial no se reduzca a una función meramente recopilatoria de información ni que la finalidad de la instrucción de la causas tenga por objeto la formación escrita del correspondiente expediente judicial, sino la de crear las condiciones necesarias para que los actos en los que se sucede el proceso que hayan de tener lugar oralmente (audiencias, vistas orales, comparecencias, etc.) puedan desarrollarse con arreglo al programa previamente trazado, para lo cual, evidentemente, juez hubiera sido deseable contar con funcionarios que tengan la posibilidad efectuar un control sobre la organización de la agenda de los señalamientos.

La estructura básica de las oficinas judiciales será la que en cada caso venga legalmente establecida y, por lo tanto, deberá ser similar en todo el territorio nacional, sin perjuicio de las especialidades que en su organización introduzcan las respectivas Comunidades Autónomas que tengan transferidas las competencias en esta materia. Cada oficina judicial está a su vez compuesta por varias unidades, vinculadas a ella en función de sus cometidos. La ley distingue dos tipos de unidades: las *unidades procesales de apoyo directo* al juez y los *servicios comunes procesales*, desterrando así el modelo clásico de organización judicial que ha estado funcionado hasta ahora.

Las unidades de apoyo tienen por objeto asistir a los jueces y magistrados en el ejercicio de su función jurisdiccional. Cada una de ellas contará con un secretario judicial y con el personal necesario para el desarrollo de sus funciones. La configuración de las unidades de apoyo directo coincide básicamente con la estructura de los actuales juzgados, salas y secciones existentes y, por lo tanto, habrá tantas unidades de apoyo directo como juzgados, salas o secciones se encuentren en funcionamiento. Cada una de ellas contará con un secretario judicial, aunque por motivos de racionalización del servicio, un mismo secretario judicial podrá desempeñar sus funciones en más de una de estas unidades.

La estructura organizativa viene condicionada en este caso por un mayor protagonismo de los servicios comunes, si bien la ley garantiza el que cada unidad cuente con los puestos de trabajo necesarios para la atención del servicio, los cuales se determinarán en las respectivas relaciones de puestos de trabajo. El Ministerio de Justicia, previo informe del Consejo General del Poder Judicial y de las Comunidades Autónomas con competencias transferidas, determinará las dotaciones básicas de estas unidades procesales, que deberán garantizar, en todo caso, el correcto funcionamiento.

Los servicios comunes están constituidos por aquellas unidades que, sin estar integradas en un órgano judicial determinado, asumen labores centralizadas de gestión, prestando simultáneamente apoyo a varios órganos jurisdiccionales. Al frente de cada servicio común se encuentra un secretario judicial de quien dependerá el resto de los secretarios judiciales y el resto del personal a cargo de este servicio. Los servicios comunes podrán estructurarse internamente en secciones y éstas, a su vez, si el servicio lo requiere, en equipos. Su creación y organización corresponderá al Ministerio de Justicia o, en su caso, a las Comunidades Autónomas.

Corresponde al Consejo General del Poder Judicial establecer criterios generales que permitan la homogeneidad en cuanto al funcionamiento de estos servicios en todo el territorio nacional. Junto a ellas se encuentran las *unidades administrativas* que, sin estar integradas en la oficina judicial, se constituyan en el ámbito de la organización de la Administración de Justicia para la ordenación y gestión de los recursos humanos de la oficina judicial, así como sobre los medios informáticos, nuevas tecnologías y demás medios materiales. En estas unidades podrán establecerse oficinas comunes de apoyo a una o varias oficinas judiciales para desempeñar funciones administrativas que no estén legalmente atribuidas a los funcionarios de los Cuerpos de la Administración de Justicia. Este es el motivo por el cual los puestos de trabajo de estas unidades podrán ser cubiertos por otros funcionarios, sea de la Administración de Estado o de las Comunidades Autónomas.

B) El gobierno interno de los tribunales

Los juzgados, es decir, los órganos de carácter unipersonal, constituyen en nuestro derecho núcleos o unidades administrativas independientes entre sí, las cuales están bajo la responsabilidad directa de los jueces y el auxilio de los secretarios judiciales, que son quienes ejercen la jefatura del personal de quienes integran cada juzgado. En cambio, los tribunales disponen de una serie de órganos que son los encargados del funcionamiento de cada tribunal. Estas funciones se confían a las Salas de Gobierno, las cuales no llevan a cabo labores jurisdiccionales. Las Salas de Gobierno están formadas por el Presidente del órgano correspondiente, los Presidentes de las Salas o de las Audiencias de las que se componga, más un número determinado de jueces y magistrados elegidos de entre los que ejerzan jurisdicción dentro del territorio donde estén radicados cada uno de estos tribunales.

Las Salas de Gobierno del Tribunal Supremo y de la Audiencia Nacional están constituidas por los Presidentes de dichos órganos y por los Presidentes de las Salas respectivas así como un número de magistrados igual al de éstos. Por su parte, las Salas de Gobierno de los Tribunales Superiores de Justicia estarán constituidas por el Presidente, por los Presidentes de las Salas, por los Presidentes de las Audiencias Provinciales, los Jueces Decanos en algunos casos, y por un número de jueces y magistrados elegidos por todos los miembros de la carrera judicial destinados en dicha Comunidad Autónoma.

La duración del cargo de los miembros que han sido elegidos o designados es de cinco años. En las poblaciones donde haya diez o más juzgados (no tienen que ser necesariamente de una misma clase), sus titulares elegirán a uno de ellos como Decano. Y en donde haya menos, ejercerá las funciones de Decano quien tenga mejor puesto en el escalafón. Los jueces Decanos, si existen razones que lo justifiquen, pueden quedar exonerados, total o parcialmente, de sus funciones jurisdiccionales, a fin de dedicarse a las labores puramente gubernativas o de gestión.

Las funciones gubernativas abarcan aspectos de índole muy diversa, que van desde el establecimiento de las normas de reparto y distribución de asuntos hasta velar por el buen funcionamiento del servicio, incluyendo el ejercicio de las facultades disciplinarias que le encomienda la ley. Los jueces Decanos ostentan ante los poderes públicos la representación de todos sus integrantes y además son los encargados de presidir la Junta de Jueces para tratar asuntos de interés común que afecten a los titulares de todos o de alguno de los órganos jurisdiccionales. Los jueces de cada orden jurisdiccional tienen la posibilidad de reunirse en junta, bajo la presidencia del juez Decano, para proponer las normas de reparto entre los mismos, unificar criterios y prácticas y para tratar asuntos comunes o sobre los que estimaren conveniente elevar a la Sala de Gobierno correspondiente o al Consejo General del Poder Judicial.

2. Selección, formación y promoción profesional de jueces y magistrados. El ingreso en la carrera judicial. Las retribuciones judiciales

Como hemos visto, la Constitución ha optado por un modelo de juez profesional. Hasta la entrada en vigor de la Ley Orgánica del

Poder Judicial en el año 1985, el sistema empleado para ingresar en la carrera judicial había sido el de las oposiciones, que es el método que ha predominado en nuestro país para acceder a la carrera judicial. Hoy coexisten varias vías de ingreso, aunque sigue manteniéndose el sistema de oposiciones de manera prácticamente hegemónica. Son varias las vías de ingreso en la carrera judicial: a) por la categoría de *Juez*, b) por la categoría de *Magistrado* y c) por la categoría de *Magistrado del Tribunal Supremo*. Además, estas tres categorías conforman a su vez las sucesivas etapas en las que se compone la denominada carrera judicial en cumplimiento de las exigencias derivadas del artículo 122 de la Constitución que exige que al servicio del poder judicial exista un único cuerpo de jueces y magistrados. Lo que diferencia a un juez de un magistrado es su categoría profesional.

a) El ingreso en la carrera judicial por la categoría de *Juez* se lleva a cabo superando las correspondientes pruebas de acceso, esto es, mediante el clásico sistema de oposiciones. La convocatoria para el ingreso en la Carrera Judicial se realizará conjuntamente con la de ingreso en la Carrera Fiscal, de modo que los candidatos aprobados optarán a una u otra según la puntuación obtenida. Una vez superada la oposición, también tendrán que acreditar su suficiencia en los cursos teóricos y prácticos de la Escuela Judicial. Los requisitos son comunes. Se requiere ser español, mayor de edad, licenciado en Derecho y no estar incurso en alguna de las causas de incapacidad de que establece la ley. En este aspecto, y para facilitar la integración de discapacitados, la ley obliga a que en las convocatorias se reserve un cupo no inferior al cinco por ciento de las vacantes para que puedan ser cubiertas entre personas con un grado de discapacidad igual o superior al treinta y tres por ciento, siempre que acrediten que su discapacidad es compatible para el desempeño de las funciones judiciales. Todos estos requisitos han de ser acreditados antes de que se inicie el proceso de selección, esto es, como exigencia previa para ser admitido en la oposición, salvo en lo que se refiere a los requisitos de capacidad, respecto de la cual la ley no prevé ningún control inicial.

Los tribunales calificadores están compuestos por un Magistrado del Tribunal Supremo o de un Tribunal Superior de Justicia o un Fiscal de Sala o Fiscal del Tribunal Supremo o de una Fiscalía de

Tribunal Superior de Justicia, que lo presidirá, y por ocho vocales, dos Magistrados, dos Fiscales, un Catedrático de universidad de disciplina jurídica en que consistan las pruebas de acceso, un Abogado del Estado, un Abogado con más de diez años de ejercicio profesional y un Secretario Judicial de la primera categoría, que actuará como secretario. El nombramiento se realizará por la Comisión de Selección.

Una vez superadas las pruebas de acceso, los aspirantes deberán acreditar su suficiencia en los cursos que se imparten en la Escuela Judicial. Quienes no superen dicho curso podrán repetirlo en el siguiente, al que se incorporarán con la nueva promoción, y si tampoco lo hicieran en esta segunda ocasión quedarán definitivamente excluidos (art. 309 LOPJ). Aquellos aspirantes que por razones coyunturales no puedan acceder inmediatamente a una plaza por falta de vacantes tendrán la consideración de «jueces en expectativa de destino»; en esta situación podrán entre tanto ejercitar funciones jurisdiccionales a través de los supuestos de suplencia y sustitución que establezca la ley.

b) El acceso a la categoría de *Magistrado* se puede producir de varias formas. En primer lugar, mediante ascenso. Quienes han ingresado por la categoría de juez tienen la posibilidad de ascender siempre que hayan permanecido al menos tres años en dicha categoría; de cada cuatro vacantes que se produzcan en la categoría de Magistrado, dos darán lugar al ascenso de los Jueces que ocupen el primer lugar en el escalafón dentro de esta categoría. El magistrado ascendido podrá optar por continuar en la plaza que venía ocupando o ocupar la vacante que en el momento del ascenso le sea ofertada, comunicándolo al Consejo General del Poder Judicial, con la única limitación de que en el primer supuesto no podrá participar en los concursos ordinarios de traslado durante tres años si la plaza que venía ocupando es de categoría de Juez y un año si es de categoría de Magistrado.

El ascenso se lleva a cabo por concurso en función del puesto que ocupen en el escalafón (art. 329 LOPJ). Por lo tanto, el criterio fundamental que sirve para la promoción profesional de los jueces y magistrados es el de la antigüedad. Sin embargo, a fin de evitar que la promoción profesional de jueces y magistrados puedan llevarse a cabo por puras razones de conveniencia, independientemente de cuál fuera el orden jurisdiccional en que recayeran, la ley contempla una serie de medidas para favorecer promoción profesional a través de la especialización en una materia determinada; con ello se persigue que al frente de cada juzgado o tribunal se encuentren jueces y magistrados con una preparación adecuada para el desempeño de sus funciones.

El acceso a la categoría de magistrado también se puede producir a través de pruebas selectivas de especialización en los distintos órdenes jurisdiccionales (civil, penal, social y contencioso-administrativo), en las que se habrá de tenerse en cuenta la idoneidad de los candidatos para el ejercicio de las funciones jurisdiccionales correspondientes a los diferentes destinos. Para presentarse a las pruebas selectivas de especialización basta con haber estado dos años en la categoría de juez. A su vez, la ley prevé que puedan presentarse también a las pruebas de especialización en los órdenes contencioso-administrativo y social los miembros de la carrera judicial que tengan la categoría de magistrado e, incluso, los fiscales que, teniendo dos años de servicios, pretendan ingresar en la carrera judicial. En ambos casos, será necesario haber prestado al menos dos años de servicios efectivos en sus respectivas carreras.

Por último, tienen la posibilidad de acceder directamente a la carrera judicial por la categoría de magistrado aquellos juristas de reconocida competencia y más de 10 años en el ejercicio de su profesión. Las vacantes que se produzcan en este turno se proveerán por concurso. Una tercera parte de estas vacantes se reservará a los miembros del cuerpo de secretarios judiciales de primera o de segunda categoría; quienes pretendan el ingreso por esta vía precisarán también superar un curso de formación en la Escuela Judicial.

c) A la categoría de *Magistrado del Tribunal Supremo* se puede acceder por varia vías. Tienen posibilidad de aspirar a la categoría de magistrado del Tribunal Supremo quieres acrediten más de diez años como magistrado. También pueden acceder quienes, no reuniendo dichos requisitos hayan adquirido la condición de magistrados a través de las correspondientes pruebas selectivas de especialización. Así mismo, podrán ingresar directamente en la carrera judicial por la categoría de magistrado del Tribunal Supremo aquellos juristas de reconocida competencia que tengan más de quince años en el ejercicio de su profesión. En todos los casos, la decisión recae en el Consejo General del Poder Judicial. Los Magistrados del Tribunal Supremo, una vez que alcanzan la edad de jubilación, tienen derecho a seguir desempeñando su cargo como *Magistrados eméritos* hasta los setenta y cinco años.

El Consejo General del Poder Judicial tiene encomendada además la responsabilidad de mantener el nivel adecuado de formación de jueces y magistrados. El grado complejidad que el ordenamiento jurídico adquiere en las sociedades modernas y los constantes cambios que en él se producen, obliga a que los jueces tengan que estar siempre al día. La formación se lleva a cabo a través de los Planes del Formación Continuada, los cuales tienen por objeto garantizar la adaptación de todos los integrantes del poder judicial a las innovaciones jurídicas que tengan incidencia en el ejercicio de sus funciones. Aun así, la idoneidad de los jueces y magistrados en este aspecto no permitiría que pudiese apartarse a un juez de la carrera judicial por falta de preparación. En este sentido, en el debate abierto en otros países en relación con esta cuestión, algunos sectores de la doctrina han señalado que serían inconstitucionales los sistemas de valoración periódica, al entender que el principio de independencia impondría solo que la profesionalidad de los magistrados sea valorada únicamente en el momento de acceder a la carrera judicial.

Las retribuciones de los jueces se inspira en la necesidad de que, además de las percepciones comunes que correspondan a cada una de las categorías judiciales, contemple los medios adecuados para incentivar la productividad, a fin de que, de esa manera, se mejore el servicio que estos órganos deben prestar a los ciudadanos. Como se ha dicho, esta materia se encuentra regulada por la Ley 15/2003, de 26 de mayo, reguladora del régimen retributivo de las carreras judicial y fiscal. Esa es la razón por la que las retribuciones de los jueces y magistrados están integradas por un componente fijo y otro variable por objetivos y que se calcula en función del rendimiento de cada juez o magistrado (módulos). En este sentido, la ley sanciona como falta grave a los jueces que generen ficticios incrementos de volumen de trabajo en relación con los sistemas de medición fijados por el Consejo General del Poder Judicial (art. 418 LOPJ).

3. Los sistemas de sustitución y refuerzo en los tribunales. Los magistrados suplentes y los jueces sustitutos

Como ya hemos indicado, hay ocasiones en las que las plazas servidas por jueces o magistrados de carrera se encuentran vacantes, bien de manera provisional, debido a licencias, permisos o por enfermedad, o bien de forma definitiva, en el caso de que no hayan llegado a cubrirse las que inicialmente fueron objeto del concurso. Este tipo de circunstancias provoca serios inconvenientes ya que el servicio que se prestan no puede permanecer sin atención. Para remediar esta situación la ley ha arbitrado un sistema que permite proceder a su sustitución. La ley ha optando en principio por un procedimiento que favorece la sustitución entre los propios jueces y magistrados, bien sean de manera voluntaria y, en su defecto, recurriendo a los llamados jueces de adscripción territorial y a aquellos jueces que tengan menor carga de trabajo.

Cuando no sea posible, se podrá acudir a otros profesionales del derecho que, sin pertenecer a la carrera judicial, tienen la capacidad necesaria para asumir esta labor. Nos encontramos así con los *magistrados suplentes y* los jueces *sustitutos.* Legislativamente se han introducido una serie de reformas que tratan de evitar este tipo de situaciones de tal manera que el recurso a este tipo de jueces sea de forma absolutamente excepcional (Ley Orgánica 8/2012). Los *magistrados suplentes* son llamados a ejercer funciones judiciales de forma ocasional en órganos de carácter colegiado (Salas y Secciones de las Audiencias Provinciales, Tribunales Superiores de Justicia, Audiencia Nacional y Tribunal Supremo). Como se ha indicado, cuando no resulte posible la formación de Sala con un juez o magistrado de carrera, podrá acudirse de manera excepcional a la figura del magistrado suplente no integrante de la misma, cuyo llamamiento queda condicionado a la existencia de disponibilidad presupuestaria. Por lo tanto, el ejercicio del cargo de magistrado suplente no está pensado para que se desarrolle de forma permanente sino que son designados cuando una determinada Sala o Sección no pueda constituirse con magistrados de la carrera judicial. El cargo de magistrado suplente debe recaer en profesionales del derecho de acreditada competencia. No pueden ostentar el cargo de magistrados suplentes quienes ejerzan la profesión de abogado o de procurador. Su designación corresponde al Consejo General del Poder Judicial.

Junto a los magistrados suplentes, se encuentran los *jueces sustitutos.* Estos jueces tienen por misión ejercer funciones judiciales en aquellos casos en los que los jueces profesionales no puedan sustituirse entre sí. Por eso, con la misma finalidad, y para hacer frente a los problemas que causa el fenómeno de la interinidad, la Ley Orgánica del Poder Judicial permite que jueces pertenecientes a la carrera judicial puedan ser destinados provisionalmente para reforzar o ocupar provisionalmente una plaza dentro de los programas anuales de sustitución en los que podrán participar aquellos jueces que voluntariamente lo soliciten; en su defecto, la sustitución se llevará a cabo a través de los llamados de *jueces de adscripción territorial,* que ejercerán sus funciones en cada Tribunal Superior de Justicia pero con una jurisdicción circunscrita al ámbito territorial de una única provincia [BOE 30 de julio de 2010]. Cuando no sea posible, se acudirá a los jueces que encuentren *en expectativa de destino* o *en prácticas.* En último término, y agotadas las anteriores posibilidades, se procederá al llamamiento de un sustituto no profesional.

4. Los secretarios judiciales

Los secretarios judiciales son funcionarios de carrera que tienen como principal función colaborar con jueces y magistrados en el ejercicio de la función jurisdiccional. Los secretarios judiciales constituyen un cuerpo de carácter nacional para el que se requiere ser Licenciado en Derecho y al que se accede de manera muy similar al de jueces y fiscales, aunque como veremos la ley no ha descuidado la posibilidad de que puedan promocionar profesionalmente los funcionarios de cuerpos inferiores. En un principio, los secretarios judiciales tuvieron encomendada exclusivamente la función de dar fe de los actos procesales. Hasta el año 1862, momento en que la Ley de Notariado, desdobló las funciones de la fe pública judicial y la extrajudicial, ejercida actualmente por los notarios, esta función estaba encomendada a un único funcionario. Con el tiempo fueron adquiriendo mayor protagonismo hasta convertirse en un cuerpo autónomo respecto de los demás cuerpos superiores del Estado. En la actualidad, gracias las modernas técnicas de reproducción de la imagen y de la palabra, esta función de fedatarios ha cedido en parte en favor de otras, como es la de auxiliar a los jueces en la tramitación de los procedimientos.

El Cuerpo de Secretarios Judiciales depende del Ministerio de Justicia y se organiza bajo los principios de unidad de actuación y dependencia jerárquica. Al frente de todos ellos se encuentra el Secretario General de la Administración de Justicia. En un nivel jerárquicamente inferior se hallan los Secretarios de Gobierno y los Secretarios Coordinadores Provinciales. Habrá un Secretario de Gobierno en el Tribunal Supremo, en la Audiencia Nacional y en los Tribunales Superiores de Justicia, así como en Ceuta y en Melilla, que será el superior jerárquico de los secretarios que prestan sus servicios en las oficinas dependientes de dichos tribunales.

El cargo de Secretario de Gobierno es de libre designación. Serán nombrados y removidos por el Ministerio de Justicia, oída la Comunidad Autónoma que corresponda, en el caso de que ésta tuviera transferidas las competencias en materia de justicia. Por su parte, los Secretarios Coordinadores Provinciales ejercen sus funciones bajo la dependencia de los Secretarios de Gobierno. Como órgano de participación de los secretarios judiciales y con funciones meramente consultivas, la ley ha previsto que pueda constituirse en el seno del Ministerio de Justicia un Consejo del Secretariado.

Toda esta estructura orgánica introduce por primera vez en nuestro país un modelo de secretario judicial profundamente jerarquizado y centralizado al frente del cual se encuentra el Ministerio de Justicia, que es quien tiene la capacidad de efectuar un control directo sobre el funcionamiento del personal a su servicio; la reforma llevada a cabo en 2003 desapoderó a los secretarios judiciales de la tradicional dependencia que ha venido ejerciendo el juez sobre estos funcionarios.

La ley mediante la que se implantó la nueva oficina judicial ha consolidado su condición como órganos encargados de dirigir en el aspecto técnico procesal al personal de los juzgados y tribunales, ordenando su actividad e impartiendo las órdenes e instrucciones necesarias para el ejercicio de su función. Los secretarios judiciales, como gestores del procedimiento, son unos profesionales cuya labor es absolutamente imprescindible para el buen funcionamiento de los órganos jurisdiccionales, siendo los encargados de dirigir al personal de la oficina judicial en los aspectos relativos a la sustanciación de los procedimientos.

La idea inspiradora de la reforma ha sido la de atribuirles la competencia para tomar decisiones de relevancia procesal; de este modo, se intenta garantizar que el juez o tribunal pueda concentrar sus esfuerzos en la actividad propiamente jurisdiccional. Los secretarios judiciales están sujetos a las mismas incapacidades, incompatibilidades y prohibiciones que los jueces. Por lo tanto, les afectan las mismas causas de recusación ya que tienen, lo mismo que los jueces, el deber de ser imparciales. Con carácter general, las funciones atribuidas a los secretarios judiciales no podrán ser objeto de delegación ni de habilitación.

Además de las funciones de documentación, son responsables de un gran número de actuaciones procesales, entre las que destaca por su importancia la de impulsar formalmente el procedimiento a través de las diligencias de ordenación o de dictar resoluciones que tengan por finalidad dar por terminado anticipadamente el procedimiento; ostentan la jefatura del personal de la secretaría de los órganos jurisdiccionales, ya sean estos unipersonales o colegiados. Son los encargados de la custodia y conservación de los autos (*archivo judicial de gestión*), así como los responsables de los depósitos y consignaciones y de la Estadística Judicial. La ley también les atribuye la notificación de las resoluciones judiciales. Es de destacar también la función de *dación de cuenta,* que tiene por objeto poner en conocimiento del juez o de la Sala el estado del procedimiento (vencimiento de plazos, etc.).

Como veremos, la ley les autoriza a participar en las funciones decisoras a través de unas resoluciones denominadas *Decretos.* El legislador ha querido aprovechar de esta manera la experiencia, la profesionalidad y la alta cualificación técnica de estos funcionarios para que desempeñen estas funciones en aquellos procesos de carácter no contencioso, permitiendo que los jueces y magistrados puedan disponer de más tiempo para el ejercicio de sus funciones. Corresponde a los secretarios judiciales con exclusividad y plenitud el ejercicio de la pública judicial. La documentación de los actos procesales se lleva normalmente mediante actas y diligencias.

Las *actas* tienen por objeto dejar constancia de una actuación en la que intervienen varias personas distintas del secretario actuante. Hasta ahora era la forma habitual de documentar las vistas, audiencias, comparecencias, declaraciones de las partes, etc. En este aspecto, como hemos dicho, hay que tener en cuenta que para realizar esta función los secretarios judiciales cuentan hoy en día con los medios que les proporcionan las nuevas tecnologías. Siempre que se cuente con los medios tecnológicos necesarios, las vistas, audiencias y comparecencias se registrarán en soporte apto para la grabación y reproducción del sonido y de la imagen.

El secretario judicial es responsable de garantizar la autenticidad e integridad de lo grabado o reproducido mediante la utilización de la firma electrónica u otro sistema de seguridad que conforme a la ley ofrezca tales garantías. En este caso, la celebración del acto no requerirá la presencia del fedatario salvo que la hubieran solicitado las partes con dos días de antelación a la celebración del acto, salvo que el propio secretario lo considere necesario por razón de la complejidad del asunto o por otras circunstancias.

Las *diligencias* tienen también la función de dejar constancia de actuaciones o de hechos en la que sólo interviene el secretario actuante. Entre ellas destacan las diligencias de constancia y las diligencias de ordenación. Las primeras tienen por objeto acreditar documentalmente un hecho con trascendencia procesal. En cambio, las diligencias de ordenación tienen, como hemos visto, la función de dar al procedimiento el curso ordenado por la ley e impulsar formalmente el procedimiento. Así mismo, están autorizados a expedir copias certificadas y testimonios de las actuaciones judiciales y a facilitar a las partes interesadas y a cuantos manifiesten y justifiquen un interés legítimo y directo la información que soliciten sobre el estado de las actuaciones que no estén declaradas secretas ni reservadas.

5. El personal al servicio de la oficina judicial

El personal que presta servicio en los juzgados y tribunales ha estado constituido por oficiales, auxiliares y agentes, todos ellos funcionarios de carrera. En la actualidad, los funcionarios al servicio de la Administración de Justicia se agrupan en los siguientes cuerpos: el *Cuerpo de Gestión Procesal y Administrativa,* que integraría a los antiguos oficiales, el *Cuerpo de Tramitación Procesal y Administrativa,* que integraría a los auxiliares, y el *Cuerpo de Auxilio Judicial,* que integraría a los agentes. A estas plazas, en sus diversas clases y categorías se accede por oposición aunque también existe personal contratado. Todos ellos actúan bajo la dependencia directa del secretario judicial, quien responderá de su buen funcionamiento, sin perjuicio de las facultades superiores de dirección que el juez o el Presidente de cada Sala o Sección ejerza en cada órgano jurisdiccional. Se trata de cuerpos nacionales; orgánicamente dependen del Ministerio de Justicia o, en el caso de que se trate de competencias ejercidas al amparo de cláusulas subrogatorias a las que ya hemos aludido, con competencias compartidas con las Comunidades Autónomas (art. 471 LOPJ). Son a estos órganos a quienes, en ámbito de sus respectivas atribuciones, les corresponde ejercer las competencias en todo aquello que se refiera a las materias relativas a su estatuto y régimen jurídico, entre las que comprende las materias referidas a la selección, formación inicial y continuada, provisión de destinos, ascensos, situaciones administrativas, jornada laboral, horario de trabajo y régimen disciplinario pero respetando en todo caso el marco reservado al Ministerio de Justicia establecido en la Ley Orgánica del Poder Judicial (SSTC 56/1990 y 163/2012).

Los funcionarios integrados en el Cuerpo de Gestión Procesal y Administrativa son los responsables de colaborar en la actividad procesal de nivel superior, gestionando la tramitación de los asuntos y otras que se les encomienden de la misma naturaleza, como puede ser la documentación de determinados actos (embargos, lanzamientos, etc.), la elaboración de notas o la recepción de escritos y documentos. Los funcionarios pertenecientes al Cuerpo de Tramitación Procesal y Administrativa tienen encomendada la realización de actividades materiales de apoyo en el desarrollo general de la tramitación procesal, tales como la llevanza del registro y clasificación de correspondencia, la formación de autos y expedientes o la confección de las cédulas pertinentes para la práctica de las notificaciones.

Los integrantes del Cuerpo de Auxilio Judicial tienen, como su propio nombre indica, encomendada la realización de cuantas tareas tengan carácter de auxilio a la actividad de los órganos jurisdiccionales, como es la práctica de las notificaciones, la ejecución de los embargos, lanzamientos y demás actos cuya naturaleza lo requiera, actúan como policía judicial con carácter de agentes de la autoridad y se ocupan de las funciones de vigilancia, custodia de las salas de audiencia y vistas y cualquier otra relacionadas con estas funciones.

Los miembros de estos Cuerpos están sujetos a las causas de incompatibilidad que se prevén en la legislación de incompatibilidades de funcionarios al servicio de las Administración Públicas. Tampoco pueden estar al servicio de ningún abogado o procurador, ni ejercer ellos mismos estas profesiones. Como sucede con todos los funcionarios, sobre ellos pesa el deber de actuar con lealtad e imparcialidad y servir con objetividad los intereses generales. Están obligados a poner en conocimiento de sus superiores las causas que pudieran justificar su abstención en el pleito o causa, debiendo adoptar, de oficio o a solicitud de parte, las medidas que procedan para garantizar su imparcialidad en las actuaciones judiciales.

Con carácter general, el acceso a estos cuerpos se efectuará a través del sistema de oposiciones. Como hemos adelantado, la ley tiende a favorecer la promoción interna mediante el acceso a estos cuerpos de los funcionarios pertenecientes a cuerpos inferiores; para ello, además de tener la titulación requerida para el acceder al cuerpo de que se trate y de superar las pruebas que se establezcan, se requiere que los aspirantes tengan una antigüedad de, al menos, dos años en el cuerpo al que pertenezcan. La provisión de vacantes se efectuará con carácter general por concurso, aunque la ley prevé otros sistemas (libre designación, adscripción temporal, comisión de servicios o a través del procedimiento de redistribución o reordenación de efectivos).

6. Instituciones que auxilian y cooperan con la Administración de Justicia. La policía judicial y los médicos forenses

La administración de justicia requiere del auxilio y la cooperación de otros profesionales, sobre todo en el ámbito de la justicia penal. A este respecto, desempeñan una indudable importancia la policía judicial y los médicos forenses.

a) A la *policía judicial* se refiere expresamente el art. 126 de la Constitución que la configura como una institución dependiente del poder judicial, circunstancia que ha representado un gran avance respecto la situación anterior. A pesar de ello, la Constitución ha preferido que sea el legislador quien diseñe el modelo de policía judicial que considere más adecuado para el desempeño de sus funciones. La Ley Orgánica de 13 de marzo de 1986, de Fuerzas y Cuerpos de Seguridad del Estado ha acogido una solución que asegura la eficacia de la actuación de la policía judicial ya que si bien funcionalmente los miembros de la policía judicial dependen de las autoridades judiciales y del Ministerio Fiscal, orgánicamente siguen estando bajo la dependencia del Ministerio del Interior.

En este aspecto, hay que tener en cuenta que no todos los miembros de las Fuerzas y Cuerpos de la Seguridad del Estado forman parte de la policía judicial. La ley prevé la existencia de unidades específicas de policía judicial. A los demás funcionarios pertenecientes a las Fuerzas y Cuerpos de la Seguridad del Estado no cabe considerarlos miembros de la policía judicial, aunque todos ellos, tanto si dependen del Gobierno central como de las Comunidades Autónomas o de los Ayuntamientos, dentro del ámbito de sus respectivas competencias, están obligados a desempeñar las funciones de policía judicial cuando fueran requeridos para ello. No ocurre lo mismo en supuesto contrario ya que la Ley Orgánica del Poder Judicial les ha atribuido una serie de privilegios. Por una parte, la ley prohíbe expresamente a los jueces y magistrados encomendar a los miembros de estas unidades la práctica de actuaciones que no sean las propias de la policía judicial. Además, la ley les garantiza cierta inmunidad en el ejercicio de sus funciones. Los funcionarios de policía judicial a quienes se les haya encomendado una actuación o investigación concreta no podrán ser removidos o apartados hasta que finalice la misma o, en todo caso, la fase del procedimiento judicial que la originó, si no es por decisión o con la autorización del juez o fiscal competente.

b) Los *médicos forenses* constituyen un cuerpo titulado superior al servicio de la Administración de Justicia. Sus funciones son las de asistir técnicamente a jueces, magistrados, fiscales y encargados del Registro Civil en las materias de su disciplina profesional, tanto en el campo de la patología forense como en la asistencia o vigilancia facultativa de detenidos, lesionados o enfermos que se hallaren bajo la jurisdicción de aquéllos. A estos efectos, les corresponde emitir informes y dictámenes en el marco de los procesos judiciales en que intervengan, realizar el control periódico de los lesionados y valorar los daños corporales que correspondan.

En el ámbito de sus funciones, estarán a las órdenes tanto de los jueces y magistrados como de los fiscales, sin perjuicio de su dependencia orgánica de los directores de los Institutos de Medicina Legal o de Toxicología al que estén destinados; junto a los ellos se encuentran otros funcionarios de cuerpos auxiliares dependientes del Instituto Nacional de Toxicología y Ciencias Forenses como son los Facultativos, los Técnicos Especialistas y los Ayudantes de Laboratorio.

VII. RÉGIMEN DE LOS JUZGADOS Y TRIBUNALES. REQUISITOS DE LAS ACTUACIONES JUDICIALES

1. El periodo ordinario de actividad de los tribunales. Días y horas en que pueden llevarse a cabo las actuaciones judiciales

El año judicial, período ordinario de actividad de los juzgados y tribunales, se extenderá desde el 1° de septiembre, o el siguiente día hábil, hasta el 31 de julio de cada año natural. Durante el período en que los tribunales colegiados interrumpan su actividad ordinaria, se formará en los mismos una Sala, llamada Sala de Vacaciones, compuesta por su Presidente y el número de magistrados que determine el Consejo General del Poder Judicial, la cual asumirá las atribuciones de las Salas de Gobierno y de Justicia, procurando que haya magistrados de las diversas Salas.

Al inicio del año judicial se celebrará un acto solemne en el Tribunal Supremo. El Presidente del Consejo General del Poder Judicial y del Tribunal Supremo presentará en dicho acto la Memoria anual sobre el estado, funcionamiento y actividades de los juzgados y tribunales. En el mismo acto, el Fiscal General del Estado presentará también la Memoria anual sobre su actividad.

El conjunto de actividades de los tribunales que son necesarias para garantizar el normal desarrollo de los procesos recibe tradicionalmente en la ley la denominación de *audiencia pública*; incluye el despacho ordinario de los asuntos y la celebración de las vistas y comparecencias que establezcan las respectivas leyes procesales para el cumplimiento de sus fines. La ley exige en todo caso que los Juzgados y Tribunales lleven a cabo esta actividad todos los días hábiles; a tal fin señalarán las horas de audiencia pública que sean necesarias para garantizar que la tramitación de los procesos se produzca sin dilaciones indebidas.

El horario y la jornada de laboral del personal de las oficinas judiciales será el que en cada caso fije el Ministerio de Justicia, oído el Consejo General del Poder Judicial y las Comunidades Autónomas con competencias en la materia. El horario de trabajo respetará el de audiencia pública de juzgados y tribunales fijado por el Consejo General del Poder Judicial y no podrá ser inferior al establecido para la Administración pública. En todo caso, los jueces y magistrados así como el resto del personal al servicio de la Administración de Justicia, deberán ejercer su actividad respectiva en los términos que exijan las necesidades del servicio, sin perjuicio de su deber de respetar el horario establecido (art. 189 LOPJ).

A efectos procesales son inhábiles los sábados y domingos, los días 24 y 31 de diciembre, días de fiesta nacional y los festivos a efectos laborales en la respectiva Comunidad Autónoma o localidad. Por su parte, son horas hábiles desde las ocho de la mañana a las ocho de la tarde, salvo que la ley disponga lo contrario. Aun así, se consideran también horas hábiles las que van desde las ocho hasta las diez de la noche siempre que sean para practicar notificaciones o para llevar cabo actuaciones relativas a la ejecución forzosa. También son inhábiles los días del mes de agosto para todas las actuaciones judiciales, excepto las que se declaren urgentes y para los supuestos que leyes procesales lo autoricen expresamente. Para la instrucción de las causas criminales, todos los días del año y todas las horas serán hábiles sin necesidad de habilitación especial.

No obstante, los días y horas inhábiles podrán habilitarse por el juez o tribunal con sujeción a lo dispuesto en las leyes procesales; igualmente, el Consejo General del Poder Judicial podrá, reglamentariamente, habilitar días inhábiles en aquellos casos no previstos en aquéllas.

2. Forma en que han de realizarse las actuaciones judiciales

Según el art. 120 de la Constitución, las actuaciones judiciales deberán ser predominantemente orales, sobre todo en materia criminal, sin perjuicio de su documentación. Por lo tanto, las declaraciones, interrogatorios, testimonios, careos, exploraciones, informes, ratificación de los peritos y vistas, se llevarán a efecto ante juez o tribunal con presencia o intervención, en su caso, de las partes y en audiencia pública. Las ventajas de la oralidad son indudables aunque también presenta algunos inconvenientes, principalmente debidos a la falta de estabilidad del material que ha llegado al proceso de esta forma. Afortunadamente hoy se cuenta con el auxilio de los modernos sistemas de reproducción de la imagen y del sonido que permiten que en cualquier momento las declaraciones puedan ser reconstruidas y examinadas de nuevo por los jueces o por las partes. Como hemos visto, la ley permite que en el caso de que se utilicen medios técnicos de grabación o reproducción, las vistas se puedan desarrollar sin la intervención del secretario judicial, pero en todo caso éste viene obligado garantizar la autenticidad e integridad de lo grabado o reproducido (art. 453 LOPJ).

En estrados los jueces, magistrados, fiscales, secretarios, abogados, procuradores y, en los casos que así proceda, los graduados sociales, usarán toga y todos ellos se situarán a la misma altura.

Corresponde a los jueces y, en su caso, a los presidentes de los tribunales, mantener el orden en las Salas de Justicia, a cuyo efecto acordarán lo que proceda. Asimismo están obligados a amparar en sus derechos a los que asistan a dichos actos. Los que perturbaran la vista de algún proceso, causa u otro acto judicial, dando señales ostensibles de aprobación o desaprobación, o faltando al respeto y consideración debida al tribunal o alguno de sus miembros, serán amonestados en el acto y en, su caso, expulsados de la Sala sin perjuicio de la responsabilidad penal en que incurran. También serán sancionados los testigos, peritos o cualquiera otro que, como parte o representándola, faltaren en las vistas y actos judiciales de palabra, obra o por escrito a la consideración, respeto y obediencia debidos a los tribunales.

Tanto los Abogados como los Procuradores que intervengan en los pleitos, cuando incumplan las obligaciones que les imponga la ley, podrán ser corregidos disciplinariamente, siempre que el hecho no sea constitutivo de delito. Los Abogados y los Procuradores podrán ser corregidos por su actuación ante los tribunales cuando en su actuación falten al respeto debido a los jueces, tribunales, fiscales, abogados, secretarios judiciales o cualquier persona que intervenga o se relacione con el proceso; también podrán ser corregidos cuando, llamados al orden en las alegaciones orales, no obedecieran al que presida el tribunal o cuando no comparecieren sin causa justificada una vez citados en forma o renuncien injustificadamente a la defensa o representación que ejerzan en un proceso. La sanción corresponde imponerla al propio juez o tribunal ante el cual se siguen las actuaciones, circunstancia que ha sido vista con algunos recelos por parte de los abogados que consideran que este sistema no garantiza suficientemente la imparcialidad de quien impone la sanción, máxime cuando esta situación afecta al derecho de defensa.

En el supuesto de que los hechos fueran constitutivos de delito, sus autores podrán ser detenidos en el acto y puestos a disposición del juez competente. Estas medidas no son aplicables a los abogados ni a los procuradores de las partes, los cuales, en razón a la especial protección que nuestro país dispensa al derecho de derecho de defensa, están sometidos a un régimen disciplinario diferente al del resto de los sujetos que intervienen ante los tribunales hasta el punto que según la jurisprudencia, en el ejercicio de este derecho, la libertad de expresión prevalece sobre cualquier otro (STS 377/2011 [RoJ 4050]).

Los tribunales podrán utilizar cualesquiera medios técnicos, electrónicos, informáticos y telemáticos para el desarrollo de su actividad y el ejercicio de sus funciones, con las limitaciones que respecto a la utilización de tales medios establezca la legislación vigente. En este sentido, cada vez va siendo más habitual recurrir al uso de las más avanzadas técnicas de comunicación al objeto de facilitar el trabajo de los tribunales, sobre todo en ámbito de la asistencia judicial en materia penal internacional (Convenio de 29 de mayo de 2000); hay que destacar en especial la posibilidad de llevar a cabo ciertas actuaciones judiciales a través de videoconferencia o de cualquier otro sistema que permita la comunicación simultánea de imagen y sonido entre varias personas.

En todas las actuaciones judiciales, los jueces, magistrados, fiscales, secretarios y demás funcionarios al servicio de la Administración de Justicia, deberán usar el castellano, lengua oficial del Estado. No obstante, podrán usar también la lengua oficial propia de la Comunidad Autónoma, si ninguna de las partes se opusiere, alegando desconocimiento de ella que pudiere producir indefensión. Las partes, sus representantes y quienes les dirijan, así como los testigos y peritos, podrán utilizar la lengua que sea también oficial en la Comunidad Autónoma en cuyo territorio tengan lugar las actuaciones judiciales, tanto en manifestaciones orales como escritas.

Las actuaciones judiciales realizadas y los documentos presentados en el idioma oficial de una Comunidad Autónoma tendrán, sin necesidad de traducción al castellano, plena validez y eficacia; no obstante se procederá a su traducción cuando deban surtir efecto fuera de la jurisdicción de los órganos judiciales situados en la Comunidad Autónoma, salvo si se trata de Comunidades Autónomas con lengua oficial propia coincidente. También se procederá a su traducción cuando así lo dispongan las leyes o cuando una de las partes alegue indefensión. En las actuaciones orales, el Juez o Tribunal podrá habilitar como intérprete a cualquier persona conocedora de la lengua empleada, previo juramento o promesa de aquélla (STC 105/2000).

3. Publicidad de las actuaciones judiciales y acceso a la información judicial

Las actuaciones judiciales deberán ser públicas. Excepcionalmente, por razones de orden público o para la protección de los derechos y libertades de alguno de los sujetos que intervengan, los tribunales, mediante resolución motivada, podrán limitar el ámbito de la publicidad y acordar el carácter secreto de todas o parte de las actuaciones. En todo caso, las deliberaciones de los tribunales serán siempre secretas, lo mismo que el resultado de las votaciones, sin perjuicio de lo dispuesto en relación sobre la publicación de los votos particulares.

Los secretarios judiciales y los demás funcionarios de los juzgados y tribunales tienen el deber de facilitar a los interesados cuanta información soliciten sobre el estado de las actuaciones judiciales, que podrán examinar y conocer, salvo que sean o hubieren sido declaradas secretas. Así mismo, las partes y quien acredite un interés legítimo, tendrán derecho a obtener copias de escritos y documentos que consten en los autos, siempre que no hayan sido declarados secretos ni reservados. Los interesados tendrán también derecho a acceder a los libros, archivos y registros judiciales que no tengan carácter reservado, mediante las formas de exhibición, testimonio o certificación que establezca la ley.

El acceso al texto de las sentencias, o a determinados extremos de las mismas, podrá quedar restringido cuando el mismo pudiera afectar al derecho a la intimidad, a los derechos de las personas que requieran un especial deber de tutela o a la garantía del anonimato de las víctimas o perjudicados, cuando proceda, así como, con carácter general, para evitar que las sentencias puedan ser usadas con fines contrarios a las leyes (art. 266 LOPJ). Así mismo, en los casos en que sea necesario proteger el interés de los menores y para preservar su intimidad, deberán omitirse los datos personales, imágenes, nombres y apellidos, domicilio, o cualquier otro dato o circunstancia que directa o indirectamente pudiera permitir su identificación (art. 141 *bis* LEC).

4. Lugar en que deben practicarse las actuaciones judiciales

Con carácter general, las actuaciones judiciales deben practicarse en la sede del órgano jurisdiccional. No obstante, los juzgados y los tribunales pueden constituirse en cualquier lugar del territorio de su jurisdicción para la práctica de aquéllas, cuando fuere necesario o conveniente para la buena administración de justicia. Aun así, sólo podrán celebrar juicios o vistas de asuntos fuera de la población de su sede cuando así lo autorice la ley. Sin embargo, el Consejo General del Poder Judicial, cuando las circunstancias o el buen servicio de la Administración de Justicia lo aconsejen, podrá disponer a petición del órgano jurisdiccional que los juzgados y las secciones o salas de los distintos tribunales se constituyan en población distinta de su sede para despachar los asuntos correspondientes a un determinado ámbito territorial comprendido en la circunscripción de aquéllos.

Los jueces podrán recabar la cooperación de otros jueces cuando tengan que practicar una diligencia fuera del territorio de su circunscripción o ésta fuere de la específica competencia de otro Juzgado o Tribunal. La petición de cooperación y auxilio judicial se efectuará siempre directamente, sin dar lugar a traslados ni reproducciones a través de órganos intermedios. El instrumento a través del cual se materializa el auxilio judicial se denomina *exhorto.* Los jueces podrán no obstante realizar cualquier diligencia de instrucción penal en lugar no comprendido en el territorio de su circunscripción, cuando el mismo se hallare próximo y ello resultare conveniente, dando inmediata noticia al juez competente. Los jueces y tribunales de otros órdenes jurisdiccionales podrán también practicar diligencias de instrucción o prueba fuera del territorio de su circunscripción cuando no se perjudique la competencia del Juez correspondiente y venga justificado por razones de economía procesal.

5. Tiempo de las actuaciones procesales. Los términos y los plazos procesales. Forma de computarlos

Ya sabemos que el proceso es un fenómeno que se desarrolla en el tiempo y está compuesto por una serie de actos que se suceden siguiendo el orden establecido por la ley. Por lo tanto, es lógico que la ley conceda tanto a las partes como al juez un periodo de tiempo para llevar a cabo una determinada actuación procesal de modo que si deja transcurrir el momento para realizarlo, se pierde la oportunidad para hacerlo. A este principio le denomina la ley *preclusión* y al que están sometidos todos los sujetos que intervienen en un proceso. La ley concede a las partes un periodo tiempo para la realización de una actuación procesal, estos periodos reciben el nombre de plazos procesales.

En un sistema procesal basado en el principio de *impulso oficial*, el órgano judicial no tiene que esperar a que las partes le apremien para que se desarrolle tal como viene impuesto legalmente. Cuando se trata de actuaciones de las partes sometidas a plazo, la sanción por el incumplimiento asociada a la preclusión viene determinada por la imposibilidad de realizar el acto procesal que proceda en el momento para el que se haya dispuesto (art. 136 LEC). No ocurre lo mismo cuando el destinatario del plazo es el juez o el tribunal, puesto que en este caso, el transcurso del tiempo para realizar un acto procesal lo único que acarrea por lo general es una sanción penal o disciplinaria, sin que en razón a la función pública que desarrollan, les pueda alcanzar los efectos de la preclusión.

Así pues, en un sistema procesal basado en el principio de *impulso oficial*, el órgano judicial no tiene que esperar a que las partes le apremien para que se desarrolle tal como viene impuesto legalmente. La observancia de los plazos procesales salvaguarda la regularidad y el normal desarrollo de los procedimientos judiciales; supletoriamente, cuando no se establezca un plazo se entenderá que ha de practicarse sin dilación (art. 132 LEC).

Según la terminología clásica, la ley alude a los plazos y términos. Siguiendo la doctrina tradicional, por *término* se entiende el momento en que debe realizarse un acto procesal (vistas, comparecencias, etc.); y en cambio, el *plazo* viene constituido por el periodo de tiempo en que puede realizarse un acto procesal; del carácter perentorio de los plazos procesales deriva su improrrogabilidad. Sin embargo, no son nociones equivalentes. Lo que caracteriza a la perentoriedad de un plazo es que, transcurrido el cual, se pierde definitivamente la posibilidad de llevar a cabo la actuación para la que se haya concedido. Por el contrario, la improrrogabilidad de los plazos procesales, que es condición inherente a la mayoría de ellos, impide que pueda acordarse su ampliación [Guasp]. Conviene no obstante recordar que la legislación procesal permite interrumpir los plazos y demorar los términos en caso de fuerza mayor que impida cumplirlos, reanudándose su computo en el momento en que hubiera cesado la causa determinante de la interrupción o de la demora (art. 134 LEC).

La ley establece reglas específicas que regulan la forma en que se computan los plazos procesales. Los plazos procesales se computarán de modo que siempre que no se establezca otra cosa, en los señalados por días, comenzará a correr desde el día siguiente a aquel en que se hubiere efectuado el acto de comunicación del que la ley haga depender el inicio del plazo (notificación, citación, emplazamiento, requerimiento, etc.), y se incluirá en ellos el día del vencimiento, que expirará a las veinticuatro horas día señalado (art. 133 LEC). En definitiva, el cómputo de los plazos está sometido a las siguientes reglas: el día inicial en que se haya verificado la comunicación del que resulte la actuación procesal del que dependa el plazo no se incluye en el cómputo ni tampoco cabe añadir ningún otro día adicional como consecuencia de su vencimiento. Por lo tanto, salvo que la ley establezca que un plazo comience a correr desde la finalización de otro (en cuyo caso, aquél se computará desde el día siguiente al del vencimiento de éste), con carácter general el *dies a quo* quedará excluido del cómputo, el cual deberá empezar en el día siguiente.

Por otra parte, a diferencia de lo que ocurre en el cómputo civil, en los plazos señalados por días quedarán excluidos los inhábiles. Y si el último día de plazo fuere inhábil (sábado, domingo o cualquier otro día inhábil), se entenderá que queda prorrogado hasta el primer día hábil siguiente. En cambio, si los plazos estuviesen fijados por meses o años, se computarán de fecha a fecha. Cuando en el mes del vencimiento no hubiera día equivalente al inicial del cómputo, se entenderá que el plazo expira el último día del mes.

Si se hubiera solicitado una aclaración, rectificación, subsanación o complemento a una resolución judicial, los plazos para los interponer los recursos que procedan contra a dicha resolución se interrumpirán desde que se solicite y en todo caso comenzarán a computarse de nuevo todo el plazo desde el día siguiente a la notificación del auto o decreto que reconociera o negase la omisión del pronunciamiento y acordase o denegara remediarla (STC 90/2010).

De cualquier forma, teniendo en cuenta que el vencimiento de los plazos concluye a las veinticuatro horas del día establecido como *dies ad quem*, y a fin de evitar los perjuicios que el vencimiento de un plazo puede acarrear, la leyes procesales han previsto que cuando un escrito esté sujeto a plazo, su presentación pueda efectuarse hasta las quince horas del día hábil siguiente al de su vencimiento lo que deberá realizarse en el servicio común creado a tal efecto o, de no existir éste, en la sede del órgano judicial (art. 135 LEC).

6. Resoluciones de los tribunales de carácter jurisdiccional

Los jueces han de tomar multitud de decisiones, a lo largo de un proceso, unas más importantes que otras. La más importante desde luego es aquella que decide definitivamente el litigio entre las partes; pero no es la única. En un proceso surgen cuestiones que es preciso resolver antes de adoptar la decisión final. Las resoluciones de los jueces y tribunales pueden adoptar varias formas en función de su contenido y finalidad. La Ley Orgánica del Poder Judicial distingue tres tipos de resoluciones de carácter jurisdiccional: *providencias, autos y sentencias.*

A) Clases de de resoluciones judiciales. Deliberación y votación. El magistrado ponente

a) La ley denomina *providencias* a aquellas resoluciones de los jueces que se refieran a cuestiones procesales que requieran esta forma por así establecerlo la ley, siempre que en tales casos no exigiera expresamente la forma de auto. El contenido de las providencias es muy sencillo. Se limitarán a la determinación de lo mandado sin más fundamento ni adiciones que la fecha en que se acuerde y la firma del juez que la haya dictado. No obstante, podrán contener una motivación sucinta sin sujeción a requisito alguno cuando se estime conveniente.

b) Por el contrario, deberán adoptar la forma de *auto* las resoluciones que decidan recursos contra providencias o decretos, cuestiones incidentales, presupuestos procesales, nulidad del procedimiento o cuando, o cuando a tenor de las leyes procesales deban revestir esta forma. Los autos deberán estar siempre fundados y deberán contener, en párrafos separados y numerados, los hechos y los razonamientos jurídicos y, por último, la parte dispositiva. Serán firmados por los jueces o magistrados que lo hayan dictado.

c) Por último, no encontramos con las resoluciones más importantes: las *sentencias*. Las sentencias son aquellas resoluciones con las que los tribunales deciden definitivamente el pleito o causa en cualquier instancia o recurso.

Al objeto de dotar a las decisiones de los tribunales de la necesaria estabilidad y permanencia, la ley suele exigir a los jueces que adopten sus resoluciones por escrito. Así mismo, en consideración a su objeto y teniendo en cuenta que tales resoluciones son igualmente el resultado de una operación mental serena y reflexiva, la legislación procesal tampoco les obliga a tomar una decisión de forma inmediata sino que se les suele conceder un tiempo para adoptarlas y formalizarlas por escrito. Las sentencias se formularán expresando, tras un encabezamiento, en párrafos separados y numerados, los antecedentes de hecho, hechos probados, en su caso, los fundamentos de derecho y, por último, el fallo, en el que deberá recogerse la decisión definitiva. Todas las resoluciones serán firmadas por los jueces o magistrados que la hayan dictado.

Cuando se trate de resoluciones que emanen de órganos al frente de los cuales exista un único juez y que, por lo tanto, no sea necesario someter sus decisiones a la consideración ningún otro miembro del tribunal, sus sentencias podrán dictarse de viva voz («in voce»), tal como ocurre en el proceso laboral o, en determinadas circunstancias, en el proceso penal. También admite la ley en este tipo de procesos que el juez pueda limitarse a *anticipar* el contenido del fallo con motivación sucinta del mismo, sin perjuicio de la redacción posterior de la sentencia dentro del plazo y en la forma legalmente prevista (art. 49 LRJS).

Art. 248.3 LOPJ

Las sentencias se formularán expresando, tras un encabezamiento, en párrafos separados y numerados, los antecedentes de hecho, hechos probados, en su caso, los fundamentos de derecho y, por último, el fallo. Serán firmadas por el juez, magistrado o magistrados que las dicten.

En cada pleito o causa que se tramite ante un tribunal colegiado habrá siempre un magistrado encargado de asumir la supervisión de cada asunto. Este magistrado recibe el nombre de *magistrado ponente*. El ponente será nombrado según el turno que tenga establecido cada Sala o Sección. La designación del ponente en cada uno de los asuntos deberá hacerse en la primera resolución que se dicte en el proceso, la cual deberá ser notificada a las partes. Para la designación de ponente se turnarán todos los magistrados que integren cada Sala o Sección, incluido el Presidente.

En la práctica, el ponente asume un protagonismo muy importante en la resolución de los asuntos ya que la ley le coloca en un lugar de supremacía sobre el contenido de la resolución judicial, no sólo porque le corresponde estar al cuidado de la tramitación de cada asunto que tenga encomendado, velando por la correcta sustanciación del procesal sino porque, como acabamos de ver, tiene reservada la prerrogativa de proponer, sin tan siquiera conocer la opinión del resto de los magistrados de la Sala, el contenido de las sentencias y las demás resoluciones que vayan de someterse a discusión, así como llevar a cabo la labor de redactarlas definitivamente siempre que se hubiese conformado con lo acordado por la mayoría.

En los órganos integrados por varios magistrados, las resoluciones se adoptarán colegiadamente y se decidirán por mayoría absoluta de votos. Una vez concluido el juicio o vista del pleito se procederá a la deliberación y votación. Primero votará el ponente y después los demás magistrados por orden inverso al de su antigüedad, votando el último el magistrado que presida el tribunal. Todo magistrado que tome parte en la votación de una resolución judicial deberá firmar lo acordado, aunque hubiere disentido de la mayoría; no obstante, podrá en este caso formular un voto particular («dissent»). El voto particular es un medio de manifestar la discrepancia pero carece de valor procesal; ha de incorporarse al libro de sentencias y notificarse a las partes junto con la sentencia aprobada por la mayoría. Cuando el magistrado ponente no se conforme con la decisión de la mayoría podrá declinar la redacción de la resolución, debiendo formular motivadamente su voto particular y en este caso se encomendará la redacción a otro magistrado.

B) La invariabilidad de las resoluciones judiciales. Las resoluciones definitivas y firmes

Las resoluciones judiciales son, por su propia condición, definitivas, de manera que, una vez dictadas, son invariables y por lo tanto no pueden ser modificadas por mismo juez o tribunal que la haya dictado con posterioridad; ni el juez ni el tribunal que las haya dictado podrán variar su contenido después de haberlas firmado. Sin embargo, están autorizados a aclarar algún concepto oscuro o rectificar cualquier error material que hayan detectado. La ley posibilita que estas aclaraciones o rectificaciones se hagan de oficio, esto es, a iniciativa de los propios jueces, lo que podrá hacer dentro de los dos días hábiles siguientes al de la publicación de la resolución en la que haya apreciado el error, o a instancia de parte, dentro del mismo plazo a contar desde la notificación, estando en este caso el juez o el tribunal obligado a resolver en el plazo de tres días siguientes al de la presentación del escrito en que se haya solicitado la *aclaración*, teniendo en cuenta que la ley permite que los errores materiales manifiestos y los aritméticos puedan ser rectificados en cualquier momento.

En cambio, como veremos seguidamente, si un juez o un tribunal hubiese omitido en la resolución algún pronunciamiento relativo a las pretensiones oportunamente deducidas por las partes, la ley habilita un procedimiento especial que permite a los tribunales subsanar este defecto y, si procediese, completar la resolución en la que dicha omisión se haya producido, evitando con ello tener que acudir a un recurso para solicitar el pronunciamiento omitido. El mismo procedimiento se utilizará en el caso de que la resolución provenga del secretario judicial en materia de su competencia (decretos).

La invariabilidad de las sentencias nada tiene que ver con la especial cualidad que adquieren una vez que no es posible revisarlas por un tribunal superior. La invariabilidad impide que el propio juez que la haya dictado la modifique posteriormente y por lo tanto protege a los ciudadanos frente a los eventuales cambios de criterio sobre la cuestión ya decidida.

Pero a tenor de lo dispuesto en la ley, son resoluciones *definitivas* las que pongan fin al procedimiento en cualquiera de sus instancias (art. 207 LEC). Así pues, las sentencias son por definición siempre resoluciones definitivas; también lo serán los autos que pongan fin a la primera instancia o un recurso.

Las sentencias, al igual que sucede con el resto de las resoluciones judiciales, pueden ser *firmes* o no. Las resoluciones firmes lo son cuando contra ellas no cabe recurso alguno. Las resoluciones firmes pasan en autoridad de cosa juzgada, lo cual quiere decir que la decisión que contengan ya no puede volver a ser objeto de discusión ni de litigio posterior. La firmeza de las resoluciones judiciales es crucial, entre otras cosas, además, porque determina el momento a partir del cual pueden ser objeto de ejecución. Por esta razón, las resoluciones pendientes de la decisión de un recuso no son, por lo general, susceptibles de ejecución. Por ello, la ley obliga a los tribunales a que, cuando efectúen cualquier resolución, indiquen a las partes si la misma es o no firme y, en su caso, los recursos que procedan, órgano ante el que deben interponerse y plazo para ello.

C) El deber de motivación de las resoluciones judiciales

La motivación de las resoluciones es otro de los requisitos básicos de las resoluciones judiciales. Por esa razón, se ha articulado un sistema de recursos que tiene por objeto verificar la adecuación de las resoluciones al derecho que han de aplicar, evitando que éstos decidan simplemente *porque sí*, esto es, sin atenerse a los criterios legalmente establecidos. No cabe duda de que la norma puede no contemplar todos los supuestos que se presentan en la práctica, por lo que la labor del juzgador es escoger la interpretación más adecuada de la norma con arreglo a criterios racionales.

Esta exigencia se basa en la necesidad de que el tribunal exponga las razones que ha tomado en consideración a la hora de resolver un determinado litigio. Sin embargo, no todo el mundo se pone de acuerdo a la hora de definir en qué debe consistir la motivación. El razonamiento puede designar varios aspectos. Por una parte, la explicitación del proceso mental a través del cual se alcanza una determinada decisión, y, por otra, el discurso con el cual el juez justifica dicho razonamiento, que ha de responder a ciertos criterios de racionalidad. Se habla así de una justificación interna y otra externa; lo normal es que ambas coincidan, pero no siempre ocurre así.

La jurisprudencia constitucional asigna a la motivación una finalidad que resulta fundamental para entender la posición del juez en un modelo de justicia jurisdiccional: *la exigencia de motivación de las sentencias judiciales, se relaciona de una manera directa con el principio del Estado democrático de Derecho (art. 1 CE), y con una concepción de la legitimación de la función jurisdiccional apoyada esencialmente en el carácter vinculante que tiene para ésta la Ley* (STC 55/1987). Por eso, como ha destacado Francisco J. LAPORTA, motivar, no es simplemente explicar. El sometimiento del juez a la ley exige del juez explicitar el proceso deductivo llevado a cabo por el juez mediante el cual aplica la norma al supuesto planteado.

Art. 120 de la Constitución

1. Las actuaciones judiciales serán públicas, con las excepciones que prevean las leyes de procedimiento.

2. El procedimiento será predominantemente oral, sobre todo en materia criminal.

3. Las sentencias serán siempre motivadas y se pronunciarán en audiencia pública.

El deber de motivación o de fundamentación de las resoluciones judiciales tiene un carácter esencialmente instrumental; sirve para favorecer el control sobre la actividad jurisdiccional realizada, lo cual sólo puede conseguirse imponiendo a los jueces la obligación de exteriorizar las razones que han utilizado a la hora de dictar sentencia, siendo de tal la importancia que la vigente Ley Orgánica del Poder Judicial permite sancionar disciplinariamente a aquellos jueces o magistrados que prescindan absolutamente de motivación en las resoluciones que dicten (art. 417 LOPJ).

Como ha destacado Cortés Domínguez, el carácter que se atribuye a la sentencia como derivación de la aplicación de un juicio lógico se ha potenciado a raíz de la entrada en vigor de la Constitución por lo que las resoluciones judiciales obtenidas de forma intuitiva resultan incompatibles con nuestra norma fundamental. El tribunal constitucional no ha renunciado en este sentido a revalorizar el carácter deductivo del razonamiento jurídico contenido en las resoluciones judiciales abriendo la posibilidad de someterlas a un *test de razonabilidad* a fin de poder detectar cualquier quiebra lógica llevada a cabo por el juzgador en la decisión judicial (SSTC 24/1990, 214/1999, 136/2010).

C) Los límites al poder decisorio del juez. El deber de congruencia. Remedios contra la omisión involuntaria de pronunciamientos

Como hemos podido comprobar, la función judicial se encuentra condicionada por ciertos factores que le vienen de fuera, y más concretamente, del legislador. A pesar de todo, esta no es la única limitación que tienen los jueces a la hora de juzgar. Además tienen que tener en cuenta el contenido de las pretensiones de las partes. Se dice entonces que los jueces están sometidos al principio de congruencia. Por lo tanto, a la facultad comprendida en el derecho de obtener del Estado la declaración de lo que es derecho en el caso concreto, le corresponde la obligación de prestar la tutela en función de la pretensión solicitada y, por lo tanto, debe haber una correspondencia perfecta entre la sentencia y la tutela solicitada; de ahí se extrae el principio de congruencia que se manifiesta en la *correlación* entre el objeto de la acción y el contenido de la respuesta jurisdiccional [Rocco].

Las sentencias deben ser claras, precisas y congruentes con las demandas y con las demás pretensiones de las partes, deducidas oportunamente en el pleito, y harán haciendo las declaraciones que aquéllas (las pretensiones) exijan, condenando o absolviendo al demandado y decidiendo todos los puntos litigiosos que hayan sido objeto del debate. La congruencia es pues una exigencia procesal que impide a los jueces pronunciarse sobre cuestiones que las partes no hayan formulado y por lo tanto sobre las que, lógicamente, no han tenido oportunidad de debatir; de ahí que el principio de congruencia afecte al contenido esencial del derecho reconocido en el artículo 24 de la Constitución en la medida en que incide en el derecho de defensa.

En el orden penal la congruencia impide al juez condenar por un delito que no ha sido objeto de acusación o imponer al acusado pena de mayor gravedad que la solicitada por las partes acusadoras (STC 155/2009); desde otro punto de vista, la incongruencia también afecta al acceso a la justicia en la medida en que su existencia constituye una manifestación de su ineficacia. Piénsese, por ejemplo, en los supuestos en que los jueces hayan concedido al demandante menos de lo solicitado o cosa distinta a lo solicitado. En estas circunstancias, siempre cabe esperar de los tribunales soluciones que den una respuesta adecuada a las pretensiones formuladas por cada una de las partes ya que en caso contrario se daría lo que la doctrina denomina *incongruencia omisiva* («ex silentio»), totalmente proscrita por la jurisprudencia constitucional (STC 253/2000).

No obstante, como se ha indicado, la ley contempla remedios específicos para solucionar los problemas que a menudo se plantean cuando se produce involuntariamente la omisión de algún pronunciamiento, evitando que el perjudicado se vea obligado a interponer un recurso para combatir los efectos derivados de la incongruencia sin necesidad de recurrir la sentencia (art. 267 LOPJ).

7. Las resoluciones de los secretarios judiciales. Los decretos

Como hemos indicado, en determinados casos los secretarios judiciales tienen legalmente atribuido el poder de tomar decisiones de relevancia procesal. Además de las funciones que tradicionalmente han venido desempeñado como depositarios de la fe pública judicial, el legislador les ha autorizado para que colaboren en las labores jurisdiccionales, fundamentalmente pensado en la tramitación de algunos expedientes de jurisdicción voluntaria y en algunos actos relativos a la ejecución forzosa, materias en las que el principio de exclusividad jurisdiccional sancionado en el art. 117 de la Constitución, no aparece amenazado; es más el Tribunal Constitucional considera que cuando se trata del ejercicio de las funciones atribuidas *ex lege* a estos funcionarios, sus actos han de imputarse en cualquier caso al órgano jurisdiccional donde estos actúan (STC 155/2011).

Con ocasión de la implantación de la nueva oficina judicial se ha querido dar un paso más en esta dirección al objeto de que la actuación de los jueces quede reservada primordialmente a la decisión de la causa y que sean los secretarios judiciales los encargados de asumir la función de ser los *jueces del procedimiento.* La ley ha pretendido con ello que jueces y magistrados puedan concentrar sus esfuerzos en lo que es propiamente el ejercicio de su función jurisdiccional. Sin embargo, esta novedosa iniciativa no ha dejado indiferente a un importante sector de la doctrina que, además de opinar que esta solución contraviene el principio de exclusividad jurisdiccional, entiende que la dependencia jerárquica de estos funcionarios con el Ministerio de Justicia les inhabilita desde el punto de vista constitucional para asumir este tipo de funciones.

Las resoluciones de los secretarios judiciales pueden ser de dos tipos: *decretos* y *diligencias.*

La ley llama decreto a la resolución del secretario judicial dictada con el fin de poner término al procedimiento del que tengan atribuida competencia exclusiva o cuando fuera preciso o conveniente razonar lo resuelto. Así pues, la ley les ha dotado de la potestad de dictar resoluciones que tienen por objeto dar al procedimiento el curso ordenado por la ley, verificar los requisitos formales de los actos de los litigantes, resolver algunos asuntos en materia de jurisdicción voluntaria y dar por terminado anticipadamente el proceso cuando medie acuerdo de las partes o concurran determinadas circunstancias que exijan una simple constatación de los requisitos para su validez (desistimiento, caducidad, enervación de la acción de desahucio, etc.).

El decreto deberá estar siempre motivado y contener en párrafos separados y numerados los antecedentes de hecho y los fundamentos de derecho en que se basa.

Las *diligencias* pueden ser de ordenación, cuando la resolución tenga por objeto dar a los autos el curso que la ley establezca, de constancia, de comunicación o de ejecución. Las diligencias de ordenación podrán incluir una sucinta motivación cuando lo disponga la ley o el secretario judicial lo considere conveniente.

A fin de que los jueces y tribunales no pierdan el control sobre el procedimiento, específicamente en lo que se refiere a la decisión sobre los presupuestos y requisitos procesales, la ley establece un sistema para la revisión de sus resoluciones. Las resoluciones del secretario judicial pueden ser recurridas en reposición ante el propio secretario judicial y, en su caso, en revisión ante el juez o tribunal.

8. Nulidad de los actos procesales

Fue BÜLOW quien, además de destacar el carácter público de la relación procesal que se desenvuelve entre juez y las partes, señaló que mientras las relaciones jurídicas privadas que constituyen el objeto de debate se presentan totalmente concluidas, la relación jurídica procesal, esto es, el *iudicium* o *processus iudicii*, está en constante movimiento y transformación, avanzando gradualmente y desarrollándose paso a paso mediante actos separados, independientes y sometidos a reglas diferentes a las que regulan la relación material discutida. Así pues, lo mismo que la validez de la relación material que da lugar a la pretensión que se hace valer está condicionada por la existencia de una serie de requisitos, la actividad procesal que desarrollan los tribunales también está sometida a una serie de presupuestos. Una buena parte de estos están regulados en la Ley Orgánica del Poder Judicial cuya ausencia puede determinar la nulidad de las actuaciones procesales que se lleven a cabo.

Las causas de nulidad son muy variadas; la ley señala que los actos procesales serán nulos de pleno derecho cuando se adopten por un tribunal que carezca de competencia objetiva o funcional, cuando se realicen bajo violencia o intimidación, cuando se prescinda de normas esenciales del procedimiento, siempre que se haya podido producirse indefensión, cuando se realicen sin intervención de abogado, en los casos en que su presencia sea obligatoria, cuando se celebren vistas sin la preceptiva intervención del secretario judicial o cuando éste dicte resoluciones sin tener atribuciones para ello.

Sin embargo, los vicios que determinen la nulidad de los actos procesales, fundamentalmente los que provienen de los tribunales, no pueden ser denunciados en cualquier momento. Los ordenamientos jurídicos modernos no suelen por lo general contemplar remedios específicos para hacer valer la nulidad de forma autónoma pues eso entorpecería mucho la marcha del procedimiento donde por lo general la existencia de una actuación procesal depende de la validez del que le precede en el tiempo. Por eso, fin de proporcionar una relativa estabilidad a las actuaciones judiciales y evitar que puedan estar sometidas continuamente a acciones de nulidad la ley prohíbe con carácter general los incidentes de nulidad de actuaciones.

La nulidad de pleno derecho, en todo caso, los defectos de forma de los actos procesales en la medida en que impliquen ausencia de los requisitos indispensables para alcanzar su fin o determinen efectiva indefensión, se harán valer por medio de los recursos legalmente establecidos contra la resolución de que se trate sin perjuicio de que no obstante, antes de que hubiere recaído resolución que ponga fin al proceso, el tribunal podrá declarar, de oficio o a instancia de parte, y previa audiencia de las partes, la nulidad de todas las actuaciones o de alguna en particular.

Así pues, la ley establece un *régimen de nulidad diferida* y prefiere que los vicios en que incurran los actos procesales se hagan valer mediante los recursos ordinarios que la ley haya previsto frente a la resolución que ponga fin al procedimiento; los vicios de nulidad quedan absorbidos por los motivos de impugnación que se establezcan frente a las resoluciones de forma que, transcurrido el plazo para interponer el recurso, la resolución deviene firme y se cierra, al menos en la vía jurisdiccional, la posibilidad de hacer valer los vicios en los que ésta haya podido incurrir.

Sin embargo, en el caso que la causa de nulidad hay sido detectada una vez que el proceso haya terminado y, por lo tanto, no haya más posibilidad corregirlo, la ley permite de manera excepcional acudir a un procedimiento específico, el llamado *incidente de nulidad de actuaciones*, en el supuesto de que se haya vulnerado un derecho fundamental de los que dan lugar a un recurso de amparo y siempre que el defecto causante haya provocado indefensión. En este sentido, conviene recordar que en la actualidad el incidente de nulidad de actuaciones ha dejado de ser un mero remedio de carácter formal que daba a jueces y tribunales la oportunidad de corregir los defectos en los que hayan podido incurrir y se ha erigido en una especie de recurso de amparo que actúa como el principal y más inmediato instrumento para la salvaguarda de los derechos fundamentales ante la jurisdicción ordinaria (SSTC 107/2011 y 153/2012); de este modo, y dado el carácter *subsidiario* del amparo constitucional, no cabe acudir a las dos vías simultáneamente (ATC 259/2007).

VIII. EL ACCESO A LA JUSTICIA

1. El derecho a la tutela jurisdiccional

Hemos indicado anteriormente, en un Estado de Derecho tanto los ciudadanos como los poderes públicos han de adecuar su conducta a una serie de normas que hemos denominado materiales y que son aquellas destinadas a regular la mayor parte de actividad humana en cada una de sus manifestaciones (social, política, familiar, etc.). No es frecuente sin embargo encontrar previsiones específicas que contemplen la posibilidad de recurrir a los tribunales en el caso de que se produzca un eventual incumplimiento. Por lo general, las leyes modernas dan por supuesto el hecho de que quien se considere perjudicado tiene derecho a solicitar su tutela ante los tribunales. La garantía jurisdiccional está por tanto sobreentendida en cada norma de derecho material sin que sea preciso que el ordenamiento lo reconozca de forma expresa.

Al derecho que permite a los ciudadanos solicitar de los tribunales de justicia la tutela de sus derechos recibe el nombre de *acción* o *dere-*

cho de acción ya que con su ejercicio se pone en funcionamiento la actividad encaminada a la tutela de los derechos de los ciudadanos. No debe confundirse el concepto procesal de *acción* o *derecho de acción*, cuyo objeto es amparar a cualquier persona, independientemente de cuál sea la naturaleza del derecho que haya sido lesionado, con la noción civil de acción. Las «acciones», entendidas en el sentido dado por el derecho romano, constituyeron remedios ofrecidos por el ordenamiento jurídico para la protección de un determinado derecho o situación de hecho, existiendo por ello tantas *acciones* como derechos o situaciones protegibles existieran.

El *derecho de acción*, o simplemente, la *acción*, no es más que el resultado de un proceso evolutivo que ha tratado de poner el acento en el derecho del ciudadano a exigir del Estado que, a través del proceso y mediante el ejercicio de la potestad jurisdiccional administrada por jueces y magistrados independientes, se haga cargo de la tutela de los derechos de los ciudadanos, un compromiso que impone a los poderes públicos el deber de poner todos los medios para el logro de esa finalidad.

De acuerdo con nuestra tradición constitucional, una de las características del poder judicial es la de que su función es pronunciarse sobre casos particulares y para ello es preciso que al juez le haya sido requerida su intervención; no actúa por propia iniciativa [Alexis de Tocqueville]. Nuestro sistema judicial se asienta sobre este principio esencial, el cual constituye, como dijimos, el fundamento de la paz social. El acceso a la justicia requiere que los interesados en la resolución de un conflicto hayan hecho valer sus derechos formalizando sus respectivas pretensiones en demanda de la tutela que constitucionalmente los tribunales están obligados a prestar. La existencia de una controversia no es, pues, suficiente motivo para justificar la intervención de los tribunales; de ahí que el objeto de la actividad jurisdiccional recaiga siempre sobre las peticiones que las partes hayan deducido.

Aunque el concepto de acción se ha formado a raíz de las aportaciones de los grandes maestros del procesalismo científico, hoy en día encierra una problemática totalmente superada. El agotamiento del estudio del concepto de acción ha sobrepasado todo lo imaginable, hasta el punto de que se ha llegado a decir que existen tantas definiciones del concepto de acción como autores se han ocupado de ella, y *como las noches de la leyenda son mil y una, y todas maravillosas* [Calamandrei]. Afortunadamente, nuestro derecho cuenta ya con una norma, el artículo 24 de la Constitución, que es suficientemente expresiva del fenómeno que tratamos de describir, lo que evita gran parte de las especulaciones científicas que a lo largo de la historia se han sucedido acerca de su concepto, contenido y naturaleza jurídica.

A pesar de ello, el término de acción expresa una idea que pone de relieve algo que parece fundamental y es que corresponde siempre a los particulares promover la actividad jurisdiccional. El hecho de que los órganos judiciales no puedan actuar de oficio y, por lo tanto, que no estén autorizados a iniciar un proceso sin que medie una actividad previa de los interesados, constituye una de las exigencias básicas para garantizar la imparcialidad de los jueces.

Art. 24 de la Constitución

1. Todas las personas tienen derecho a obtener la tutela efectiva de los jueces y tribunales en el ejercicio de sus derechos e intereses legítimos, sin que, en ningún caso, pueda producirse indefensión.

2. Asimismo, todos tienen derecho al juez ordinario predeterminado por la ley, a la defensa y a la asistencia de letrado, a ser informados de la acusación formulada contra ellos, a un proceso público sin dilaciones indebidas y con todas las garantías, a utilizar los medios de prueba pertinentes para su defensa, a no declarar contra sí mismos, a no confesarse culpables y a la presunción de inocencia.

La ley regulará los casos en que, por razón de parentesco o de secreto profesional, no se estará obligado a declarar sobre hechos presuntamente delictivos.

En nuestro país, este derecho tiene, además, rango de derecho fundamental, lo que acredita la especial relevancia que nuestro ordenamiento asigna a este derecho dentro del conjunto de normas que regulan el funcionamiento de los poderes públicos. Por lo tanto, es importante poner de relieve que el ejercicio de este derecho da lugar al correlativo deber del Estado a prestar la tutela a la que constitucionalmente está obligado.

La tutela judicial constituye una garantía que sólo cabe exigir a los órganos que tengan atribuida la potestad jurisdiccional. Evidentemente, eso no quiere decir que los tribunales tengan el deber conceder a los ciudadanos lo que éstos le pidan sino a reconocerles la posibilidad de defender adecuadamente sus derechos a través de los tribunales. Por todo ello, la justicia es al mismo tiempo un servicio público equiparable a cualquier otro de los que debe prestar el Estado a sus ciudadanos. En este sentido, el derecho a la tutela judicial tiene un marcado carácter instrumental ya que tiene por objeto la resolución pacífica de las controversias. Esta circunstancia ha llevado a la doctrina a considerar otra cuestión de enorme relevancia: la del grado de interés que debe tener el Estado en la resolución del litigio.

Tradicionalmente se viene entendiendo que el sistema procesal no es más que un sustitutivo civilizado de la venganza privada. Pero el hecho de que la iniciativa de la tutela quede, como acabamos de mencionar, en manos de los particulares no significa que el Estado renuncie a sus responsabilidades en cuanto a la resolución del conflicto; todo lo contrario. Los conflictos entre particulares, o entre los particulares y la Administración, constituyen una situación a la que el Estado, mediante los tribunales, debe poner remedio. Es más, en ocasiones, la existencia de un litigio entre particulares puede servir también para prevenir otros muchos, determinando las normas de conducta que pueden utilizarse para evitar que en el futuro puedan reproducirse situaciones análogas. Todas estas circunstancias justifican el interés que deben tener los poderes públicos en resolver los conflictos entre particulares, lo que les legitima para adoptar las medidas necesarias para que dichas controversias se decidan de la forma más justa posible.

El derecho a la tutela judicial es, además, un derecho que la Constitución reconoce a todas las personas, sean españolas o extranjeras, actúen o no en defensa de su derecho, independientemente de que tengan o no razón; de ahí que los procesalistas hablemos de un concepto abstracto de acción, entendido así porque abstrae su existencia de la razón o sin razón de quien acciona. Por consiguiente, se trata de un derecho que está reconocido tanto en favor de quien solicita dicha tutela como de la persona contra la que dicha tutela se ejercita ya que precisamente la función de los jueces es decidir cuál de las dos partes tiene razón. Y esto, lógicamente, solo puede llevarse a cabo a través del proceso, lo que determina, tal como ha declarado el Tribunal Constitucional en multitud de ocasiones, que este derecho se satisface simplemente, con una resolución que resuelva definitivamente el litigio.

La jurisprudencia del Tribunal Constitucional ha ido progresivamente extendiendo el ámbito de aplicación del derecho a la tutela judicial efectiva, dándole un contenido cada vez más amplio desde el punto de vista del su ámbito de aplicación. A estos efectos, desde la perspectiva constitucional algunos autores han logrado identificar hasta nueve *vertientes* asociadas al art. 24 de la Constitución: el derecho a acceder a la jurisdicción, a acceder a los recursos, a obtener una respuesta congruente, motivada y fundada respecto de las cuestiones planteadas, el derecho a obtener una respuesta no viciada de incongruencia, el derecho a que las resoluciones no introduzcan reformas peyorativas (prohibición de *reformatio in peius*), a la ejecución de las resoluciones judiciales firmes, a la intangibilidad de las resoluciones judiciales, a no sufrir indefensión y, finalmente, el derecho a la garantía de indemnidad [VIVER PI-SUNYER]. Aun así, básicamente, el derecho a la tutela jurisdiccional comprende varios aspectos esenciales:

a) En primer lugar, el derecho a la tutela jurisdiccional debe garantizar la posibilidad de un acceso real y efectivo a los tribunales. No cabe duda de que el acceso a la justicia se encuentra condicionado por muchos factores, fundamentalmente económicos; de ahí que los poderes públicos estén obligados a remover los obstáculos que impidan dicho acceso. Normalmente, los países cuentan con sistemas de ayuda legal a fin de cubrir las necesidades de los más desfavorecidos; nuestra Constitución, como veremos más adelante, asegura una justicia gratuita a quienes acrediten insuficiencia de recursos para litigar, proporcionando un abogado de oficio a quienes se encuentren en esta situación (art. 119 CE).

b) Además, la respuesta jurisdiccional debe producirse en el marco de un proceso que garantice el derecho de defensa de todas las partes. Hay que tener en cuenta que el ordenamiento jurídico de un país no puede construir un sistema procesal pensando que todos los que acuden a él tienen razón. Por lo tanto, el derecho a la tutela judicial debe permitir, en la línea establecida por el artículo 6 del Convenio Europeo de Derechos Humanos, un juicio equitativo y justo, un proceso que faculte a los litigantes la defensa de cada una de sus pretensiones, lo cual, tal como aparece desarrollado en al artículo 24.2 de nuestra Constitución, tiene implicaciones en cualquier ámbito del proceso ya que constituyen exigencias esenciales que se derivan de ese derecho fundamental. En la cultura anglosajona estas exigencias conforman el derecho al debido proceso legal («due process of law»), término con el que se designa al conjunto de garantías procesales que deben presidir un proceso justo; a diferencia de lo que ocurre en el derecho europeo, el *due process of law* no es pues una regla técnica sino que aglutina una serie de criterios extraídos directamente de los principios constitucionales.

c) La finalidad del proceso judicial es la obtención de una resolución que decida definitivamente la cuestión objeto del litigio. Por esa razón, uno de los aspectos más relevantes del derecho a la tutela jurisdiccional es la necesidad de que los jueces se pronuncien sobre lo que ha constituido el fondo de asunto. De nada serviría que al final del proceso, los jueces, se amparasen en aspectos formales para no resolver la cuestión planteada. Es evidente que habría que considerar un acto de denegación de justicia si se privara a las partes del derecho que tienen a obtener una resolución de fondo amparándose en razones formales.

La jurisprudencia del Tribunal Constitucional en esta materia ha sido muy clara: el derecho a la tutela judicial efectiva garantiza la obtención de una resolución de fondo fundada en derecho, siempre que concurran los presupuestos procesales para ello, entendiendo por tales aquellos requisitos que afectan a la validez del proceso, los cuales, evidentemente, han de ser siempre interpretados de forma restrictiva a fin de favorecer el ejercicio de este derecho. No obstante, el derecho a la tutela judicial no garantiza el acierto de la decisión;

prueba de ello es que, salvo que la resolución sea manifiestamente arbitraria, dicha cuestión no puede invocarse en vía de amparo, pues ello convertiría al Tribunal Constitucional en una nueva instancia. Por lo tanto, salvo error patente y manifiesto, no corresponde al Tribunal Constitucional verificar si los tribunales se han equivocado a la hora de juzgar y hacer ejecutar lo juzgado, ya que ese tipo de cuestiones tienen la consideración de cuestión de legalidad ordinaria, de modo que su decisión corresponde a los tribunales en aplicación del principio de exclusividad.

d) Por último, a menos que a los particulares se les reconociera la posibilidad de ejecutar por sí mismos los pronunciamientos judiciales, como garantía de efectividad de las decisiones judiciales, el derecho a la tutela judicial comprende igualmente la posibilidad obtener del juez la ejecución forzosa de las resoluciones ya que de lo contrario se convertirían en meras declaraciones de intenciones; de ahí que, siguiendo la clásica formulación de LOCKE, las mismas razones que han llevado a los ciudadanos a renunciar al uso de la fuerza confiando al Estado la defensa de sus derechos, evitando con ello el que puedan emplear el uso de la fuerza para la defensa de sus propias pretensiones, son las que justificarían igualmente el derecho a reclamar que la ejecución de las sentencias dictadas por sus magistrados sea encomendada igualmente a los mismos tribunales.

El artículo 24 de la Constitución reconoce este derecho y garantiza, por consiguiente, según reiterada jurisprudencia del Tribunal Constitucional, el derecho a ejecutar las resoluciones de los tribunales por quienes se han visto favorecidos por ellas; de ahí que cualquier obstáculo que impida el ejercicio de este derecho vulneraría el derecho fundamental consagrado en dicho precepto.

2. La representación legal y defensa de las partes ante los tribunales

Hemos indicado en varias ocasiones que para que la imparcialidad de los jueces y magistrados no quede comprometida es preciso que quien demande o pida justicia sea un sujeto distinto del juez. No obstante, por razones de oportunidad o de conveniencia unas veces, y otras por razones de estricta necesidad, tanto los ciudadanos como el propio Estado, pueden promover en algunos casos el ejercicio de sus derechos a través de órganos específicos.

A) Abogados

La creciente complejidad del derecho hace que por lo general sea conveniente utilizar los servicios de profesionales para que los ciudadanos puedan defender adecuadamente sus derechos. Hasta tal punto es así que en algunos casos, esta necesidad se convierte en una verdadera exigencia constitucional, sobre todo en el ámbito de la justicia penal. No en vano el artículo 24 de la nuestra Constitución garantiza en cualquier caso el derecho de defensa y la asistencia letrada, lo que significa que es obligación de los poderes públicos hacer efectivo el ejercicio de este derecho. La defensa de los intereses de los particulares ante los tribunales está confiada profesionalmente a los Abogados, aunque su función se desarrolla también fuera del proceso, asesorando a sus clientes en relación con las cuestiones jurídicas que estos decidan libremente someterles. Pero en el ámbito judicial, la dirección técnica del proceso está exclusivamente atribuida a los Abogados.

El ejercicio de la abogacía no está sometido a más requisito que el de la incorporación a un Colegio de Abogados. Según la Ley 34/2006, de 30 de octubre, reguladora del *Acceso a las profesiones de Abogado y Procurador de los Tribunales*, el inicio para el ejercicio de estas profesiones requerirá haber superado una prueba específica para acreditar la capacitación de los aspirantes [RD 775/2011, de 3 de junio]. En España rige el sistema de colegiación única; cualquier abogado puede actuar ante los tribunales que pertenezcan a la circunscripción territorial de otro Colegio de Abogados. Solamente es necesario en este caso, comunicar esta circunstancia al Colegio de Abogados al que cada Abogado pertenezca, siendo incompatible el ejercicio simultáneo de las profesiones de Abogado y procurador (art. 23 LEC).

El ejercicio de la abogacía constituye una profesión de las llamadas liberales, esto es, en las que la relación entre el profesional y el cliente se determinan por lo que libremente hayan convenido las partes. En este sentido, salvo en los supuestos en que la ley prevea la designación de abogado de oficio, en principio a todos los ciudadanos les asiste el derecho a elegir a un abogado de su confianza.

La relación que vincula al cliente con su abogado está regulada por la legislación civil. En la práctica esta relación es similar a la que contractualmente existe bajo la figura del arrendamiento de servicios, mediante el cual las partes pueden establecer las condiciones y estipulaciones que consideren oportunas. La ley no obliga a que esta relación se formalice por escrito; basta con que el abogado acepte el encargo ya que éste se encuentra sometido en todo caso a unas reglas de comportamiento que son las que sirven de criterio a la hora de actuar profesionalmente; son las normas deontológicas, que proporcionan los principios éticos a los que ha de ajustar el ejercicio de cualquier profesión. Hay abogados que sin embargo prestan servicios por cuenta ajena en despachos de abogados, individuales o colectivos, y sometidos al poder de dirección de sus titulares. Su relación con ellos es de carácter laboral y está regulada en el Real Decreto 1331/2006, de 17 de noviembre.

En su actuación ante los tribunales, los Abogados son libres e independientes y se sujetarán al principio de buena fe, gozarán de los derechos inherentes a la dignidad de su función y serán amparados por aquéllos en su libertad de expresión y defensa. Los Abogados tienen en todo caso la obligación legal de guardar secreto de todos los hechos o noticias de que conozcan por razón de cualquiera de las modalidades de su actuación profesional, no pudiendo ser obligados a declarar sobre los mismos. Las correcciones disciplinarias por su actuación ante los tribunales se regirán por lo establecido en la Ley Orgánica del Poder Judicial. La responsabilidad disciplinaria por su conducta profesional corresponde declararla a los correspondientes colegios profesionales.

Los abogados están facultados para exigir de su cliente (o en caso de condena en costas, al litigante contrario), el pago de los correspondiente honorarios, los cuales deberán reflejarse detalladamente en la minuta o factura correspondiente. A la hora de calcular su importe, los abogados no están sometidos a ningún tipo de tarifa preestablecida, aunque para evitar la competencia desleal, los Colegios de Abogados han elaborado unas normas de carácter orientador que sirven para fijar la cuantía de sus retribuciones. Conviene resaltar que es frecuente que los abogados alcancen acuerdos mediante los cuales el cliente se compromete, salvo que se haya acordado lo contrario («no win-no fee»), a abonar a su abogado un tanto por ciento de lo obtenido en el proceso («contingency fees»). Este tipo de acuerdos, que reciben en nuestro país el nombre de pactos de *cuota litis*, son muy comunes en otros países sobre todo en asuntos civiles en reclamación de daños (*negligence cases* o *personal injury cases*). En España, los Colegios de Abogados se han mostrado reacios a este tipo de soluciones; entienden que es una manera inadecuada de captación de clientes ya que, además de aumentar el número de asuntos en los tribunales, degrada la profesión y que puede comprometer su independencia. Aun así, el Tribunal Supremo ha respaldado este tipo de acuerdos (STS 4-XI-08).

La reclamación de los honorarios, siempre que estos hayan sido devengados en el curso de un proceso judicial, está especialmente protegida por la ley, permitiendo a los abogados acudir a un procedimiento muy rápido, denominado *jura de cuentas*, para reclamar de sus clientes los honorarios que se deriven de las actuaciones procesales en las que éstos hayan intervenido; para ello es suficiente presentar una minuta detallada manifestando formalmente que esos honorarios les son debidos y no han sido satisfechos (art. 31 LEC). En los demás casos, los abogados, como cualquier otro profesional que pretenda reclamar judicialmente sus retribuciones como consecuencia de sus servicios, tienen a su disposición los cauces procesales ordinarios.

B) Procuradores de los Tribunales

Por regla general los interesados no pueden ejercer sus derechos por sí mismos ante los tribunales. Necesitan valerse de una serie de profesionales que los representen en juicio. En nuestro país, esta función está legalmente encomendada a los Procuradores de los Tribunales. La ley prohíbe el ejercicio simultáneo de las profesiones de Abogado y de Procurador de los Tribunales (art. 23 LEC).

En cualquier caso, se trata de profesiones de carácter liberal, sometidas por tanto a unos principios de funcionamiento muy similares al de los Abogados. No obstante, a diferencia de lo que sucede con los Abogados, la actividad de los Procuradores se circunscribe al ámbito exclusivo de los tribunales.

Los Procuradores son los representantes procesales de las partes. Tienen el deber de mantener informados a sus clientes de la marcha del proceso a sus patrocinados o a sus respectivos Abogados. Por consiguiente, no existiendo aun sistemas telemáticos que permitan de manera fiable la comunicación directa entre los tribunales y los abogados, la función del procurador es ciertamente muy positiva ya que evita entre otras cosas las molestias que supondría tener que estar continuamente desplazándose al juzgado para recibir las notificaciones de las resoluciones que vayan dictándose a lo largo de un proceso. En algunos casos, la ley también les autoriza a practicar los actos de comunicación que sus representados les soliciten y colaborar en las actuaciones de ejecución que se les confíen.

El ejercicio de la profesión de Procurador requiere igualmente la pertenencia a un Colegio de Procuradores. Al igual que sucede con los Abogados, conforme a la ley por la que se regula el *Acceso a las profesiones de Abogado y Procurador de los Tribunales*, el inicio al ejercicio de la profesión de Procurador requerirá haber superado un examen específico para acreditar la capacitación de los aspirantes. El principio de territorialidad, que ha constituido hasta ahora una de las características de la organización profesional de los procuradores, fue suprimido en el año 2009; por lo tanto, cualquier Procurador puede ejercer su profesión en el lugar que sea, con independencia del lugar en donde se encuentre inscrito o colegiado.

Los Procuradores no son libres a la hora de fijar la remuneración que consideren oportuna ya que sus retribuciones están tasadas por medio de una tarifa o arancel que aprueba el Ministerio de Justicia. Sin embargo, al igual que sucede con los Abogados, están autorizados a exigir a sus representados una cantidad en concepto de *provisión de fondos,* termino con el que se conoce las cantidades que reciben de forma anticipada para sufragar los gastos que vayan devengándose en el curso de un proceso.

La forma de atribuir la representación procesal a los Procuradores se lleva a cabo de varias formas. La más común es a través de un poder notarial, aunque la ley permite también efectuarlo *apud acta*, es decir, mediante comparecencia ante el secretario judicial de cualquier oficina judicial (art. 24 LEC). En todo caso la ley permite que en el ejercicio de su profesión los Procuradores puedan ser sustituidos por otro; también para los actos y en la forma que se determine reglamentariamente podrán ser sustituidos por un oficial habilitado.

C) El Ministerio Fiscal

El Ministerio Fiscal es un órgano que tiene asignado constitucionalmente una diversidad de funciones, las cuales se encuentran recogidas en el artículo 124 de la Constitución. El Ministerio Fiscal es un órgano que aun integrado con autonomía funcional en el Poder Judicial no forma parte del Poder Judicial y por lo tanto no tiene encomendadas funciones judiciales; depende orgánicamente del Ejecutivo, y más concretamente del Ministerio de Justicia. La norma básica reguladora de esta figura está constituida por el Estatuto Orgánico del Ministerio Fiscal.

Art. 124 de la Constitución

1. El Ministerio Fiscal, sin perjuicio de las funciones encomendadas a otros órganos, tiene por misión promover la acción de la justicia en defensa de la legalidad, de los derechos de los ciudadanos y del interés público tutelado por la ley, de oficio o a petición de los interesados, así como velar por la independencia de los Tribunales y procurar ante éstos la satisfacción del interés social.

2. El Ministerio Fiscal ejerce sus funciones por medio de órganos propios conforme a los principios de unidad de actuación y dependencia jerárquica y con sujeción, en todo caso, a los de legalidad e imparcialidad.

3. La ley regulará el estatuto orgánico del Ministerio Fiscal.

4. El Fiscal General del Estado será nombrado por el Rey, a propuesta del Gobierno, oído el Consejo General del Poder Judicial.

A tenor de lo dispuesto el artículo 124 de la Constitución, el Ministerio Fiscal es un órgano que tiene por misión promover la acción de la justicia en defensa de la legalidad lo que le faculta a ejercitar las acciones que sean procedentes para la defensa de los derechos cuya tutela le asigna el ordenamiento jurídico. Aunque esta función se desarrolla fundamentalmente en al ámbito de la justicia penal, también interviene en asuntos civiles, sobre todo cuando esté comprometido el interés social o afecten a menores o incapaces.

El Ministerio Fiscal es, pues, un órgano que representa los intereses de la sociedad. En atención a la naturaleza de sus funciones también recibe en la práctica el nombre de Ministerio Público. Sin embargo, en nuestro derecho, el Ministerio Fiscal no ostenta el monopolio del ejercicio de la acción penal aunque le asigna un especial protagonismo en la investigación y persecución de los delitos. Está organizado de acuerdo con los principios de unidad de actuación y dependencia jerárquica y sometido en todo caso a los de legalidad e imparcialidad, que son los que siempre deben guiar su actividad. Aunque aparentemente pueda parecer una contradicción, el principio de unidad de actuación, que es un criterio propiamente organizativo, es compatible con la necesaria imparcialidad que debe presidir la actuación de los fiscales en el ejercicio de sus funciones. El principio de unidad de actuación y dependencia jerárquica garantiza un tratamiento homogéneo e igualitario a la hora de llevar a cabo las funciones que tiene encomendadas. La imparcialidad por el contrario protege a los ciudadanos frente al ejercicio arbitrario y abusivo de las facultades que la ley les atribuye.

Al frente del Ministerio Fiscal se encuentra el Fiscal General del Estado que es quien ostenta la jefatura superior del Ministerio Fiscal. A él le corresponde impartir las ordenes es instrucciones convenientes al servicio y la dirección e inspección del Ministerio Fiscal. El Fiscal General del Estado es nombrado por el Gobierno; tras la reforma llevada a cabo en 2007 tendrá una duración de cuatro años y su cargo terminará cuando cese el Gobierno que lo hubiera propuesto de modo que la ley presume que el cambio de gobierno determina la automática pérdida de confianza del gobierno que lo nombró.

Para el ejercicio de sus funciones, el Fiscal General del Estado está asistido por el Consejo Fiscal y por la Junta de Fiscales de Sala, máximo órgano asesor del Fiscal General en materia jurídica. Al frente de cada Fiscalía existe un Fiscal Jefe, del cual depende el Teniente Fiscal y como representante del Fiscal General en las respectivas Comunidades Autónomas existe un Fiscal Superior en cada Comunidad Autónoma.

El ingreso en la carrera fiscal se produce por oposición. Las pruebas de ingreso son, como ya vimos, las mismas que para el acceso a la categoría de juez, lo cual demuestra la sintonía que desde hace tiempo existe entre los miembros de ambas carreras; es más, las normas reguladoras de su estatuto orgánico obligan al Estado a equiparar a los miembros del Ministerio Fiscal en honores, categorías y retribuciones a los de la carrera judicial. El régimen de incompatibilidades así como el disciplinario también es muy similar.

La carrera fiscal está integrada por tres categorías: a) *Fiscales de Sala* del Tribunal Supremo, equiparados a los magistrados del Tribunal Supremo, b) *Fiscales*, equiparados a la categoría de magistrados y, por último, c) los *Abogados-Fiscales*, equiparados a jueces. A pesar de ello, jueces y fiscales tienen encomendadas funciones muy diferentes aunque como se aprecia están condenados a colaborar entre ellos de manera muy estrecha, sobre todo en la justicia penal. En cuanto a la adquisición y pérdida de la condición de los miembros de la Carrera Fiscal, incapacidades, situaciones administrativas, deberes y derechos, incompatibilidades, prohibiciones y responsabilidades de los mismos, será de aplicación supletoria lo dispuesto que para Jueces y Magistrados dispone la Ley Orgánica del Poder Judicial.

Para el cumplimiento de sus fines se organiza normalmente a través de fiscalías adscritas a los diversos órganos jurisdiccionales. No obstante, en determinadas materias ha sido conveniente crear fiscalías especializadas para la persecución de determinados delitos. Así por ejemplo existe en la Audiencia Nacional la Fiscalía Antidroga y la Fiscalía contra la Corrupción y la Criminalidad Organizada. Los miembros de la Carrera Fiscal se sustituirán entre sí, de acuerdo con lo dispuesto en su normativa específica. Cuando no pueda acudirse al sistema de sustituciones ordinarias, podrán ser nombrados con carácter excepcional *Fiscales sustitutos* en los caso de vacante, licencia u otras causas que lo justifiquen, siendo el régimen jurídico de los Fiscales sustitutos será análogo al previsto para los magistrados suplentes y jueces sustitutos, que será aplicable supletoriamente en esta materia.

El Fiscal podrá recibir denuncias y luego enviarlas a la autoridad judicial o, por el contrario, decretar su archivo, cuando no encuentre fundamento para perseguir el delito; también podrá incoar diligencias en caminadas a facilitar el ejercicio de las demás funciones que el ordenamiento jurídico le atribuye para el esclarecimiento de los hechos que le hayan sido denunciados. Todas las diligencias que el Ministerio Fiscal practique o que se lleven a cabo bajo su dirección gozarán de presunción de autenticidad si bien la práctica de esas diligencias estará informada por los principios de contradicción, de proporcionalidad y de defensa. La duración de esas diligencias habrá de ser proporcionada a la naturaleza del hecho investigado, sin que con carácter general pueda exceder de seis meses, salvo prórroga acordada del Fiscal General del Estado.

D) Representación y defensa del Estado y Entidades Públicas

La representación y defensa del Estado así como de sus organismos autónomos está encomendada con carácter general al Cuerpo de Abogados del Estado. Por su parte, la defensa y representación tanto de las Entidades Gestoras de la Seguridad Social como de la Tesorería General, se atribuye a los Letrados de la Administración de la Seguridad Social, sin perjuicio de que en ambos casos puedan ser encomendadas estas funciones a abogados designados al efecto.

La representación y defensa de las Comunidades Autónomas y de las Corporaciones Locales corresponde a los Letrados que sirvan en los servicios jurídicos de dichas entidades, salvo que designen un abogado que les represente y defienda. Por último, hemos de mencionar que la representación y defensa de las Cortes, del Congreso, del Senado, de la Junta Electoral Central y de los órganos e instituciones vinculadas y dependientes de aquéllas corresponderá a los Letrados de las Cortes integrados en las secretarías generales respectivas. Los Abogados del Estado podrán no obstante representar, defender y asesorar a estas corporaciones en los términos que se establezcan reglamentariamente y a través de los oportunos convenios de cooperación.

Las demás especialidades que en nuestro derecho existen en relación con este particular se encuentran en recogidas en la Ley 52/1997, de 27 de noviembre, de Asistencia Jurídica al Estado e Instituciones Públicas.

3. El sistema español de asistencia legal

A) Los gastos de la justicia

Como acabamos de ver, tradicionalmente nuestro derecho viene imponiendo a las partes la obligación de utilizar los servicios de abogados y procuradores y la labor que desempeñan estos profesionales genera gastos, fundamentalmente los derivados de la obligación de abonarles el pago de sus correspondientes honorarios. A estos gastos también hay que añadir los que origina la necesidad de servirse de una serie de expertos que prestan colaboración a las partes para garantizar el éxito de cada una de sus respectivas pretensiones (peritos) o, incluso, los que surgen de la necesidad de insertar en ocasiones anuncios en periódicos y publicaciones oficiales. Por su parte, salvo a quienes se les haya reconocido el derecho a justicia gratuita, los que acudan a los tribunales están obligados también a abonar ciertas cantidades en concepto de tasas judiciales (Ley 10/2012 y RDL 3/2013).

Estos gastos en la mayor parte de los casos representan un porcentaje muy alto en relación con lo que normalmente se espera obtener, teniendo en cuenta que la parte más importante de las partidas que integran las costas siempre suele corresponder a las retribuciones de los abogados que han intervenido en el asunto, lo que evidentemente encarece mucho el proceso. No cabe duda de que una forma de abaratar los costes de la justicia sería permitir que las partes pudieran defender sus derechos ante los tribunales sin necesidad de valerse ni de abogado ni de procurador, pero ello contribuiría a favorecer las posibilidades de éxito de quienes tuviesen más ingresos. Por tal razón, la solución pasa por organizar un buen servicio de asistencia jurídica y ampliando los supuestos que dan lugar a obtener el beneficio de justicia gratuita.

En cualquier caso es evidente que cualquiera está sometido al riesgo de tener que comparecer ante los tribunales para poder defender sus intereses o por haber sido demandado sin motivo. Esta es la razón por la cual los ordenamientos jurídicos modernos han arbitrado el medio para que las partes puedan resarcirse de los gastos procesales que han ido satisfaciendo a lo largo del proceso, lo que se lleva a cabo a través de la institución de las costas, para lo cual es preciso que el juzgador incluya en sus resoluciones un pronunciamiento específico sobre este particular.

Por regla general, el criterio que suele utilizar para determinar quién debe pagar las costas es el del vencimiento, sobre todo en la justicia civil, aunque este criterio puede variar si concurren circunstancias que justifiquen otro pronunciamiento (mala fe, no acudir a los sismas de mediación, complejidad jurídica del asunto, etc.). El litigante que pierda viene obligado por la ley a pagar los gastos derivados del menoscabo patrimonial que indebidamente ha ocasionado a su adversario como consecuencia de su demanda o como consecuencia de la necesidad que ha tenido de acudir a los tribunales en defensa de su derecho.

No obstante, el carácter resarcitorio que la legislación española ha atribuido a las costas, ha dado lugar a que en ocasiones se pretenda aprovechar la condena en costas para incrementar indebidamente la cuantía de sus honorarios, lo que ha dado lugar a abusos y a innumerables dilaciones derivadas de la necesidad de impugnar la tasación de costas y, por ende, la minuta que hubiera presentado la parte vencedora; en estos casos el juez, previo informe a Colegio de Abogados correspondiente, decidirá la cantidad que estime más adecuada, ya que el modo alguno esta cantidad tiene que coincidir con los gastos efectivamente devengados o comprometidos. Sería conveniente que en lugar de tener atribuido ese carácter plenamente resarcitorio se les reconociera una naturaleza compensatoria en lugar de resarcitoria de manera que el juez fuera incluso el responsable de fijar en la sentencia a través de un sistema de fijación estandarizada de costas (*standard fees*) la cuantía de las costas.

A fin de evitar la interposición de recursos con ánimo dilatorio, el legislador ha establecido la obligación de constituir un depósito con el confesado propósito de *disuadir a quienes recurran sin fundamento jurídico alguno* (Ley Orgánica 1/2009). Este depósito, que tal como está configurado es posible que provoque idéntico efecto también entre quienes entiendan que lo hacen con fundamento, no será aplicable a los recursos que se interpongan en el proceso penal, salvo para los que ejercen la acción popular, ni a quienes en general gocen del beneficio de justicia gratuita, incluidos en el proceso laboral, los trabajadores y beneficiarios de régimen de la Seguridad Social. El Ministerio Fiscal y las entidades públicas están igualmente exentos de constituir este depósito. La cantidad depositada (que actualmente oscila entre los 25 y los 50 euros), se devolverá al litigante que lo haya constituido en los casos de estimación parcial o total del recurso. Los fondos recaudados en caso de pérdida del depósito por este medio según se ha dicho se *vinculan directamente al proceso de modernización de la justicia* e irán destinados a sufragar determinados gastos para la mejora de la Administración de Justicia. En todo caso, la falta de acreditación del justificante de pago no ocasiona la inadmisión a trámite del recurso del recurso pues como ha señalado la jurisprudencia, es posible la subsanación no sólo en los supuestos en los que no se hubiera aportado el justificante que acredite la constitución del depósito verificado en plazo sino también aquellos en los que no se haya efectuado aún la constitución del depósito o se hubiera realizado fuera del plazo legalmente establecido para ello (STS 782/2012 [RoJ 8160]).

B) El derecho a la asistencia jurídica gratuita

Uno de los pilares del Estado de Derecho está asociado a la exigencia de asegurar el acceso a la justicia de quienes carecen de recursos para hacer frente a los gastos judiciales. Por esta razón, los países económicamente más avanzados han intentando establecer mecanismos para garantizar el acceso a la justicia a quienes carecen de recursos para defenderse legalmente. En España, el referente constitucional relativo al sistema de ayudas legales para el acceso a la justicia se encuentra en el artículo 119 de la Constitución, siendo en la actualidad la Ley de Asistencia Jurídica Gratuita de 10 de enero de 1996 la norma que regula todas estas cuestiones.

Art. 119 de la Constitución

La justicia será gratuita cuando así lo disponga la ley y, en todo caso, respecto de quienes acrediten insuficiencia de recursos para litigar.

El sistema español de asistencia jurídica se caracteriza por lo general por haber hecho depender el derecho a la justicia gratuita de las condiciones económicas del solicitante aunque existen otros supuestos en que resulta indiferente esta circunstancia. Así pues, tienen asegurado este derecho las personas, nacionales o extranjeras, cuyos recursos e ingresos económicos no superen los límites previstos en la Ley de Asistencia Jurídica Gratuita computado con referencia al *indicador público de renta de efectos múltiples* (IPREM) o se encuentren en la situaciones personales, familiares o procesales descritas en dicha normativa (menores, víctimas de determinados delitos, etc.). En este aspecto, la ley reconoce también el derecho a obtener asistencia jurídica gratuita a las personas jurídicas (sociedades, asociaciones, etc.). En este caso, se entenderá que hay insuficiencia de recursos cuando la base imponible del impuesto de sociedades fuese inferior a los límites anteriormente mencionados.

Las circunstancias que hacen a una persona acreedora del beneficio de justicia gratuita han de ser acreditadas ante las Comisiones de Asistencia Jurídica Gratuita aunque para no menoscabar el derecho de defensa en determinados casos la ley presupone su existencia previa a su declaración. Estos organismos administrativos tienen su sede en cada una de las capitales de provincia y son los órganos encargados de resolver las peticiones de los interesados que pretendan disfrutar de los beneficios de la justicia gratuita.

Estas comisiones estarán integradas por un miembro del Ministerio Fiscal, que la presidirá, el decano del Colegio de Abogados y del Colegio de Procuradores y por dos miembros que designe el Ministerio de Justicia o, en su caso, cada una de las respectivas Comunidades Autónomas que tengan reconocida esta competencia (STC 97/2001).

Sin embargo, la ley concede el derecho a disfrutar de los beneficios de la justicia gratuita a determinadas personas o entidades sin tener que acreditar insuficiencia de recursos para litigar. Así sucede por ejemplo con las asociaciones y fundaciones que por ley tengan reconocido este derecho, los trabajadores y los beneficiarios de la Seguridad Social en los procesos laborales. Así mismo, con independencia de la existencia de recursos para litigar, se reconoce el derecho de asistencia jurídica gratuita, que se les prestará de inmediato, a las víctimas de violencia de género, de terrorismo y de trata de seres humanos en aquellos procesos que tengan vinculación, deriven o sean consecuencia de su condición de víctimas, así como a los menores de edad y las personas con discapacidad psíquica cuando sean víctimas de situaciones de abuso o maltrato y a quienes a causa de un accidente acrediten secuelas permanentes que les impidan totalmente la realización de las tareas de su ocupación laboral o profesional habitual y requieran la ayuda de otras personas para realizar las actividades más esenciales de la vida diaria, cuando el objeto del litigio sea la reclamación de indemnización por los daños personales y morales sufridos.

Los extranjeros que se hallen en España tendrán derecho a la asistencia jurídica gratuita en las mismas condiciones que los españoles (LO 2/2009 y STC 95/2003).

El contenido del derecho es bastante amplio; concede a su titular la posibilidad de disfrutar de un conjunto de beneficios legales: da derecho a gozar de un asesoramiento legal gratuito en el supuesto que se ejercite una acción ante los tribunales, a la inserción gratuita de anuncios y edictos en publicaciones oficiales, obtener, también gratuitamente copias, testimonios y otros documentos notariales, exención del pago de tasas judiciales y toda clase de depósitos que la ley exija para la interposición de recursos frente a las resoluciones judiciales y, por último, exención del deber de pago a los peritos designados judicialmente. Pero sobre todo, y esto quizás sea lo más importante, el beneficio de justicia gratuita concede a su titular el derecho a que le se provea un abogado que le defienda y un procurador que le represente sin que tengan obligación de pagarles honorarios.

En este aspecto, es el Estado el que, a través de los respectivos Colegios de Abogados y de Procuradores, les proporciona un abogado y un procurador, al que están llamados todos aquellos abogados y procuradores que voluntariamente deseen formar parte de él (turno de oficio). Esto significa, por tanto, que los beneficiarios de la justicia gratuita están obligados a utilizar los servicios de los profesionales que les hayan sido asignados, sin que puedan elegir uno de su confianza.

Los abogados y procuradores designados tienen el deber de asumir la defensa y representación de la persona a quien se le ha concedido el beneficio. Pueden no obstante renunciar a la defensa si consideran que la acción que el solicitante pretende ejercitar carece de fundamento y, en consecuencia, es procesalmente insostenible. En este caso, previa la tramitación del oportuno expediente, las Comisiones de Asistencia Jurídica Gratuita son las que deciden si procede el nombramiento de un segundo abogado o, por el contrario, deniegan la concesión del beneficio.

El pago de las retribuciones a los abogados y procuradores de oficio se lleva a cabo en función de unos módulos que se fijan reglamentariamente. A fin de estimular el interés de los abogados de oficio en la tramitación de los asuntos que se les haya encomendado, la ley permite que puedan cobrar sus honorarios en los supuestos en que la parte contraria haya sido condenada en costas, lo que ocurrirá, como acabamos de ver, si ha vencido en el pleito. Naturalmente, los abogados y procuradores de oficio que a través de las costas hayan logrado resarcirse de los honorarios que legalmente les correspondan, estarán obligados a devolver las cantidades percibidas con cargo a los fondos públicos por su intervención en el proceso.

SEGUNDA PARTE

Proceso civil

I. EL PROCESO CIVIL

1. Finalidad del proceso civil

La administración de justicia en el ámbito de las relaciones entre particulares se realiza a través del proceso civil. El proceso civil tiene por objeto la resolución de controversias reguladas por el derecho privado, sean de carácter disponible o no. Como veremos seguidamente, la tutela de estos derechos está encomendada a los juzgados y tribunales del orden civil y, por lo tanto, las materias atribuidas al proceso civil son aquellas que la ley encomienda a este orden jurisdiccional, en el que se incluyen algunas materias más específicas que, por sus características, se confían a órganos jurisdiccionales civiles de carácter especializado (Juzgados de lo Mercantil, etc.).

2. La Ley de Enjuiciamiento Civil. Aplicación de temporal y espacial de las leyes procesales

A la consideración del procedimiento como sucesión ordenada de actos procesales que regulan la relación procesal ya nos hemos referido en otro lugar; de ahí la distinción entre normas sustantivas o materiales y normas procesales. Las normas sustantivas son aquellas que vendrían a regular la relación jurídica objeto de la controversia. Las normas sustantivas se contraponen a las procesales. La normas procesales son las que regulan el procedimiento y los requisitos de validez de los actos que desarrollan en el proceso tanto el juez como el resto de los sujetos que en intervienen en él. En todo caso, sabemos que la naturaleza de una norma no viene determinada por el lugar en que se encuentre. Hay normas procesales incorporadas a la legislación sustantiva y, viceversa; hay normas de carácter material que se hallan en las leyes específicamente procesales.

El proceso civil está constituido por el conjunto de actos procesales regulados por el derecho procesal civil. La norma básica del proceso civil es la *Ley de Enjuiciamiento Civil* (LEC). Esta ley configura el texto básico del proceso civil español; es una ley relativamente reciente que ha puesto orden en nuestra legislación procesal. Fue aprobada por la Ley 1/2000, de 7 de enero. Las disposiciones de la Ley de Enjuiciamiento Civil tienen además carácter supletorio respecto de las leyes que regulan el proceso penal, laboral y contencioso-administrativo (art. 4 LEC).

Técnicamente responde a las expectativas que cabría esperar de una ley promulgada tan recientemente; se asienta sobre unas bases científicas sólidamente arraigadas y que ha incorporado las aportaciones doctrinales de los últimos tiempos. Así pues, puede decirse que se trata de una ley moderna, bien estructurada y que ha tratado de impulsar un modelo de enjuiciamiento basado en los principios de oralidad, inmediación y concentración de actos procesales y de esa manera lograr una justicia más rápida y eficaz. Sin embargo, quedan aun materias pendientes de desarrollo y que siguen reguladas por la anterior Ley de Enjuiciamiento Civil de 1881, particularmente en lo que se refiere a la regulación de la llamada *jurisdicción voluntaria*.

Con posterioridad, la Ley de Enjuiciamiento Civil ha sido objeto de varias reformas. Entre las más importante destacan la Ley 39/2002, de 28 de octubre, para promover la transposición a nuestro ordenamiento jurídico varias directrices comunitarias para la protección de los derechos de consumidores y usuarios, particularmente en lo que se refiere al desarrollo de las *acciones de cesación*; la Ley 23/2003, de 10 de julio, que afectó a la regulación de la *justicia gratuita* y al juicio de desahucio; la Ley 41/2003, de 18 de noviembre, de protección patrimonial de las personas con *discapacidad*; la Ley 20/2003, de 7 de julio, que reforzó la protección de los derechos en materia de *propiedad industrial*; la Ley Orgánica 1/2004, de 28 de diciembre, de medidas para la protección integral contra la *violencia de género*; la Ley 15/2005, de 8 de julio, por la que se modifica el procedimiento para la agilización de los trámites en materia de *separación y divorcio*, la Ley de 13/2009, 3 de noviembre, de reforma procesal para la implantación de la nueva *oficina judicial*, la Ley 4/2011, de 24 de marzo, promulgada para facilitar la aplicación en España de los *procesos europeos monitorio y de escasa cuantía,* la Ley 37/2011, de 10 de octubre, de *medidas de agilización procesal,* la Ley 5/2012, de 6 de julio, de *mediación en asuntos civiles y mercantiles,* la Ley 10/2012, de 20 de noviembre, por la que se amplía el deber de pago de *tasas judiciales* en el ámbito de la Administración de Justicia (modificada por el Real Decreto-Ley 3/2013), la Ley 1/2013, de 14 de mayo, de *medidas para reforzar la protección a los deudores hipotecarios,* la Ley 4/2013, de 4 de junio, de medidas de *flexibilización y fomento del mercado del alquiler de viviendas* y la Ley 8/2013, de 26 de junio, *de rehabilitación, regeneración y renovación urbanas* (que modifica la ley de medidas para reforzar la protección a los deudores hipotecarios).

La naturaleza de una norma tiene incidencia en relación con el régimen concerniente a la aplicación temporal y espacial de las leyes procesales. Los jueces vienen obligados a aplicar al proceso las normas procesales que se encuentren vigentes en cada momento, prohibiendo su aplicación con carácter retroactivo de las normas procesales en el supuesto en que una norma haya sido modificada o sustituida por otra.

Sin embargo, dado que el proceso alcanza a una sucesión concatenada de actos procesales, la entrada en vigor de una ley nueva puede afectar a procesos que se hallen en trámite. Por este motivo, la ley permite que el legislador incluya disposiciones de derecho transitorio para hacer frente a los problemas que ocasionan la tramitación de los procesos pendientes cuando una norma es sustituida o modificada por otra (art. 2 LEC). Lo mismo sucede en relación con el régimen que regula la aplicación territorial de las leyes procesales; de ahí que a menos que otra cosa se prevea en los convenios y tratados internacionales o las normas regladoras de la cooperación judicial internacional, los procesos civiles que se sustancien ante los tribunales de nuestro país regularán conforme a las normas procesales españolas (art. 3 LEC).

3. Principios del proceso civil. El principio dispositivo. Procesos dispositivos y no dispositivos

En el ámbito del proceso civil, que es donde se suscitan por lo general cuestiones de carácter privado y cuyas relaciones jurídicas están sometidas al principio de autonomía de la voluntad, rige por lo general el principio dispositivo. Puede decirse que el principio dispositivo es consustancial al proceso civil [Almagro Nosete]. A tenor de este principio, las partes gozan de amplias facultades para disponer del objeto del mismo, es decir, de la relación jurídico-material que es objeto de la controversia. Eso significa por tanto que de acuerdo con este principio, las partes son libres de iniciar el proceso, de definir su contenido y el alcance de la tutela que solicitan e, incluso, de ponerle fin cuando lo consideren oportuno ya que por lo general en este tipo de controversias al Estado le resulta indiferente como los particulares resuelven sus diferencias.

Sin embargo, eso no significa que el control del proceso civil quede en manos de las partes; todo lo contrario. Los jueces deben tener la facultad de dirigir el proceso y velar porque éste se desarrolle por el cauce legalmente establecido, ya que se ha demostrado que para que la justicia civil sea eficaz es preciso que los jueces controlen la marcha del proceso. Así por ejemplo, no hay inconveniente en que puedan exigir a las partes que concreten o aclaren sus respectivas pretensiones, ordenen la incorporación de nuevas partes al proceso o, incluso, corrijan mediante sanciones pecuniarias las desviaciones que observen en la conducta tanto de los litigantes como de sus abogados.

Las principales repercusiones del principio dispositivo son las siguientes:

a) Las partes son libres de decidir de qué manera resuelven sus propias diferencias y, por lo tanto, también lo son para decidir si acuden o no a los tribunales para resolverlas («nemo iudex sine actore»). Esta característica tiene su origen en la propia disponibilidad de los derechos cuya protección se demanda a través del proceso donde lo que se discuten son cuestiones de índole privada. Así, pues, corresponde a los interesados la iniciativa para decidir la clase de tutela que pretenden, por mucho que los jueces consideren que la situación merezca una diferente, lo que implica que, fruto de lo anterior, las partes pueden también poner fin al proceso cuando lo consideren oportuno, allanándose, desistiendo o alcanzando acuerdo durante la sustanciación del proceso. En definitiva, el principio dispositivo es el que permite a las partes hacer en el proceso lo que podrían hacer fuera del proceso. La Ley de Enjuiciamiento Civil parte de la idea de que nadie mejor que el demandante, a quien la ley supone asesorado jurídicamente (*Exposición de Motivos, VI*), está en condiciones de determinar la clase de tutela que desea obtener y por eso deja que sea él quien defina el objeto del proceso en función de su propio interés.

b) Como consecuencia de lo anterior, asimismo las partes tienen plena libertad para defender su causa invocando los hechos y fundamentos que estimen convenientes para la tutela de su derecho, correspondiendo a cada una de ellas aportar los medios de prueba que consideren oportunos para el éxito de sus respectivas pretensiones. Por esta razón, el conjunto de exigencias derivadas de la aplicación del principio dispositivo reciben su consagración legal a través de los principios de aportación de parte y de justicia rogada (art. 216 LEC), los cuales se concretan en los aforismos *da mihi factum dabo tibi ius* y *iudex iudiucet secundum alegata y probata partium*. Con ello se consigue, además, salvaguardar la imparcialidad de los jueces, la cual quedaría seriamente amenazada si fuera el propio órgano judicial quien pudiese iniciar un proceso ya que eso sería tanto como reconocer su interés en el asunto.

Sin embargo, no siempre ocurre así. Se dan casos, en los que están en juego intereses que no están sometidos al principio de la autonomía de la voluntad y por lo tanto tienen un objeto no disponible por los litigantes. En esta situación se encuentran los procesos donde el interés del Estado en la tutela de determinados derechos prevalece sobre cualquier otra clase de consideración. Esta situación se advierte con claridad en los litigios donde están involucrados intereses de menores o incapacitados o en aquellos otros procesos que afectan al estado civil de las personas, tales como los de maternidad, paternidad o filiación. Por eso, para distinguirlos del resto, a este tipo de procesos civiles se les da el nombre de procesos civiles no dispositivos.

El proceso civil no dispositivo se utiliza por lo general en aquellos supuestos en que la tutela del derecho que se pretende conseguir sólo puede obtenerse a través de los jueces, que es la única manera que el interés del Estado quede garantizado, impidiendo que las partes puedan realizar actos que puedan llegar a afectar a intereses públicos que mediante el mismo se tratan de proteger. En este tipo de procesos, la acción que se ejercita es en general de naturaleza constitutiva y se caracterizan porque en la elaboración del material del hecho que sirve de base a la pretensión [Cortés Domínguez] no queda sólo en manos del demandante sino que se confiere una participación importante al juez y al ministerio fiscal (STC 185/2012). Así pues, lo que define a este tipo de procesos civiles es el carácter indisponible de su objeto, siendo así que, por este motivo, y para cumplir con eficacia el cometido que la ley le asigna, es preciso que los jueces gocen de mayores poderes que en los demás procesos con el propósito de permitirle descubrir la verdad que se oculta realmente tras la controversia [Planck].

4. La pretensión como objeto del proceso civil

Las controversias no acceden la jurisdicción tal como se originan en la realidad; para que el juez pueda proceder al amparo de los derechos cuya protección se les solicita, es preciso que se presenten debidamente fundadas y en la que exprese la tutela concreta que pretende. La jurisdicción no opera en el vacío [Ortells]. Como hemos indicado, las pretensiones siempre tienen un carácter instrumental ya que incorporan la solicitud de una concreta de tutela respecto del derecho que cada uno de los contendientes considera infringido. Por lo tanto, el objeto del proceso está constituido por las pretensiones que deduzcan las partes ante los tribunales y que son las que constituyen realmente el tema de su decisión («thema decidendi»), las cuales sólo pueden ser satisfechas aplicando el derecho a la relación material que es objeto de la controversia.

La pretensión es aquella declaración de voluntad a través de cual se solicita una concreta tutela jurídica; la pretensión es un acto; no un derecho: es *algo que se hace, pero que no se tiene* [Guasp] y se diferencia así tanto del derecho que sustenta la relación material discutida y de aquel otro que constitucionalmente permite su ejercicio, esto es, del derecho a la tutela judicial efectiva (art. 24 CE).

Cada pretensión viene identificada por varios elementos que sirven para distinguirla de las demás, lo cual afecta de una manera muy directa a los efectos de la congruencia y la cosa juzgada. En primer lugar por los sujetos entre quienes discurre y en segundo lugar por el objeto sobre la que recae.

La pretensión se identifica por la persona que ejerce la acción y la persona frente a la que se ejerce. En el proceso civil, quien ejercita la acción recibe el nombre de *actor* o *demandante.*

Demandado es el sujeto frente a quien se ejercita. Por lo general, los sujetos de la pretensión suelen coincidir con los titulares de la relación material discutida aunque hay supuestos en que la ley, para favorecer la tutela de determinados intereses, permite ejercer un derecho en nombre de otro y, por lo tanto, quien ejerce la acción no se corresponde con el titular del derecho que se hace valer.

Junto con los elementos subjetivos, cada pretensión viene identificada también por dos elementos que la caracterizan desde el punto de vista objetivo: el *petitum* y la causa de pedir («causa petendi»). El *petitum* está integrado por aquello que finalmente se pide al juez o al tribunal como fruto del ejercicio de su derecho. En cambio, la causa de pedir («causa petendi»), está constituida por la razón o fundamento de la tutela que se solicita; en este sentido debe quedar claro que la causa de pedir no lo constituye el motivo por el que se demanda sino el fundamento jurídico en el que se apoya la pretensión que el actor deduce.

5. Modalidades de tutela en el ámbito del proceso civil

La protección de los derechos de los particulares oscila en función del interés de quien solicita dicha tutela. Su ámbito es muy variado, ya que no solamente tiene por objeto declarar el derecho entre las partes (pretensiones de declaración o de conocimiento), sino también ejecutarlo una vez que se dicte la sentencia (pretensiones ejecutivas) o asegurarlo mientras dura el proceso (pretensiones cautelares).

A su vez, entre las pretensiones dirigidas a declarar el derecho entre las partes, no tiene la misma naturaleza la que está encaminada a eliminar la incertidumbre en cuanto a la titularidad de un determinado bien o derecho que la que se ejercita para obtener la condena del deudor al pago de las cantidades que este adeuda. En la actualidad, es posible agrupar las pretensiones en tres tipos de acciones declarativas, las cuales se corresponden con las tres modalidades existentes de tutela jurídica que reconoce la ley y que se articulan a través de las acciones de condena, las mero-declarativas y las constitutivas (art. 5 LEC). Cada una de ellas responde a exigencias y presupuestos materiales diferentes, por lo que no existen reglas generales que permitan identificar los elementos definidores comunes a cada una de ellas. La ley no impide el ejercicio acumulado de acciones de distinta naturaleza, siempre que no sean incompatibles entre sí, por lo que, en virtud del principio de justicia rogada que rige los procesos civiles, es posible ejercitar conjuntamente varios tipos de acciones para lograr la tutela jurídica que en cada caso sea la que mejor satisfaga el derecho del solicitante.

Art. 5 LEC

Se podrá pretender de los tribunales la condena a determinada prestación, la declaración de la existencia de derechos y de situaciones jurídicas, la constitución, modificación o extinción de éstas últimas, la ejecución, la adopción de medidas cautelares y cualquier otra clase de tutela que esté expresamente prevista por la ley.

A) Acciones de condena

Las acciones de condena tienen por objeto procurar el restablecimiento del orden jurídico perturbado por la persona frente a la que se dirige la acción. Desde el punto de vista del derecho que se hace valer su contenido se corresponde con el que viene definido en la legislación civil por lo que normalmente están destinadas a garantizar el cumplimiento de las obligaciones, ya sean de hacer, no hacer o entregar dinero o cosa determinada (art. 1.088 Código Civil). Por lo tanto, su finalidad es la de exigir el cumplimiento de una determinada prestación y su fundamento hay que encontrarlo en la mera transgresión o violación de la norma jurídica. Cuando esto ocurre, el perjudicado puede obtener la satisfacción de su derecho a través de una sentencia que imponga por la fuerza la actividad del sujeto incumplidor.

B) Acciones declarativas

En cambio, hay otro tipo de acciones cuyo objeto es despejar la incertidumbre existente sobre la titularidad de un bien o una determinada relación jurídica. Este tipo de acciones reciben el nombre de acciones declarativas o mero-declarativas. Por esta razón, algunos autores consideran que tienen una naturaleza esencialmente preventiva [LAMBERT], por lo que su existencia ha sido vista a veces con enormes recelos, incluso en algunos momentos de la evolución del derecho romano al entender que no hay proceso más que cuando la pretensión es discutible [IHERING].

Las acciones declarativas pueden ser positivas o negativas, es decir, tendentes a que se reconozca un determinado derecho o relación jurídica, o bien a que se declare su inexistencia pero siempre han de poseer un grado relevante de contenciosidad («justiciability»). No resulta admisible requerir de la intervención de los tribunales para obtener una opinión legal sobre un determinado asunto. Ya Alexis de TOCQUEVILLE tuvo el acierto de precisar que una de las notas que caracterizan al poder judicial es la de pronunciarse sobre casos particulares y no sobre principios generales pues de hacerlo dejaría de representar al poder judicial.

Las sentencias mero-declarativas o declarativas puras no son susceptibles de ejecución; la satisfacción del derecho se agota con la declaración del juez, sin que sea necesario un acto de coerción posterior. Como se ha indicado, las acciones declarativas están adquiriendo una nueva dimensión en el ámbito de los procesos en los que se deducen acciones que afectan potencialmente a una pluralidad de litigantes. La sentencia dictada adquiere, a través de un proceso único, llamado *proceso testigo* («test case»), la condición de *lex specialis*, que atribuye a quien no ha litigado el derecho a deducir una acción de carácter individual sobre la base del derecho previamente declarado.

C) Acciones constitutivas

Por último, existe una categoría de acciones destinadas a la creación, modificación o extinción de un derecho o relación jurídica. A este tipo de acciones se las denominan constitutivas, las cuales derivan de la facultad que el derecho concede a determinadas personas para promover el cambio de ciertas situaciones, tal como por ejemplo sucede en los procesos matrimoniales, procesos de maternidad, paternidad o filiación. En estos casos, como ha señalado Cortés Domínguez, el derecho al cambio no puede ejercitarse fuera del proceso y en consecuencia su titular no puede ejercitarlo extrajudicialmente sino que tiene necesariamente que solicitarlo al juez, que podrá o no concederlo en función de las circunstancias concurrentes; es pues la sentencia la que opera el cambio que se solicita y que no se obtiene si el juez no lo autoriza.

Por ese motivo, la *cosa juzgada* únicamente se produce cuando la sentencia es desestimatoria, esto es, cuando el juez deniega el derecho a que el cambio de la situación solicitada se produzca ya que la cosa juzgada impedirá que se pueda volver a plantear la misma acción en un proceso posterior (salvo que el fundamento sea diferente). Contrariamente, cuando la sentencia es estimatoria, reconoce produce efectos constitutivos, lo que nada tiene que ver con el efecto de cosa juzgada.

También tienen esta naturaleza las acciones rescisorias de actos y negocios jurídicos. En estos casos, tal como puso de manifiesto Calamandrei, la actividad de los jueces lleva consigo tanto la acción principal, consistente en declarar el derecho a la anulación de un determinado contrato, como la accesoria a la ejecución del mismo. Por esa razón las sentencias constitutivas no son susceptibles de ejecución forzosa ya que la tutela que con ella pretende obtener el demandante se satisface con la sentencia misma ya que su contenido puede ser teóricamente descompuesto en dos fases, una declarativa y otra ejecutiva; mediante la primera, el juez simplemente declararía la existencia del derecho y mediante la segunda, fundándose en la anterior declaración, llevaría a cabo el cambio solicitado. Así, en la clásica enunciación del gran maestro italiano se formularía de la siguiente manera: «afirmo existente el derecho a obtener la anulación del contrato (declaración) y, por consiguiente, lo anulo (ejecución)».

6. La tutela de los derechos a través de procesos no contenciosos. La llamada «jurisdicción voluntaria»

Hay ocasiones en que la función de los jueces no se limita a la resolución de controversias entre partes sino que en el ámbito de las relaciones entre particulares es frecuente que se les encomiende la tutela de determinados intereses en el ámbito de derecho privado. Esta función recibe tradicionalmente el nombre de «jurisdicción voluntaria». Según la ley, se consideran actos de jurisdicción voluntaria todos aquellos en que sea necesaria, o se solicite, la intervención de los jueces sin estar empeñada ni promoverse cuestión alguna entre partes conocidas y determinadas. Así, pues, la jurisdicción voluntaria viene a contraponerse a la jurisdicción contenciosa, y recibe esta denominación porque se caracteriza por la inexistencia de un verdadero litigio entre partes.

En los actos o expedientes de jurisdicción voluntaria la función de los jueces no es propiamente jurisdiccional ya que no está encaminada a resolver una cuestión controvertida de forma irrevocable y definitiva, esto es, con efectos de cosa juzgada, sino a verificar o constatar, sin trascendencia jurisdiccional, la legalidad de ciertos actos jurídicos, bien para crear o modificar relaciones jurídicas o constituir estados jurídicos nuevos. Esta es la razón por la que dicha labor se ha encomendado tradicionalmente a los jueces, debido fundamentalmente a las especiales condiciones de idoneidad de las que gozan los funcionarios judiciales. La doctrina considera por ello que la jurisdicción voluntaria constituye un *tertium genus* equidistante y autónomo respecto la actividad jurisdiccional y la actividad administrativa pública de derecho privado.

Sin embargo, eso no significa que ésta función no pueda ser encomendada en otros muchos casos a otro tipo de funcionarios públicos (notarios, registradores, etc.); más aun, hoy en día se aprecia una tendencia muy acusada en favor de la desjudicialización de muchos de los actos de jurisdicción voluntaria que están atribuidos a los tribunales para descargarles de la excesiva carga de trabajo que acumulan. En este sentido, algunos autores han defendido la necesidad de racionalizar el sistema actual mediante una redistribución de las competencias que incluya la posibilidad de atribuir, siempre que la naturaleza del acto lo consienta, algunos expedientes de jurisdicción voluntaria a otros profesionales del derecho (secretarios judiciales, notarios, etc.).

En todo caso, tratándose de asuntos atribuidos a los jueces, la jurisprudencia del Tribunal Constitucional considera que gran parte de las garantías derivadas del derecho a la tutela jurisdiccional que consagra el art. 24 de la Constitución son aplicables por igual a los expedientes de jurisdicción voluntaria, aun cuando se encomienden a los secretarios judiciales, pues las funciones atribuidas *ex lege* a estos funcionarios han de imputarse en cualquier caso al órgano jurisdiccional donde estos actúan (STC 155/2011).

No obstante, a la hora de determinar el alcance que debe tener la jurisdicción voluntaria convendría tener en cuenta que no debe ser concebida únicamente como vía para solucionar los males que aquejan a la Administración de Justicia. Una extensión desmesurada del ámbito de la jurisdicción voluntaria, justificada sólo porque este tipo de procedimientos son más sencillos y rápidos de tramitar, convirtiendo al juez en un componedor de controversias y donde la decisión no sea la que venga determinada legalmente sino que fuera la que más convenga a la sociedad o a las partes en un momento determinado, no deja de ser un camino inadecuado para resolver los problemas de la justicia en un Estado de Derecho.

II. LA JURISDICCIÓN CIVIL

1. Criterios para determinar la competencia de los tribunales civiles

Como hemos visto, el derecho a un juicio justo comporta la exigencia de que la normativa llamada a regular la distribución de asuntos entre los jueces venga establecida con arreglo a unos criterios objetivos y previamente establecidos. El artículo 24 de la Constitución reconoce el derecho de todos al juez ordinario predeterminado por la ley. El derecho al juez predeterminado por la ley asegura a todos los ciudadanos la posibilidad de ser juzgados por los tribunales ordinarios, es decir, por aquellos que merezcan esta consideración atendiendo a las reglas que distribuyen la competencia. Por esa razón es preciso que los criterios que sirvan para fijar la competencia de los tribunales estén claramente determinados con anterioridad a través de normas susceptibles de ser aplicadas a una generalidad de supuestos.

Jurisdicción y competencia son nociones que guardan una estrecha relación entre sí ya que se encuentran procesalmente subordinadas. Ya sabemos que el ejercicio de la potestad jurisdiccional, aunque atribuida de forma genérica a los integrantes del poder judicial, no puede ser ejercitada de manera indiscriminada para todos los casos y en cualquier circunstancia; de ahí que la jurisdicción sea un presupuesto del proceso ya que sólo puede ejercitarse en la medida en que un determinado juzgado o tribunal la tenga atribuida legalmente (art. 9 LOPJ).

Como hemos visto, el art. 117 de la Constitución se encarga de precisar que *el ejercicio de la potestad jurisdiccional en todo tipo de procesos, juzgando y haciendo ejecutar lo juzgado, corresponde exclusivamente a los Juzgados y Tribunales determinados por las leyes, según las normas de competencia y procedimiento que las mismas establezcan* (art. 117 CE). Esto obliga a tener que conocer las normas que intervienen en su determinación. Los criterios referidos a la distribución de asuntos entre los diversos órdenes jurisdiccionales tienen naturaleza imperativa y por lo tanto constituyen una cuestión de derecho necesario de modo que no está sometida a la libre decisión de las partes. Por eso, la ley ha apostado por el *principio de improrrogabilidad de la jurisdicción* (art. 9 LOPJ); de ahí que los requisitos atinentes a la jurisdicción tengan la consideración de presupuesto procesal, cuya falta impediría al juez pronunciarse sobre la cuestión debatida.

Las materias atribuidas a la jurisdicción civil son todas aquellas que no estén expresamente atribuidas a otro orden jurisdiccional y por ello conocen, *por defecto*, cualquier pretensión que no esté reservada a los juzgados y tribunales de otro orden jurisdiccional.

Normalmente la aplicación de las normas que establecen las atribuciones de cada órgano judicial no suele plantear problemas interpretativos. Aun así, pueden darse casos en que la determinación del orden jurisdiccional que ha de conocer de un asunto no esté demasiado clara. Los jueces y tribunales tienen el deber de apreciar de oficio su falta de jurisdicción; esta decisión habrá de adoptarse con audiencia de las partes litigantes y del Ministerio Fiscal, indicando siempre el orden jurisdiccional que estime competente.

Ya hemos visto que en el supuesto de que dos órganos de distinto orden jurisdiccional pretendan atribuirse el conocimiento de un asunto da lugar a un conflicto de competencia. Los conflictos de competencia pueden ser positivos o negativos y podrán promoverse tanto de oficio como o a instancia de parte o del Ministerio Fiscal. El conflicto de competencia en realidad no encierra una controversia entre tribunales sino la expresión de una duda en torno a sus atribuciones en relación con el conocimiento de un asunto [Guasp]. El conflicto lo resuelve una Sala compuesta por el Presidente del Tribunal Supremo y dos Magistrados pertenecientes a este tribunal, uno por cada orden jurisdiccional en conflicto (art. 48 LOPJ); dado que los asuntos del orden penal son siempre preferentes, ningún juez o tribunal podrá plantear un conflicto de competencia a los órganos de este orden jurisdiccional.

A) La competencia objetiva

La distribución de asuntos entre los distintos juzgados y tribunales de un mismo orden jurisdiccional se lleva a cabo a través de las normas reguladoras de la *competencia.* En atención a los criterios para determinarla, la ley distingue entre competencia objetiva, competencia funcional y competencia territorial. La combinación de los tres criterios servirá para conocer exactamente cuál de entre todos debe conocer del asunto; de conformidad con lo dispuesto en la Ley Orgánica del Poder Judicial, tienen asignada la jurisdicción en materia civil los siguientes juzgados y tribunales: Los Juzgados de Paz, los Juzgados de Primera Instancia e Instrucción, los Juzgados de Primera Instancia, los Juzgados de lo Mercantil, los Juzgados de Violencia sobre la Mujer, las Audiencias Provinciales, la Sala de lo Civil y Penal de los Tribunales Superiores de Justicia y la Sala de lo Civil del Tribunal Supremo (Sala Primera).

Los criterios que regulan la *competencia objetiva* permiten determinar qué clase de tribunal ha de conocer un asunto en función de la naturaleza de la pretensión que el litigante se proponga deducir (competencia por razón de la materia) o por la condición del sujeto frente a la que se dirija la acción (competencia por razón de la persona). En el supuesto de que se trate del mismo tipo de asuntos también la ley los distribuye en función de la cuantía de lo reclamado. Así sucede por ejemplo con la competencia de los Juzgados de Paz que, como hemos visto, si concurren con un Juzgado de Primera Instancia, tienen competencia para conocer en materia civil de los asuntos de cuantía no superior a noventa euros (art. 47 LEC).

No obstante, a pesar de la diversidad de tribunales, siempre que por disposición expresa de la ley no se halle atribuida a otro tribunal del mismo orden jurisdiccional, la Ley de Enjuiciamiento Civil parte de la base de que el conocimiento de la mayoría de los asuntos civiles corresponde en el primer grado jurisdiccional a los Juzgados de Primera Instancia (art. 45 LEC). Por lo tanto, para excluir del conocimiento de estos juzgados respecto del resto de los órganos judiciales habría que tener en cuenta en primer lugar los asuntos que por razón de la persona frente a la que se dirija la demanda le corresponde al Tribunal Supremo o a los Tribunales Superiores de Justicia (aforados). Gozan de una prerrogativa procesal a estos efectos aquellos sujetos a quienes la Constitución o los Estatutos de Autonomía expresamente les atribuyan tal condición. En segundo lugar, aquellos asuntos que por razón de la materia corresponda a los Juzgados de lo Mercantil, a los Juzgados de Violencia sobre la Mujer o a los que, por acuerdo expreso del Consejo General del Poder Judicial (art. 98 LOPJ) tienen atribuido con exclusividad el conocimiento de una determinada clase de asuntos (Juzgados de Familia, de Ejecución Hipotecaria, etc.).

La falta de competencia objetiva constituye una cuestión que es apreciable de oficio o puede ser puesta de manifiesto por las partes en el caso de que al juez le haya pasado desapercibida; tanto es así que, incluso, si un órgano jurisdiccional superior entiende al conocer de un recurso que el tribunal ante el que se siguió la primera instancia carecía de competencia objetiva, debe decretar, previa audiencia de las partes y del Ministerio Fiscal, la nulidad de todo lo actuado, dejando a salvo el derecho de las partes a ejercitar la acción deducida ante el tribunal que corresponda (art. 48 LEC). A estos efectos, la ley le atribuye la consideración de presupuesto procesal (art. 66 LEC).

Si se promoviera una cuestión de competencia entre órganos del mismo rango jurisdiccional, ésta se resolvería por el órgano jurisdiccional común (art. 51 LOPJ). Sin embargo, dado el carácter jerárquico de la organización judicial, la ley impide que puedan suscitarse cuestiones de competencia entre órganos subordinados entre sí, de modo que en caso de que surja la cuestión, el órgano jurisdiccional superior fijará en todo caso y sin ulterior recurso su propia competencia (art. 52 LOPJ).

B) La competencia territorial

La diversidad de juzgados y tribunales de una misma clase hace que no sea suficiente con saber qué juzgado o tribunal deberá conocer de una materia. A lo largo de todo el territorio nacional coexiste una pluralidad de órganos judiciales que objetivamente pueden ser igualmente competentes para el enjuiciamiento de un asunto. Ya hemos visto que cada órgano judicial está asentado en una determinada localidad y extiende su jurisdicción al ámbito territorial de su circunscripción.

Las normas que regulan la competencia territorial son las encargadas de determinar cuál de ellos deberá atribuirse el conocimiento del asunto con exclusión de los demás. La distribución del ámbito territorial de cada órgano viene establecida en cada caso por la Ley de Demarcación y de Planta Judicial. Los criterios reguladores de la competencia territorial reciben el nombre de *fueros* territoriales y son fijados por el legislador atendiendo a criterios de oportunidad o de conveniencia y en los que se tienen en cuenta factores de muy diversa índole (la proximidad con el objeto litigioso, la accesibilidad de las partes a la sede del órgano judicial, la cercanía con las fuentes de prueba, etc.).

En atención a tales criterios, la ley ha decidido fijar como fuero general de las personas físicas el del *domicilio del demandado* o el de su residencia si no lo tuviera en territorio nacional (art. 50 LEC).

La razón de ello obedece a la necesidad de evitar que el demandante pueda de manera caprichosa o arbitraria forzar al demandado a defenderse en un lugar ajeno al territorio en donde desenvuelve la mayor parte de su espacio vital, obligándole a desembolsar gastos innecesarios. El mismo criterio se sigue con las personas jurídicas, que habrán de ser demandadas en el lugar de su domicilio.

No obstante, para favorecer el ejercicio de las acciones que se dirijan contra las grandes empresas, la ley permite que puedan ser demandadas las personas jurídicas en el lugar donde la situación o la relación jurídica controvertida haya nacido o deba surtir efectos, siempre que en dicho lugar tengan un establecimiento abierto al público o exista representante autorizado para actuar en nombre de la entidad (art. 51 LEC). En el supuesto de que existan varios demandados, la ley permite que la acción pueda ser entablada en el lugar donde resida o tenga su domicilio cualquiera de ellos (art. 53 LEC).

La ley establece una serie de fueros que imponen con carácter excluyente el conocimiento cuando el proceso verse sobre determinados asuntos y que lógicamente operan con independencia de cualquier otro con el que pueda concurrir (art. 52 LEC). Así sucederá en los procesos en que se ejerciten acciones reales, en las que se ventilen cuestiones hereditarias, en los procesos de incapacitación, en los procesos de protección de derecho al honor, a la intimidad personal y familiar y a la propia imagen, en los juicios sobre arrendamientos urbanos y de desahucio, en los juicios sobre propiedad horizontal, en los que se pida indemnización por daños causados por vehículos a motor, en materia de impugnación de acuerdos sociales, en asuntos sobre propiedad intelectual, competencia desleal, patentes y marcas, nulidad de condiciones generales de contratación, tercerías del mejor derecho o acciones de cesación en defensa de intereses de consumidores y usuarios, seguros o venta de bienes muebles a plazos así como cualquier otro caso en el que la ley expresamente le atribuya este carácter (art. 54 LEC).

Los fueros excluyentes son de naturaleza indisponible y no pueden ser derogados por acuerdo de los litigantes; de ahí que el juzgado o tribunal, a iniciativa del secretario judicial, tenga atribuciones para apreciar de oficio su propia falta de competencia (art. 58 LEC).

El resto de las reglas atributivas de la competencia territorial que vengan establecidas legalmente sólo serán aplicables en la media en que no medie un *fuero convencional*, esto es, el pactado como fruto de la autonomía de la voluntad de las partes al suscribir un negocio jurídico.

Los fueros convencionales se articulan a través de dos instituciones típicamente procesales: la sumisión expresa y la sumisión tácita. Se entiende por sumisión expresa el acuerdo por el que ambas partes convienen clara y terminantemente renunciar a su fuero propio y someterse los juzgados y tribunales de un lugar determinado (art. 55 LEC). Eso significa que el acuerdo ha de realizarse con carácter previo al proceso y designando la naturaleza de los asuntos a los que se extienda. En defecto de pacto, se entiende por sumisión tácita la que se produce: a) por el demandante, por el hecho de interponer una demanda ante un juzgado determinado, o b) por el demandado, por el hecho de hacer, después de personado, cualquier gestión que no sea la de proponer en forma la declinatoria; también se considerará tácitamente sometido el demandado que no comparezca en juicio o lo haga cuando haya trascurrido el plazo para proponer la declinatoria (art. 56 LEC). Por lo tanto, es evidente que en atención a efecto novatorio que supone la sumisión tácita respecto de la sumisión expresa, prevalece sobre la anterior.

El origen remoto de la sumisión se encuentra la facultad conferida en el antiguo derecho a atribuir a los litigantes la posibilidad de elegir al juzgador por mutuo acuerdo. La ley parte de la base de que todos los jueces, independientemente del lugar en que se encuentren, reúnen las mismas condiciones de idoneidad para resolver el caso planteado y, por lo tanto, resulta indiferente a cual acudir. No obstante, la ley ha ido sin embargo reduciendo cada vez el ámbito de aplicación de los fueros convencionales, principalmente por los abusos a los que esta institución se presta y para evitar concentrar la mayor parte de la litigiosidad en las grandes capitales, que es donde normalmente tienen su sede las más importantes compañías mercantiles. Así pues, no tendrán eficacia aquellos acuerdos en que la sumisión venga contenida en contratos de adhesión o incluida en condiciones generales de contratación o que se hayan celebrado con consumidores y usuarios; tampoco tendrán eficacia los pactos o acuerdos que tengan por objeto la sumisión expresa o tácita en los juicios verbales ni los que afecten a consumidores o usuarios (art. 54 LEC).

En último término, lo más relevante de la problemática que plantea las normas que regulan la competencia territorial es la que afecta a su rango. Así pues, sería posible extraer de la ley un orden de prelación entre distintos fueros de modo que la preferencia de uno excluya a los restantes; de acuerdo con ello podríamos establecer el siguiente orden: en primer lugar, los fueros exclusivos, en segundo lugar, los fueros convencionales y, en ausencia de otro, el fuero general. Si se suscitase controversia sobre la competencia territorial debe ser resuelta antes de que el proceso continúe.

Las cuestiones de competencia territorial deben ser planteadas a través de *declinatoria*. La declinatoria es un remedio procesal para oponerse a la competencia y habrá de proponerse ante el mismo tribunal que esté conociendo del asunto o formularse por el demandado ante el tribunal de su domicilio: en este último caso, el requerimiento de inhibición deberá hacerse llegar al tribunal que esté conociendo del asunto de la manera más rápidamente posible (art. 63 LEC). La declinatoria producirá el efecto de suspender el proceso hasta que sea resuelta (art. 64 LEC).

C) La competencia funcional

El hecho de que durante la tramitación de un mismo proceso puedan intervenir varios juzgados o tribunales a distinto nivel y en diferentes fases obliga a que la ley tenga que determinar un criterio de distribución de la competencia en todos estos casos. Existen multitud de situaciones que vienen a configurar hipótesis de la llamada competencia funcional y que se irán analizando en el lugar que corresponde puesto que constituyen una manifestación derivada de la competencia objetiva, como sucede en relación con el conocimiento de los distintos recursos devolutivos o con la ejecución forzosa.

Salvo disposición en contrario, el tribunal que tenga competencia para conocer de un asunto la tendrá también para resolver sobre sus incidencias, para llevar a efecto las providencias y autos que dictare y para la ejecución de la sentencia (art. 61 LEC). En consecuencia, al igual que sucede con las normas reguladoras de la competencia objetiva, la falta de competencia funcional es apreciable de oficio.

2. Clases de procesos

A) La garantía del procedimiento. La noción de procedimiento adecuado

Hemos visto que el ejercicio de la potestad jurisdiccional está sometido a una doble condición. La primera viene determinada por un elemento de tipo organizativo como es la jurisdicción. El tribunal que vaya a conocer del asunto tiene que tener atribuciones para resolver la cuestión sometida a su consideración; la segunda es que la actividad jurisdiccional no puede ejercerse al margen del procedimiento legalmente establecido (art. 117 CE). Probablemente, desde una perspectiva teórica, fuera razonable debatir sobre la pertinencia de acoger un sistema informado por el principio de libertad de formas. Conforme con esta idea sería posible contraponer dos modelos contrarios entre sí: el de libertad de formas y el de legalidad de las formas procesales.

Con arreglo al primero de estos sistemas, el procedimiento podría desarrollarse sin sujeción a norma alguna. Sin embargo, la experiencia aconseja un cierto grado de formalidad en relación con la regulación de los actos del procedimiento de modo que un cierto grado de reglamentación formal debe existir, siempre que las formalidades no se conviertan en obstáculos que impidan o dificulten el ejercicio del derecho a la tutela jurisdiccional.

Como elemento vertebrador del derecho a la tutela judicial efectiva, el principio de legalidad constituye una garantía para todos los sujetos que intervienen en el proceso ya que se erige en. El proceso ha de atenerse a unas determinadas *reglas de juego* que tanto los tribunales como las partes están obligados a respetar [Ramos Méndez]. Aun así, el proceso civil español, a pesar de la reforma, sigue siendo excesivamente artificioso, lo que dificulta un funcionamiento un poco más flexible que permita al juez ejercer un control sobre aspectos que hoy son fundamentales, haciéndolo más ágil y eficiente.

La sujeción al procedimiento obliga al tribunal a dar al proceso el curso ordenado por la ley, y al resto de los sujetos que intervienen en él a actuar conforme a los requisitos establecidos, de forma que la resolución judicial se obtenga a través del procedimiento legalmente previsto. Las normas procesales, en la medida en que regulan el ejercicio de la potestad jurisdiccional, son de naturaleza pública y, por lo tanto, ni las partes ni los jueces pueden disponer de ellas a su antojo, debiendo el juzgado o tribunal velar por su estricto cumplimiento.

El principio de legalidad que informa el proceso impide a las partes dejarlas sin efecto y alcanzar acuerdos sobre como tramitar un determinado proceso. En todo caso, de conformidad con el principio de tutela efectiva consagrado en el artículo 24 de la Constitución, la ley introduce un criterio general de *subsanabilidad* de los requisitos legales de carácter procesal; de modo que los jueces sólo podrán desestimar las pretensiones que se les formules por motivos formales cuando el defecto fuese insubsanable o no se subsanare por el procedimiento establecido (art. 11 LOPJ).

Art. 1 LEC:

En los procesos civiles, los tribunales y quienes ante ellos acudan e intervengan deberán actuar con arreglo a lo dispuesto en esta Ley.

En este sentido, es obligación del legislador establecer la adecuada relación entre el objeto del proceso y el procedimiento que establezca para el conocimiento de un asunto de manera que la aplicación de las normas procesales se haga siempre de la manera más favorable a la tutela del derecho que es objeto de tutela (*principio de comunicabilidad*). Toda la estructura del proceso depende en último extremo del derecho que se vaya a ejercitar, esto es, de algo que está fuera del proceso y que es, lógicamente, anterior a éste [Cortés Domínguez]. Así pues, la noción de procedimiento adecuado no soólo constituye un elemento de política legislativa, sino un criterio para la interpretación de las normas procesales. Sin embargo, en ocasiones esta expresión viene siendo utilizada para designar al procedimiento legalmente establecido.

La Ley de Enjuiciamiento Civil presupone que el demandante conoce el procedimiento que ha de seguirse en cada caso y por ello inicialmente ordena al juez dar al juicio la tramitación que haya indicado el actor en su demanda. Sin embargo, el tribunal no está vinculado por tal manifestación. Si el secretario judicial advirtiese que el procedimiento elegido no es el que legalmente procede, acordará que se le dé el curso que corresponda (art. 254 LEC). En todo caso, si la parte contraria objetase alguna cuestión sobre el procedimiento elegido, podrá impugnarlo al oponerse a la demanda (art. 255 LEC).

B) Los procesos declarativos. Procesos ordinarios y sumarios. Los procesos especiales

Según la ley, toda contienda judicial que no tenga señalada en la ley otra tramitación específica será decidida en el procedimiento declarativo que corresponda (art. 248 LEC). La distribución de asuntos entre el juicio ordinario y el juicio verbal se hace en atención a unas reglas específicas, teniendo en cuenta que las normas de determinación de la clase de juicio por razón de la cuantía sólo se aplicarán en defecto de norma por razón de la materia.

Art. 249 LEC

Se decidirán a través del juicio ordinario, cualquiera que sea su cuantía: a) Las demandas relativas a derechos honoríficos de la persona. b) Las que pretendan la tutela civil de los derechos fundamentales, salvo las que se refieran al derecho de rectificación, que sustanciará por los trámites del verbal. c) Las de impugnación de acuerdos sociales. d) Las relativas a competencia desleal, defensa de la competencia, propiedad industrial, intelectual y publicidad, siempre que no versen exclusivamente sobre reclamaciones de cantidad, en cuyo caso se tramitarán por el procedimiento que corresponda a su cuantía y no tengan por objeto la acción de cesación en defensa de intereses colectivos o difusos entre los consumidores. e) Las acciones relativas a condiciones generales de contratación, salvo las que se ejerciten en defensa de intereses colectivos o difusos entre los consumidores. f) Las de arrendamientos, tanto urbanos como rústicos, salvo que se trate de reclamación de rentas o del desahucio por la falta de pago o extinción de la relación arrendaticia. g) Las acciones de retracto. h) Las demandas en las que se ejerciten acciones de la Ley de Propiedad Horizontal, siempre que no tengan por único objeto reclamaciones de cantidad, en cuyo caso se tramitarán por el procedimiento que corresponda en atención a su cuantía. Por razón de la cuantía, se decidirán también en el juicio ordinario las demandas cuya cuantía exceda de 6.000 euros y aquellas cuyo interés económico resulte imposible de calcular, ni siquiera de modo relativo. Todas las reclamaciones que no rebasen dicha cantidad se sustanciarán mediante los trámites del juicio verbal.

Por lo que se refiere al *juicio verbal*, la ley ha querido que se tramiten a través de este proceso aquellas controversias de menor complejidad y las que requieren una decisión rápida. En este sentido, la ley permite que el juez pueda pronunciarse con carácter sumario en relación con determinadas situaciones concretas y de esa manera poder dar una respuesta ágil a la pretensión deducida.

Estos procesos se caracterizan por el hecho de que conceden a su titular una tutela rápida y efectiva aunque siempre circunscrita a la situación concreta que justifica el objeto de su solicitud; de ahí que el demandado suela tener limitadas igualmente sus posibilidades de defensa derivadas de las restricciones que en este tipo de procesos la ley impone en relación con este tipo de procesos. Dado el carácter de provisionalidad de las situaciones contempladas, sus decisiones carecen de efectos de cosa juzgada ya que la ley probablemente piense que las situaciones objeto de la tutela pueden volver a reproducirse en un momento posterior y, por lo tanto, ha preferido no amparar las resoluciones que se dicten en estos casos bajo la cobertura de la cosa juzgada.

Para el legislador tienen la consideración de sumarios aquellos en que se pretenda una rápida tutela de la posesión, las que decidan sobre peticiones de cese de actividades ilícitas en materia de propiedad intelectual o industrial, las destinadas a obtener una inmediata protección frente a una obra nueva o ruinosa así como las que resuelvan el desahucio por falta de pago de la renta o sobre la efectividad de los derechos reales inscritos frente a quienes se opongan a ello o perturben su ejercicio sin disponer de título inscrito que legitime la oposición o perturbación.

Así mismo, para ofrecer una adecuada respuesta procesal a la protección de determinadas materias, la ley establece cauces procesales específicos para el enjuiciamiento de determinados asuntos; se habla así de los procesos especiales. También es frecuente que manteniendo la estructura de los procesos declarativos ordinarios la ley contemple varias especialidades en función de su objeto a veces, incluso, alterando la estructura normal del procedimiento. Esto se lleva a cabo, concediendo a una de las partes ciertas ventajas de carácter procesal, o bien ofreciéndoles mayores posibilidades para alegar y probar los hechos que constituyan el fundamento principal de su pretensión, tal como sucede por ejemplo en los procesos destinados a la protección del derecho de crédito o se alegue la vulneración de un derechos fundamental, bien invirtiendo en estos casos la posición procesal de las partes, o, incluso, modificando las reglas que distribuyen la carga de la prueba, como acaece en los procesos para la defensa de los derechos de consumidores y usuarios.

La ley ha querido reducir al mínimo el número de *procesos especiales* con los que tramitar ciertas materias que están sometidas a un régimen diferente. La proliferación de los procesos especiales derivada de la acusada tendencia del legislador a introducir especialidades cada vez que pretendía regular una materia, obligó en su día a dejar en la Ley de Enjuiciamiento Civil como procesos especiales estrictamente los imprescindibles, incorporando el resto de las particularidades propias de cada proceso a lo largo de la ley, colocándolas en el lugar que de acuerdo a su naturaleza le corresponde. La ley atribuye la consideración de procesos especiales a todos aquellos caracterizados por la indisponibilidad de su objeto (procesos no dispositivos), entre los que se encuentran muchos de los procesos de familia (capacidad, maternidad, paternidad, filiación, matrimonio y menores), así como los de división judicial de patrimonios (procedimiento para la división de la herencia y para liquidación del régimen económico matrimonial) y los específicos para la tutela de derechos de crédito (proceso monitorio y cambiario).

III. LAS PARTES

1. La dualidad de partes. El principio de contradicción o de audiencia bilateral. El derecho de defensa

En la medida en que el proceso está llamado a resolver controversias, es natural que su estructura esté conformada de manera que haya dos partes, cada una de ellas sosteniendo pretensiones contrapuestas ante el juez o el tribunal (*principio de dualidad de partes*). Como hemos indicado anteriormente, la pretensión debe provenir de un sujeto distinto del juez. La existencia de partes es consustancial a la idea de proceso. El proceso siempre presupone la existencia de una controversia entre partes. Sin controversia no cabe hablar de proceso; cuando las partes llegan a un acuerdo o resuelven sus diferencias durante la sustanciación del proceso, deja de tener sentido, lo cual, lógicamente, impide su continuación.

El concepto de parte se extrae del propio proceso; es puramente formal. Es parte quien deduce una pretensión afirmando ser titular de la relación jurídico-material discutida y lo es también la persona frente a la que se dirige [CHIOVENDA]. El interés de cada parte se satisface en función del resultado de la pretensión que cada una de ellas ha hecho valer. Para el demandante, ganar un pleito significa que el juez ha acogido su demanda y, por lo tanto, que ha estimado la pretensión que ha deducido y tal como la ha deducido. Para el demandado, ganar es que el juez rechace la demanda, esto es, que desestime la pretensión deducida por el demandante. De ahí que la doctrina al considerar la idea de satisfacción procesal como componente necesario para la determinación del fin del proceso se haya visto en la necesidad de referirse igualmente al concepto de *resistencia*, entendiendo por tal, la petición que se dirige al tribunal como reacción a la pretensión formulada por el demandante [MONTERO AROCA].

Examinando el proceso bajo una perspectiva dinámica, la doctrina ha llegado a la conclusión de que está integrado por un conjunto de expectativas, posibilidades y cargas, de modo que para ganar, cada parte ha de ser capaz de aprovechar las posibilidades que el proceso le ofrece, cumplir las cargas que le incumben y realizar las expectativas que van unidas a todo acto procesal [Goldschmidt]. A pesar de lo cual, como ha señalado el Tribunal Supremo, *aunque la astucia pueda ser una de las habilidades legítimamente desplegables en el proceso, no es institucionalmente admisible reducir el proceso a un simple juego de astucia cuyo único objetivo sea perturbar a la parte contraria y confundir a los tribunales, desperdiciando tiempo, trabajo y recursos económicos en aquello que ni tan siquiera tenía que haber comenzado* (STS 55/2013 [Roj 1052]).

En todo caso, un sistema procesal no se puede construir pensando que todos los que acuden a los tribunales demandando justicia tienen razón. Por eso, la única manera de que un juez puede hacerse una idea de lo ocurrido es tomando en consideración los argumentos de ambas partes [Prieto-Castro]. Así pues, el proceso constituye un mecanismo para garantizar a ambas partes la igualdad de oportunidades permitiendo que cada una de ellas pueda hacer valer sus razones en defensa de sus derechos. La actuación procesal de las partes está garantizada por el principio de contradicción o de audiencia. Este principio permite a quienes intervienen en un determinado proceso rebatir las alegaciones efectuadas por la parte contraria y, por lo tanto, de ser oídos y defenderse frente a las alegaciones y pruebas aducidas por el adversario.

El principio de contradicción responde una exigencia que deriva directamente del artículo 24 de la Constitución al proscribir la *indefensión*, que está íntimamente ligada al derecho a la tutela judicial efectiva. Así pues, dicho principio tiene por objeto fundamental permitir que todas las partes de un proceso puedan defenderse a lo largo del procedimiento.

No toda infracción procesal es susceptible de causar indefensión. La indefensión, para que afecte a las garantías constitucionales, tiene que ser de tal intensidad que verdaderamente haya ocasionado a la parte que pretendidamente la haya sufrido una imposibilidad real de defenderse y de hacer valer sus argumentos ante el tribunal. A la vista de ello, es evidente que la indefensión es un concepto que pertenece al ámbito del proceso; nadie puede afirmar haber quedado indefenso sólo por el hecho de que los jueces no le hayan dado la razón si ha tenido la oportunidad de exponerla y de defenderla.

Existen múltiples manifestaciones de este principio pero, quizás, la más importante sea aquél que garantiza a todas las partes la oportunidad de intervenir en el proceso a fin de hacer valer sus derechos. Este derecho, que va asociado al cumplimiento regular de los actos de comunicación, constituye una garantía inherente al ejercicio de la función jurisdiccional. Por ello, el tribunal tiene la obligación, no sólo de comunicar a las partes interesadas la existencia del proceso, sino ponerle al corriente de las resoluciones que vayan adoptándose en el curso del mismo.

El principio de contradicción no significa que las partes tengan la obligación de defenderse frente a las alegaciones del adversario sino que simplemente le otorga la posibilidad de hacerlo. Este principio se satisface dando a las partes la oportunidad de ser oídas. Para ello es esencial que las oficinas judiciales extremen el celo en el cumplimiento de las normas relativas a su obligación de practicar las notificaciones, permitiendo que de esta manera puedan intervenir en el proceso todos aquellos a los que el objeto del mismo les pueda afectar. Esta garantía constitucional se completa con el derecho que tienen ambas partes a utilizar los medios de prueba pertinentes para su defensa (art. 24.2 CE).

2. Principio de igualdad de armas

El principio de contradicción sólo puede aplicarse en la medida en que todas las partes dispongan de las mismas oportunidades dentro del proceso; de ahí que como complemento al principio de contradicción figure el principio de igualdad o, utilizando una terminología más descriptiva, el principio de igualdad de armas. El principio de igualdad de armas obliga a la ley y en su caso al juez a proporcionar a todas las partes los mismos medios y las mismas oportunidades para hacer valer sus respectivos derechos. El principio de igualdad de armas tiene por objeto salvaguardar el necesario equilibrio que debe existir entre las partes, evitando que a la hora de defender judicialmente un derecho alguna de ellas se encuentre en peor condición que su adversario. Por lo tanto, este principio quedaría conculcado cuando, sin fundamento alguno, una parte pudiese disfrutar, en relación con la contraria, de mayores oportunidades para la defensa de sus pretensiones; en este aspecto, forma parte por ello del contenido esencial del derecho a la tutela judicial efectiva. También afecta directamente al derecho constitucional a utilizar los medios de prueba que sean pertinentes para su defensa. En definitiva, el principio de igualdad de armas consiste en que cada parte tenga la posibilidad de presentar el caso en condiciones que no le coloquen en una situación de desventaja en relación con el adversario.

3. La capacidad para ser parte

El ejercicio ante los tribunales de la una concreta petición de tutela jurídica presupone que quien la solicita sea titular del derecho cuya protección solicita. Por ese motivo, parece lógico exigir a quien se proponga deducir una pretensión que reúna los mismos requisitos que la ley le atribuiría en cualquier otra situación. Se habla así de la capacidad para ser parte. La Ley de Enjuiciamiento Civil condiciona el ejercicio procesal de los derechos a aquellos sujetos que según la legislación civil goce de la aptitud necesaria para ser titular de derechos y obligaciones (art. 5 LEC). Así pues, la ley vincula los requisitos para ser parte a los que determinan el nacimiento y la extinción de la personalidad, tanto en relación con las personas físicas como con las jurídicas. En este sentido, tienen capacidad para ser parte todos aquellos sujetos a quienes el derecho les atribuya la personalidad jurídica.

La ley, consciente de la conveniencia de atribuir la capacidad para ser parte a sujetos que no la tienen reconocida en el ámbito del derecho privado, atribuye la capacidad para ser parte a ciertas entidades que carecen de ella (masas patrimoniales, grupos de consumidores y usuarios, etc.). Así mismo, permite dirigirse contra las personas jurídicas que no reuniendo los requisitos para constituirse legalmente, dispongan de una pluralidad de elementos personales y patrimoniales susceptibles responder en el tráfico jurídico evitando de esta manera tener que obligar a los perjudicados a dirigir individualmente su acción a cada uno de los integrantes de este tipo de entidades [Kirch].

En estos supuestos lo que la ley hace es reconocerles personalidad jurídica por razones de conveniencia y únicamente con el fin de que se le pueda exigir responsabilidad. Además, en la medida en que la ley encomienda la protección de intereses públicos en el proceso civil, también reconoce la capacidad para ser parte en ciertos casos al Ministerio Fiscal.

Por último, dado que la capacidad para ser parte viene determinada por la personalidad, la ley regula los supuestos de *sucesión procesal* provocados por la extinción de la personalidad de cualquiera de los litigantes. La muerte de uno de los litigantes genera la necesidad de proceder a su sustitución por quienes legalmente le correspondan; de modo que una vez acreditada la defunción, la oficina judicial tendrá, en su caso, por personado al sucesor en nombre del litigante fallecido (art. 16 LEC).

4. Requisitos para comparecer como parte en un proceso

A) La capacidad procesal

No es suficiente con tener capacidad jurídica para poder intervenir como parte ante un tribunal. La comparecencia ante un tribunal no está reconocida a cualquier sujeto que pueda ser parte; únicamente a aquellas personas que según la ley tengan la aptitud para realizar válidamente actos procesales. La ley atribuye la capacidad procesal o capacidad para comparecer ante los tribunales a los que el derecho privado les reconozca capacidad de obrar. La ley regula una completa relación de supuestos en donde contempla las diversas posibilidades en las que cada parte puede encontrarse a los efectos de su comparecencia; también contempla supuestos especiales en que se atribuye capacidad para comparecer a quienes carecen de ella en el derecho privado. Por las personas que carezcan de la capacidad comparecerán sus representantes legales (art. 7 LEC).

Los defectos atinentes a la capacidad para ser parte y a la capacidad procesal impiden que el juez pueda pronunciarse sobre la cuestión deducida y, por lo tanto, tiene la consideración de presupuesto procesal, que puede ser apreciado incluso de oficio en cualquier momento del proceso (art. 9 LEC).

B) Representación y defensa

Como hemos visto en otro lugar de esta obra (§ *VIII.2*), la complejidad de las cuestiones jurídicas y del procedimiento judicial aconsejan que las partes se vean en la necesidad de recurrir a quienes profesionalmente se dedican a asesorar y representar a los ciudadanos, auxiliándoles y compareciendo en su nombre ante los tribunales. A excepción de determinados procesos, el ejercicio de las acciones ante los tribunales civiles ha de hacerse mediante abogado y procurador. En la justicia civil la intervención de abogado y procurador es exigible en todos los procesos, salvo en los juicios cuya cuantía no exceda de 2000 euros. Tampoco será preceptiva la intervención de abogado ni de procurador, pudiendo los litigantes comparecer por sí mismos, en aquellos trámites que no tengan por objeto ejercitar propiamente una acción ante los tribunales.

5. La legitimación

Para que el proceso sea eficaz jurídicamente, debe discurrir entre los sujetos que se encuentren en una especial relación con el objeto del proceso (art. 5 LEC). Esta condición recibe el nombre de *legitimación.* El concepto de legitimación ha estado tradicionalmente vinculado a la noción de derecho subjetivo, de modo que se suponía que únicamente podría defender en juicio su derecho quien afirmara ser su titular, pero como se ha dicho la esfera jurídica del individuo *ni empieza ni termina con el derecho subjetivo* [Prieto-Castro]. Por eso el derecho otorga legitimación en aquellas situaciones en donde el derecho subjetivo no llega; recordemos que el derecho reconocido en el art. 24 de la Constitución lo está tanto para la tutela de los derechos como de los intereses legítimos.

> ***Art. 10 LEC:***
>
> *Serán consideradas partes legítimas quienes comparezcan y actúen en juicio como titulares de la relación jurídica u objeto litigioso. Se exceptúan los casos en que por ley se atribuya legitimación a persona distinta del titular.*

En relación con la posición que ocupan, se distingue entre legitimación activa y legitimación pasiva. La legitimación activa corresponderá al sujeto que afirme ser titular de un derecho o una relación jurídica y la pasiva a quien dicha acción se dirija y la que jurídicamente ha de soportar las consecuencias de la resolución que en su día se dicte. Para saber si un sujeto tiene legitimación para solicitar la tutela de un derecho o para pedir la defensa de un interés legítimo, es preciso examinar la relación material discutida y preguntarse si el derecho te permite ejercitar la pretensión que te propones ejercitar (*legitimación activa*) o si el derecho te permite ejercitarla frente al sujeto al que te propones demandar (*legitimación pasiva*).

Así pues, es la legislación reguladora de la relación material discutida la que nos indica entre qué partes debería discurrir un proceso. No es un dato que por lo general venga proporcionado por las leyes procesales, aunque a veces el legislador prefiere hacer un reconocimiento explícito de esta cuestión al regular un procedimiento determinado y evitar así que esta cuestión provoque problemas interpretativos sobre su alcance y contenido.

A fin de facilitar la tutela de ciertos derechos, la ley permite a determinadas personas ejercitar en juicio una acción *en lugar de* su legítimo titular. Este fenómeno provoca un desplazamiento de la legitimación hacia otros sujetos a quienes se les reconoce el derecho a entablar acciones para la tutela de sus derechos [MONTERO AROCA]. Se habla así de legitimación extraordinaria, indirecta o por sustitución.

La legitimación es un aspecto asociado a la relación material controvertida y por eso no tiene rango de presupuesto procesal; por lo tanto, a diferencia de lo que sucede con los requisitos de capacidad, la legitimación debe ser tratada como una cuestión que afecta al fondo del asunto. No obstante, a veces la doctrina ha criticado el que la jurisprudencia haya negado de forma tan categórica que en los supuestos de legitimación extraordinaria no sea posible apreciarla con carácter previo [GÓMEZ ORBANEJA].

6. Pluralidad de partes

A) Litisconsorcio

Se habla de pluralidad de partes cuando bien la parte demandante o bien la demandada (o ambas) está integrada o conformada por varios sujetos. Esta situación recibe el nombre de *litisconsorcio*. En función de la posición que se produzca el litisconsorcio puede ser activo o pasivo. Las situaciones litisconsorciales pueden obedecer a muchas razones, bien porque voluntariamente una parte haya decidido ejercitar simultáneamente varias acciones contra una pluralidad de sujetos (*acumulación subjetiva de acciones*), o bien como derivación de un problema de legitimación, de manera que el derecho no pueda ser ejercitado sino por varios o, más específicamente, frente a varios (*litisconsorcio pasivo necesario*). En el primer caso, para que el litisconsorcio pueda quedar conformado es preciso que las acciones provengan de un mismo título o causa de pedir y se justifica esencialmente por razones de economía procesal con una triple manifestación de efectos (una misma demanda, un mismo proceso y una misma sentencia).

Art. 72 LEC:

Podrán acumularse, ejercitándose simultáneamente, las acciones que uno tenga contra varios sujetos o varios contra uno, siempre que entre esas acciones exista un nexo por razón del título o causa de pedir. Se entenderá que el título o causa de pedir es idéntico o conexo cuando las acciones se funden en los mismos hechos.

En el segundo, el litisconsorcio obedece a la propia «inescindibilidad» de la relación jurídico material discutida [Montero Aroca] de modo que la tutela solicitada sólo puede hacerse efectiva frente a varios sujetos conjuntamente considerados (*litisconsorcio pasivo necesario*); de ahí que en este supuesto todo se reduzca a un problema de legitimación.

Art. 12 LEC:

Cuando por razón de lo que sea objeto del juicio la tutela jurisdiccional solicitada sólo pueda ser efectiva frente a varios sujetos conjuntamente considerados, todos ellos habrán de ser demandados, como litisconsortes, salvo que la ley disponga expresamente otra cosa.

En estos casos, la ley exige el litisconsorcio en aquellos casos en que, en función del objeto del proceso, la tutela que se pretenda solicitar sólo pueda obtenerse demandando a varios sujetos. Según la jurisprudencia, la inobservancia de este requisito trae como consecuencia el que, al no estar bien constituida la relación procesal, el juez no puede entrar en el fondo del asunto ya que esto supondría tanto como condenar a una persona sin haberle dado la oportunidad de defenderse. Sin embargo, como acertadamente ha puesto de manifiesto la doctrina y se desprende del contenido de la ley (art. 420 LEC), la sentencia que acoge la excepción de litisconsorcio necesario siempre es de fondo, lo único que sucede es que se limita a negar la existencia del derecho tal como ha sido ejercitado [CORTÉS DOMÍNGUEZ].

La conformación del litisconsorcio pasivo no siempre resulta fácil de determinar, sobre todo cuando se ejerciten cierta clase de acciones de responsabilidad civil. El riesgo que supone seleccionar, a veces a ciegas, a quienes haya que demandar puede ocasionar consecuencias perjudiciales y, en su caso, una eventual condena en costas si la decisión no es la correcta.

Como resultado de ello, la ley ha procurado evitar los efectos que esta situación provoca, de forma que, cuando se evidencie, sea posible integrar el contradictorio trayendo al proceso a todos los sujetos que en relación con la pretensión ejercitada debieron haber sido demandados y no lo fueron. Así pues, cuando el demandado haya alegado en la contestación la falta del debido litisconsorcio, podrá el actor presentar, con las copias correspondientes, escrito dirigiendo la demanda a los sujetos que el demandado considere que habían de ser sus litisconsortes y el tribunal, si estima procedente el litisconsorcio, lo declarará así, ordenando emplazar a los nuevos demandados para que contesten a la demanda. En este sentido, es importante advertir que aun cuando la problemática del litisconsorcio pasivo necesario se reduzca una cuestión de legitimación y, por lo tanto, deba ser tratada como una cuestión de fondo, eso no quiere decir que la ley haya pretendido elevar a la legitimación a la categoría de presupuesto procesal y, en consecuencia, susceptible de ser examinada y resuelta con carácter previo, tal como sucede en el proceso ordinario.

B) La intervención de terceros

El fenómeno de la pluralidad puede originarse mediante la incorporación sobrevenida de un tercero una vez que se ha iniciado el proceso. A tenor de la pretensión deducida en el proceso, cualquier persona que acredite un interés directo y legítimo en su resultado, puede *intervenir*, involucrándose en la contienda ya entablada, asumiendo la cualidad de parte (art. 13 LEC). Lo decisivo no es que le afecte el proceso sino el resultado del mismo. La ley exige que el interés sea directo y legítimo y, por lo tanto, que los pronunciamientos de la sentencia que en su día se dicte sean susceptibles incidir en la esfera de sus derechos y obligaciones.

En unos casos la intervención del tercero tendrá por objeto apoyar a una de las partes, pues es precisamente el resultado del proceso lo que determina su intervención (intervención adhesiva) y en otros, sosteniendo un derecho propio frente a cualquiera de las partes (intervención litisconsorcial). En cualquiera de los casos, la comparecencia del tercero le convierte en parte a todos los efectos, pudiendo adoptar la estrategia procesal que considere oportuna. Como es natural, la voluntad de comparecer del interviniente, si lo fuera en calidad de demandado, no es suficiente: está condicionada a que el actor ejercite una acción en su contra, ampliando la demanda (art. 401 LEC), ya que de lo contrario el juez no podría tenerlo por parte y condenarle en caso de que encuentre fundamento para ello.

Por último, el art. 14 de la ley también reconoce al demandado la facultad de provocar la participación de un tercero para que intervenga en el proceso, lo cual se lleva a cabo notificándole la pendencia del proceso («litisdenunciación»), tal como ocurre en los supuestos de evicción (art. 1.481 CC) o en cuando se ejercitan acciones de responsabilidad al amparo de la Ley Orgánica de la Edificación (STS 538/2012 [Roj 6284]).

IV. LA PRIMERA INSTANCIA : EL INICIO DEL PROCESO

1. Actos preparatorios. Las diligencias preliminares

El proceso civil se inicia con la interposición de la demanda pero a veces antes de que el proceso comience es preciso realizar alguna actividad preparatoria para averiguar hechos y circunstancias de las que depende el éxito de la pretensión o la admisión a trámite de la demanda. La actividad preparatoria en el proceso civil se encuentra fundamentalmente confiada a las partes pero a veces es necesaria la intervención de los tribunales para poder obtener tal información con ciertas garantías de éxito. La ley regula un conjunto de actuaciones de carácter instrumental que pueden ser acordadas por el juez con esa finalidad, las cuales reciben tradicionalmente el nombre de *diligencias preliminares* (arts. 256 LEC).

Estas diligencias no sirven sólo para preparar el juicio propiamente dicho sino que en algunos casos tienen otro tipo de finalidades, incluida la cautelar, cuando lo que se trata es de asegurar lo que sea objeto del mismo. Las diligencias preliminares constituyen una facultad atribuida exclusivamente con el fin de obtener la información necesaria, bien para facilitar un proceso posterior o bien para condicionar su existencia o, en su caso, asegurar la eficacia de la sentencia que en su día haya de dictarse; han de ser solicitadas por la persona que esté interesada en que se practiquen; no pueden ser decretadas de oficio ni sirven para incoar proceso alguno. En algunos casos, la ejecución de una diligencia preliminar incide de manera muy directa en los derechos fundamentales de quien es objeto de la diligencia (inviolabilidad del domicilio o el derecho a la intimidad, especialmente en cuanto se refiere a la protección de los datos de carácter personal), lo que ha dado lugar a que el Tribunal Constitucional haya tenido oportunidad de pronunciarse en varias ocasiones sobre este aspecto (SSTC 219/2012 y 222/2012).

2. La demanda

A) Acción, pretensión, demanda

Para que los jueces puedan proceder a la tutela de un derecho, el interesado debe articular su pretensión a través de la demanda. La demanda es el acto procesal más importante del proceso civil pues con ella se inicia el proceso y se deduce la pretensión que el demandante se propone ejercitar [Fairén Guillén]. Por este motivo, para garantizar el derecho de defensa del demandado y asegurar a su vez la intangibilidad de la resolución judicial que en su día se dicte y, por lo tanto, la seguridad jurídica de la situación declarada en la sentencia, deberá contener todos los elementos que permitan identificarla tanto desde el punto de vista de los hechos en que se respalde como desde el punto de vista de los fundamentos o títulos jurídicos que se aduzcan, esto es, de la relación jurídica material discutida; es más, cuando *lo que se pida* en la demanda pueda fundarse en diferentes hechos o fundamentos o títulos jurídicos habrán de aducirse todos ellos en la demanda ya que esto tiene una trascendencia decisiva en relación con el alcance de la *cosa juzgada* (art. 400 LEC).

La demanda presupone la existencia de un litigio; sin demanda puede haber contienda pero no un proceso. La demanda constituye uno de los actos más decisivos del proceso civil en la medida en que la ley le reserva la función de determinar el objeto del proceso y, en último extremo, establecer los límites del poder decisorio del juez. De conformidad con el principio de justicia rogada, el objeto del proceso está constituido por la pretensión que el demandante deduce y que hace referencia a la modalidad de tutela que en cada caso decide ejercitar. Ya se ha dicho que la ley presupone que nadie mejor que el demandante, a quien supone asesorado jurídicamente, está condiciones de determinar la clase de tutela que desea obtener y por eso deja que defina el objeto del proceso en función de su propio interés.

B) Forma de la demanda

La demanda requiere de algunas formalidades para que pueda ser admitida a trámite. En ella deberán figurar los datos y circunstancias de identificación del actor y del demandado y el domicilio o residencia en que pueden ser emplazados. El demandante deberá consignar en su demanda la clase de tutela que solicita y la razón por la que lo hace («causa petendi»). Como se ha dicho, la causa de pedir o *causa petendi* viene determinada por el fin que persigue y cuya tutela se solicita cuyo fundamento se sustenta en los hechos y aquellas normas de derecho relativas a la relación material discutida que constituyen la base de la pretensión, fijando con claridad y precisión la petición que dirija al tribunal («petitum»).

En la práctica, la formalización de la demanda suele venir condicionada por una arraigada tradición procesal que lleva a los abogados a distinguir entre un apartado específico de HECHOS y, separadamente, otro de FUNDAMENTOS DE DERECHO, aunque no necesariamente esta distinción responda a lo que se conoce como *causa petendi*, entre otras razones porque los preceptos legales que cada parte esgrime en su favor no vinculan en absoluto al juez, que es libre de seleccionar y aplicar la norma que considere más oportuna para la resolución de la controversia.

A fin de facilitar su admisión o negación por el demandado al contestar, la ley quiere que los hechos se narren de forma ordenada y clara. Con igual orden y claridad quiere que también haga mención de los documentos, medios e instrumentos que se aporten en relación con los hechos que fundamenten las pretensiones deducidas. En la parte referida a los fundamentos de derecho se incluirán, además de las alegaciones jurídicas que se refieran al asunto de fondo planteado, las que procedan sobre la capacidad de las partes, la representación de ellas o del procurador, jurisdicción, competencia y clase de juicio por la que se deba sustanciarse la demanda. En la petición o SUPLICO, cuando sean varios los pronunciamientos judiciales que se pretendan, se expresarán con la debida separación; las peticiones formuladas subsidiariamente, esto es, para el caso de que las principales fuesen desestimadas, se harán constar por su orden y separadamente. Así mismo, el actor deberá expresar en la demanda la cuantía de la pretensión (art. 253 LEC).

Conviene resaltar que por lo que se refiere al *petitum*, la ley permite expresamente al actor consignar de forma subsidiaria cuantas peticiones considere oportuno ejercitar, incluso aunque las acciones que se proponga ejercitar sean incompatibles entre sí (art. 71 LEC), siempre que se cuide de expresar claramente cuál es la acción principal y cuál o cuáles son las que ejercitan para el supuesto de que aquélla no sea estimada.

En el juicio verbal, la ley no exige al actor que formule su demanda en los términos previstos para la ordinaria; basta con que consigne los datos y circunstancias de identificación del actor y del demandado y el domicilio o los domicilios en que pueden ser citados, y se fijará con claridad y precisión lo que se pida. Sin embargo, eso no significa que no pueda hacerlo; no hay pues inconveniente en que el actor formalice su demanda de acuerdo con las reglas que regulan la demanda para el proceso ordinario. En los juicios verbales en los que se reclame una cantidad que no exceda de 2.000 euros, el demandante podrá formular su demanda cumplimentando unos impresos normalizados que, a tal efecto, se hallarán a su disposición en el tribunal correspondiente.

C) La preclusión de las alegaciones de hechos y fundamentos jurídicos

Ya hemos dicho que la *causa petendi* no es el motivo inmediato que impulsa al demandante a iniciar un proceso sino la razón de ser de la pretensión, valorada desde el punto de vista del fin que persigue y cuya tutela se solicita. La causa de pedir está integrada principalmente por los hechos en los que el actor apoya su pretensión. Como se ha indicado, la pretensión ha de estar perfectamente identificada desde el punto de vista subjetivo y objetivo; de ahí que en el supuesto de que *si lo que se pide* en la demanda pudiera fundarse en diferentes hechos o en distintos fundamentos o títulos jurídicos, la ley impone al actor la carga de aducir en ella cuantos resulten conocidos o puedan invocarse al tiempo de interponerla, sin que sea posible reservar su alegación para un proceso ulterior ya que, de no hacerlo, los efectos de la cosa juzgada se extenderían implícitamente a cuantos hechos y fundamentos hubieran podido esgrimirse y no se hicieron, de manera que la cosa juzgada cubriría tanto los hechos deducidos y como los deducibles, esto es, los que pudo haber deducido y deliberadamente no dedujo (art. 400 LEC). Esta obligación no es trasladable a demandado que, en modo alguno, viene obligado a deducir por reconvención una acción conexa o relacionada con la principal (STC 106/2013).

La ley trata con ello de asegurar la futura intangibilidad del pronunciamiento jurisdiccional evitando que un eventual cambio de la causa de pedir pueda ser utilizado como fundamento de una pretensión distinta a la ya deducida. Esta solución legal tiene una incidencia decisiva en el ámbito de las acciones en las que el objeto del proceso no sólo se determina por el efecto jurídico que se pretende sino también por la causa o motivo que esgrime como fundamento de la nulidad que con la misma se solicita. Con ello se evita que desestimada una demanda fundada en una determinada causa de pedir, sería teóricamente posible ejercitar una nueva fundada en una causa distinta a la ya deducida, lo que provocaría situaciones contrarias a la verdadera finalidad de la actividad jurisdiccional, razón por la cual la ley ha procurado ponerle remedio sancionando al actor con la extensión de los efectos de la cosa juzgada a aquellos hechos que pudo deducir pero que no dedujo.

Este sistema, que no se aplica en los procesos no dispositivos (art. 752 LEC), ofrece la ventaja de sortear la incertidumbre que puede ocasionar la utilización indiscriminada de acciones que tengan por objeto una misma relación jurídica evitando que el actor pueda valerse de un segundo proceso apoyándose en hechos que podría haber hecho valer en el primero. Se pretende en definitiva que en un mismo proceso sean resueltas todas las cuestiones que puedan afectar a un mismo negocio o relación jurídica; de no hacerlo, la ley sanciona al actor haciendo que la *cosa juzgada* se extienda por igual a cuantos hechos debieron haber sido alegados y no lo fueron, impidiendo en consecuencia que puedan ser deducidos con posterioridad.

3. Documentos que hay que acompañar a la demanda

Con el fin de evitar situaciones causantes de indefensión, viene exigiéndose que las partes aporten en sus primeros escritos expositivos aquellos documentos relevantes para el éxito de sus respectivas pretensiones. Salvo las excepciones expresamente admitidas, el incumplimiento de este requisito determina la imposibilidad de hacerlo en un momento posterior. Por esta razón, prescindiendo de los documentos exigidos en casos especiales, cuya inobservancia acarrea la inadmisión de la demanda, la ley contiene una relación de documentos que cada parte debe inexcusablemente acompañar con la demanda o con la contestación. Entre ellos se encuentran los documentos en los que las partes funden su derecho, los informes periciales y, en su caso, los elaborados por profesionales de la investigación privada (*detectives privados*) (art. 265 LEC).

Si lo que el demandante o demandado pretende aportar al proceso se encontrase en un archivo, protocolo, expediente o registro del que se puedan pedir y obtener copias fehacientes, se entenderá que el actor dispone de ellos y deberá acompañarlos a la demanda, sin que pueda limitarse a efectuar la designación a la que nos acabamos de referir. Sólo cuando las partes, al presentar su demanda o su contestación, no puedan disponer de los documentos, medios e instrumentos enunciados anteriormente, podrán designar el archivo, protocolo o lugar en que se encuentren, o el registros, libro registro, actuaciones o expediente del que se pretenda obtener una certificación. Como veremos, también deberán acompañar a la demanda y a la contestación los dictámenes periciales en que las partes apoyen sus pretensiones (art. 336 LEC), obligación de la que están exentos sólo quienes sean titulares del beneficio de justicia gratuita, a los cuales les bastará con expresar los dictámenes de que pretendan valerse, los cuales habrán de aportarse para su traslado a la parte contraria en cuanto dispongan de ellos y, en todo caso, antes de iniciarse la audiencia previa (art. 337 LEC).

4. Expresión de la cuantía del proceso

A) Determinación del valor o la cuantía de la demanda

En la medida en que en muchos casos el procedimiento se determina en función de la cuantía, la ley impone al actor la carga de expresarla en la demanda, calculándola con arreglo a unos criterios preestablecidos. No obstante, si no fuera posible hacerlo, podrá indicarse en forma relativa si el actor justifica debidamente que el interés económico del litigio al menos iguala la cuantía mínima correspondiente al juicio ordinario o, en su caso, que no rebasa la máxima del juicio verbal. En ningún caso podrá limitarse a indicar la clase de juicio a seguir ni hacer recaer en el demandado la carga de determinar la cuantía.

En aquellos procesos que vengan determinados por este requisito, la cuantía del proceso tiene una importancia decisiva porque condiciona el acceso al recurso de apelación y al recurso de casación. Como veremos, las sentencias dictadas en procesos cuya cuantía sea inferior a 3.000 euros no son recurribles de recurso de apelación; y lo mismo sucede para el recurso de casación respecto a las sentencias dictadas en los procesos cuantía cuya cuantía sea inferior a 600.000 euros.

Esta circunstancia afecta también al régimen que regula la intervención obligatoria de Abogado y Procurador (no exigible en los procesos cuya cuantía sea inferior a 2.000 euros). La cuantía tiene además una importancia muy relevante ya que sirve para el cálculo de las tasas judiciales (art. 6 Ley 10/2012).

La demanda se sustanciará por los tramites del proceso ordinario cuando el actor no pueda determinar la cuantía bien por carecer el objeto de interés económico o bien porque su interés no se pueda calcular conforme a ninguna de las reglas establecidas o, simplemente, porque aun existiendo regla aplicable, no se pudiera determinar al momento de interponer la demanda (art. 253 LEC). En los casos en que se ejerciten acciones de condena al pago de una determinada cantidad de dinero o de intereses (frutos), rentas, utilidades o productos de cualquier clase, el actor deberá consignar la cuantía exacta de la cantidad que se reclama o, al menos, las bases con arreglo a las cuales deba efectuarse la liquidación, sin que puedan reservarse su determinación en ejecución de sentencia (art. 219 LEC).

Ya hemos indicado que la ley ordena que al juicio se le dé inicialmente la tramitación que haya indicado el actor en la demanda. Sin embargo, el demandado no viene obligado a conformarse con esta indicación y puede impugnar la cuantía de la demanda cuando entienda que el procedimiento debe ser distinto al señalado por el demandante. Por lo tanto, si la alegación de procedimiento inadecuado formulada en la contestación a la demanda se fundase en su disconformidad con el valor dado a la cosa litigiosa o con el modo de calcular el interés económico de la demanda, el tribunal oirá a las partes en la audiencia y resolverá lo que proceda, ateniéndose, en su caso, al acuerdo al que pudieran llegar las partes respecto del valor de la cosa litigiosa. Si no se hubiese acuerdo sobre el valor de la cosa litigiosa, el tribunal, en la misma audiencia, decidirá lo que proceda, a la vista de los documentos, informes y cualesquiera otros elementos útiles que las partes hayan aportado para calcular el valor.

No obstante, si a la vista de las alegaciones contenidas en la demanda, el tribunal advirtiera que el juicio elegido por el actor no corresponde al valor señalado o a la materia a que se refiere la demanda, dará al asunto la tramitación que corresponda, sin estar vinculado por el tipo de juicio solicitado por el actor, pero en ningún caso podrá dejar de admitir la demanda aunque entendiera inadecuado el procedimiento por razón de la cuantía, salvo que el demandante se hubiera limitado a indicar, sin más, la clase de juicio que corresponde, sin especificar cuantía alguna o si, indicándola, apreciase que la cuantía se ha calculado incorrectamente. El demandado podrá no obstante impugnar la cuantía de la demanda; en el juicio ordinario dicha impugnación habrá de hacerse valer en la contestación, la cual será resuelta en la audiencia previa (art. 255 LEC).

B) Las condenas de futuro

Las demandas de condena al pago de cantidades que no hayan vencido, en principio no son exigibles judicialmente (art. 1.125 CC). Sin embargo, esta regla sufre, en beneficio del acreedor y a fin de evitarle un reiterado e innecesario ejercicio de la misma acción, una importante excepción en el caso de prestaciones periódicas, considerando vencidas y exigibles todas aquellas que se encuentren en la misma situación. En este caso la ley permite que la sentencia incluya la condena a satisfacer los intereses o las cantidades que se vaya devengando con posterioridad al momento en que se dicte (art. 220 LEC). Se habla así de sentencias de condena presente y prestación futura [Prieto-Castro]; no son sentencias de mera declaración, sino de condena. La diferencia estriba en que las de condena, una vez producido el acaecimiento previsto en la norma, deviene título ejecutivo sin necesidad de una nueva declaración y, sin embargo, las segundas nunca pueden, por sí solas, dar lugar a una ejecución.

El presupuesto material para la admisibilidad de este tipo de condenas deriva de la existencia de una prestación diferida de carácter periódico, tal como sucede por ejemplo en los procesos de desahucio por falta de pago de las rentas o para la reclamación de cantidades debidas a las comunidades de propietarios (gastos de comunidad). Por lo tanto, quedarían excluidos todos aquellos supuestos cuyo fundamento resulte de la aplicación de las normas que facultan al acreedor a anticipar el ejercicio de la acción por temor a un eventual incumplimiento del deudor dentro del plazo establecido (art.

1.129 CC); por lo demás es claro que estas reglas no son aplicables a las obligaciones sujetas a plazo (art. 1.125 CC).

5. La admisión a trámite de la demanda

En principio corresponde al secretario judicial examinar la demanda y verificar si cumple los requisitos para ser admitida a trámite y dictar una resolución ordenando en su caso el traslado de ella al demandado para que la conteste en el plazo de veinte días si se trata de un proceso ordinario. En cambio, los secretarios judiciales no tienen atribuida ninguna competencia para denegar la admisión a trámite de una demanda; si entendiesen que se ha interpuesto ante un órgano que carece de jurisdicción o de competencia para conocer del asunto o adoleciese de defectos formales y no se hubieran subsanado en el plazo que se le haya concedido deberá dar cuenta al juez o al tribunal para que adopte la resolución que proceda sobre su admisión (art. 404 LEC).

La admisión a trámite no prejuzga en absoluto la decisión que al juez le merezca la cuestión controvertida a la hora de pronunciarse sobre el fondo del asunto. La presentación de la demanda genera en el tribunal, como una exigencia derivada del derecho a la tutela judicial efectiva (art. 24 CE), el deber de sustanciarla conforme a los trámites legalmente establecidos, impulsando formalmente el procedimiento, independientemente del juicio que le merezcan las razones aducidas en relación con el fondo del asunto y de resolver la pretensión deducida, sin que pueda dejar de pronunciarse sobre las cuestiones que han sido objeto del juicio.

6. La litispendencia. Efectos procesales y materiales

La admisión de la demanda da lugar a la *litispendencia,* que es el efecto propio que determina el hecho de que una demanda haya sido admitida a trámite y que supone la manifestación de que la controversia ha traspasado la frontera de lo extrajudicial para pasar a formar parte del ámbito de lo judicial, lo cual acarrea importantes consecuencias jurídicas.

La litispendencia impide que la jurisdicción del juez pueda alterarse a pesar de que hayan cambiado las condiciones que han servido para fijar su competencia, lo cual recibe el nombre de *perpetuatio iurisdictionis*. En segundo lugar, se abren al demandado un conjunto de expectativas procesales relacionadas con el ejercicio de la acción entablada, lo cual exige que el objeto del proceso no pueda ser modificado por el actor en un momento posterior. La ley prohíbe, por lo tanto, el cambio de demanda o *mutatio libelli*. En tercer lugar, crea en el órgano jurisdiccional el deber de pronunciarse sobre la pretensión deducida dentro de los límites establecidos por las partes. En cuarto y último lugar, impide que pueda estar simultáneamente pendiente más de un proceso con el mismo objeto (*litispendencia*).

A) Perpetuación de la jurisdicción

Las alteraciones que una vez iniciado el proceso, se produzcan en cuanto al domicilio de las partes, la situación de la cosa litigiosa y el objeto del juicio no modifican la jurisdicción y la competencia de juez, que se determinarán según lo que se acredite en el momento inicial de la litispendencia (*perpetuatio iurisdictionis*).

B) Prohibición de cambios en la demanda y modificaciones admisibles

Como hemos dicho, el demandado tiene derecho a organizar su estrategia defensiva en función de las pretensiones deducidas por el actor, de modo que si se produjese una variación en las mismas no podría ya reaccionar frente a ellas, lo que constituiría una evidente infracción de sus garantías procesales. No obstante, la ley autoriza a las partes a formular alegaciones complementarias, siempre no entrañen una alteración sustancial del objeto del proceso, razón por la cual no es procesalmente correcto ni constitucionalmente admisible que se modifiquen los términos en los que se ha planteado el debate. Con la demanda, el actor o demandante queda vinculado a acción que él mismo ha ejercitado [Kisch]. La prohibición de cualquier cambio en la demanda que suponga una alteración sustancial del objeto del proceso obedece pues a la necesidad de proteger el interés del demandado, por lo que ha de admitirse siempre que éste preste su consentimiento. La prohibición de los cambios en la demanda o *mutatio libelli* trata de evitar la indefensión que puede provocar en el demandado cualquier modificación de las pretensiones formuladas en la demanda.

C) Influencia del cambio de circunstancias en la sentencia sobre el fondo. Satisfacción extraprocesal. Pérdida de interés legítimo

La ley parte del principio según el cual son irrelevantes los cambios que afecten al estado de cosas o de las personas que hubieran dado origen a la demanda («ut lite pendente nihil innovetur»), sobre todo cuando éstas provengan del demandado. No obstante, la ley permite efectuar alegaciones respecto de los *hechos nuevos* que determinen la pérdida del interés legítimo en función de las pretensiones deducidas en la demanda o, en su caso, en la reconvención, por haber sido satisfechas extraprocesalmente con posterioridad al inicio del proceso, con lo que con esta medida el tribunal estaría facultado para dar por terminado anticipadamente el proceso, salvo que alguna de las partes se opusiera.

D) Efectos de carácter material

La presentación de la demanda, una vez admitida, tiene también consecuencias en la esfera en la que se desenvuelve la relación material discutida. Por de pronto, la demanda produce el efecto de interrumpir la prescripción. La *prescripción* provoca la extinción del derecho motivada por la presunción que la ley concede al desinterés mostrado por un sujeto en la tutela de un derecho motivada por el transcurso del tiempo (art. 1.961 CC). La prescripción se interrumpe tanto por una reclamación extrajudicial como por el ejercicio de la acción ante los tribunales (1.973 CC). La interrupción priva de toda eficacia al tiempo transcurrido hasta ese momento (1.945 CC).

Tratándose de obligaciones pecuniarias, el demandado se constituye en mora (art. 1.100 CC), de manera que en caso de estimación de la demanda, comienzan a devengar *intereses* de carácter material (intereses moratorios). No existe unanimidad en la doctrina a la hora de determinar desde qué momento empiezan a computar, si desde la partir de la presentación de la demanda o desde que haya tenido conocimiento el demandado. En todo caso, para que el juez pueda incluirlos en la condena la parte ha debido solicitarlos en la demanda. No deben confundirse los intereses moratorios, que están sometidos al principio de rogación, con los intereses por mora procesales, que se devengan a partir de la sentencia de condena (art. 576 LEC). Estos se aplican por imperativo legal y, por lo tanto, no incurre en incongruencia el juez que silencia en la sentencia la condena al demandado a abonarlos, dado que no son lo mismo los intereses moratorios propiamente dichos que contempla el art. 1.108 Código Civil que los intereses que recoge la Ley de Enjuiciamiento Civil, que los ha configurado como punitivos o sancionadores a fin de lograr el cumplimiento de la condena y en consecuencia nacen *ope legis*, sin necesidad de petición ni de expresa condena [STS 15-4-1991].

De igual modo, la presentación de la demanda genera la obligación de restitución de los frutos y rentas obtenidas por el deudor en el supuesto de que sea estimada (art. 451 y 1.945 CC).

Por último, la demanda convierte en litigioso el derecho o la cosa objeto de la misma (arts. 1.291 y 1.535 CC). En este sentido, la consideración de un crédito como litigioso tiene además una trascendencia especial en caso de insolvencia del deudor (arts. 87 y 92 Ley Concursal).

V. EMPLAZAMIENTO O CITACIÓN DEL DEMANDADO

En el juicio ordinario, tras la admisión de la demanda se ha de proceder al emplazamiento del demandado. El emplazamiento tiene por objeto poner en conocimiento del demandado la existencia del proceso y en el que va implícito el ofrecimiento para que conteste a la demanda.

Tratándose de un juicio verbal en el que la contestación se verifica en el propio acto del juicio, el emplazamiento se sustituye por la citación para el juicio. En la citación al juicio verbal se hará constar que la vista no se suspenderá por inasistencia del demandado y se advertirá a los litigantes que han de concurrir con los medios de prueba de que intenten valerse.

Una vez que el demandado haya sido emplazado o citado, podrá adoptar la estrategia procesal que considere más oportuna. Con carácter general, el término del emplazamiento no puede ser suspendido salvo que el demandado proponga en forma una *declinatoria* con el fin de oponerse a la competencia del juez ante el que se ha interpuesto la demanda. La declinatoria habrá de proponerse dentro de los diez primeros días del plazo concedido para contestar a la demanda o en los cinco primeros días posteriores a la citación para vista, y surtirá el efecto de suspender, hasta que sea resuelta, el plazo para contestar o el cómputo para el día de la vista, y el curso del procedimiento principal si bien dicha suspensión no obstará a que el tribunal ante el cual se haya interpuesto la demanda pueda adoptar, a instancia de parte, cuantas medidas considere convenientes para evitar los perjuicios que dicha suspensión pueda acarrear (art. 64 LEC).

El emplazamiento o la citación habrán de hacerse en el domicilio que haya expresado el demandante en la demanda dentro de las opciones que la ley le señala. En los casos en que el demandante manifestare que le es imposible designar un domicilio o residencia del demandado, a efectos de su personación, se utilizarán por el secretario judicial los medios oportunos para averiguar esas circunstancias, pudiendo dirigirse, en su caso, a los registros, organismos, colegios profesionales, entidades y empresas que puedan dar razón de su domicilio. Asimismo, el demandante deberá indicar cuantos datos conozca del demandado y que puedan ser de utilidad para su localización (teléfono, correo electrónico, etc.). El demandado, una vez que ha se ha mostrado parte, podrá designar, para sucesivas comunicaciones, un domicilio distinto. A efectos de actos de comunicación, podrá designarse como domicilio el que aparezca en el padrón municipal o el que conste oficialmente a otros efectos.

La ley permite que se haga el emplazamiento o la citación por *correo certificado con acuse de recibo* (art. 155 LEC). En caso de que no sea posible acreditar que el demandado ha recibido la comunicación, tales actos se harán mediante entrega de *cédula* (art. 158 LEC).

En todo caso, y a fin de garantizar el pleno ejercicio del derecho de defensa y asegurar la vigencia del principio de contradicción, la ley incorpora el criterio que ha venido sustentando la jurisprudencia constitucional y que impone al órgano jurisdiccional el deber de agotar todas las posibles vías para lograr la efectividad del emplazamiento. Habiendo resultado infructuoso el emplazamiento por los medios anteriores y no constando el domicilio del interesado o cuando se ignorase su paradero, el secretario judicial, previa consignación de estas circunstancias por diligencia, mandará que el acto de comunicación se haga por medio de *edictos* (art. 164 LEC) pero si del examen de los autos o de la documentación aportada por las partes se deduce la existencia de un domicilio que haga factible practicar de forma personal los actos de comunicación procesal con el demandado, debe intentarse esta forma de notificación antes de acudir a la notificación por edictos (STC 122/2013).

VI. LAS RESPUESTAS DEL DEMANDADO

1. La falta de comparecencia del demandado. La rebeldía

Una vez efectuado el emplazamiento, al demandado se le concede la posibilidad de efectuar las alegaciones que estime oportunas en relación con el contenido de la demanda. La contestación no es sin embargo la única actitud que puede adoptar el demandado frente a la demanda, aunque obviamente es la más frecuente. En este aspecto, no existe una obligación legal ni de comparecer ni de contestar. La ley no establece un deber general de comparecer pero a la parte que no comparezca se le declarará en *rebeldía*.

A pesar de que la expresión utilizada por la ley tiene un componente peyorativo importante, la declaración de rebeldía no tiene por qué repercutir negativamente en la suerte del proceso, ni acarrear consecuencias desfavorables a quién haya sido declarado en rebeldía; más aun, la incomparecencia del demandado en ningún caso será considerada como allanamiento ni como una admisión de los hechos en los que funda la demanda, salvo los casos en que la ley expresamente disponga lo contrario; de este modo, sobre el actor sigue recayendo la carga de la prueba de los hechos en los que apoya su pretensión.

El rebelde no pierde su condición de parte por el hecho de estar en rebeldía; los jueces tienen el deber de impartir justicia independientemente de que el demandado haya comparecido o no lo haya hecho y, por lo tanto, deberá desestimar la demanda si la pretensión deducida no es conforme a derecho. La rebeldía no impide el desarrollo regular del proceso ni por supuesto el demandado puede condicionar su existencia por el hecho de haber comparecido pues en modo alguno su desenlace puede hacerse depender de esta circunstancia; simplemente la ley considera al rebelde como lo que es, una parte formalmente ausente, por lo que el juez queda, en virtud de tal declaración, exonerado del deber de hacerle partícipe de las resoluciones judiciales que vaya dictando a lo largo del proceso. A estos efectos, la ley no tiene en cuenta si la rebeldía es voluntaria o involuntaria, sino el dato objetivo de su incomparecencia; transcurrido el término del emplazamiento sin que se haya personado el demandado, el juez debe declararlo en rebeldía.

La única obligación que tribunal tiene a partir de ese momento es notificarle la sentencia dictada, lo cual es la lógica consecuencia de que, para la ley, en principio la incomparecencia responde siempre a una decisión voluntaria del demandado. Por lo tanto, el demandado rebelde a quien se le haya sido notificada personalmente la sentencia, podrá utilizar contra ella el recurso de apelación, y el extraordinario por infracción procesal o el de casación, cuando procedan.

En todo caso, la ley sí permite al demandado intervenir en cualquier momento, pero sin que ello tenga efectos restitutivos; cualquiera que sea el estado del proceso en que el demandado comparezca, éste no puede retroceder en ningún caso, salvo que se acredite que la rebeldía haya sido involuntaria. No obstante, el demandado declarado en rebeldía que por cualquier causa que no le haya sido imputable se hubiera personado después del momento establecido para proponer prueba en primera instancia, podrá pedir en la segunda que se practique toda la que convenga a su derecho (art. 460 LEC). Como la ley no tiene en cuenta si la rebeldía obedece o no a razones justificadas, establece un remedio para que el demandado declarado rebelde pueda purgar su rebeldía cuando no haya sido buscada de propósito y, de esta manera obtener, la rescisión o anulación de la sentencia firme dictada en su ausencia (art. 501 LEC).

2. El allanamiento

El demandando puede comparecer simplemente para manifestar su conformidad con la pretensión deducida. A esta actitud procesal, derivada del derecho a disponer del objeto litigioso, recibe el nombre de *allanamiento* (art. 21 LEC). Mediante el allanamiento el demandado admite la pretensión del actor, con lo cual el proceso termina porque, lógicamente, se queda sin objeto. El allanamiento es una declaración de voluntad por la que demandado manifiesta que la acción del actor es fundada, lo que determina que el juez venga obligado a dictar una sentencia estimatoria de la demanda. No se trata por tanto de un reconocimiento de hechos.

Aunque el allanamiento puede tener lugar en cualquier momento del proceso, lo normal es que se haga antes de la contestación a la demanda ya que con ello el demandado evita la condena en costas, salvo que el tribunal considere que ha obrado con temeridad o mala fe (art. 395 LEC). En cambio, si se tratase de un allanamiento parcial, a instancia del demandante, podrá dictar de inmediato auto acogiendo las pretensiones que hayan sido objeto de dicho allanamiento y continuar el proceso respecto de las demás.

3. La contestación a la demanda

Con la contestación al demandado se le ofrece la posibilidad de formular las alegaciones que considere oportunas en relación con la demanda y, por lo tanto, de ser oído. No obstante, para el demandado la demanda actúa como una condición predispuesta respecto del contenido de la contestación ya es la demanda la que fija inicialmente los términos de la controversia y, por lo tanto, respecto de ella, el demandado podrá adoptar la estrategia procesal que considere más adecuada; puede limitarse simplemente a negar los hechos porque considere que las afirmaciones efectuadas por el demandante no se ajustan a la realidad o puede oponerse a la demanda alegando las excepciones que estime convenientes. En cualquier caso, el fin práctico de la contestación no puede ser otro que lograr la desestimación de la demanda y, en su caso, la absolución del demandado de aquellas pretensiones que se hallen contenidas en el *petitum* de la demanda (art. 218 LEC).

A) La forma de la contestación

En el proceso ordinario la contestación habrá de redactarse en la forma prevenida para la demanda. En ella el demandado deberá exponer las razones de su oposición, alegando las excepciones que tuviese por conveniente y manifestar su posición sobre los hechos en que se haya fundamentado la pretensión deducida en su contra ya que de ello depende que el demandante pueda adoptar una estrategia u otra en relación con la prueba. Como veremos, en la audiencia previa se han de establecer aquellos hechos que tienen carácter litigiosos, esto es, aquellos sobre los que existe disconformidad; de ahí que el juez esté obligado a exhortar al demandado a que aclare aquellos extremos sobre los que el demandado haya guardado silencio y en su caso considerar el silencio o las respuestas evasivas del demandado como admisión de los hechos (art. 399 LEC).

B) Las excepciones procesales

Siguiendo un orden sistemático, el demandado puede en primer lugar alegar motivos que impidan un pronunciamiento sobre el fondo de la cuestión debatida por falta de requisitos procesales. A este tipo de medios de oposición se denominan *excepciones procesales*, porque, a diferencia de las materiales, su acogimiento exonera al juez del deber de dictar una sentencia de fondo. Las excepciones procesales se caracterizan porque su existencia afecta única y exclusivamente al modo en que se ha constituido la relación procesal; nunca al supuesto de hecho que sirve de fundamento de la pretensión deducida.

Para que un proceso quede válidamente constituido es preciso que concurran una serie de elementos que son necesarios para que el juez pueda pronunciarse sobre la pretensión deducida en la demanda. En eso radica precisamente la trascendencia de la doctrina que supo aislar la noción de la relación procesal para diferenciarla de la que es objeto de decisión por parte del juez [BÜLOW]. Como expresa gráficamente MONTERO, se trata de trincheras escalonadas en la oposición: la primera línea de esta constituida por las excepciones procesales y la segunda por las materiales. La falta de un presupuesto procesal impide el fallo sobre la cuestión debatida. Por eso, dado que se trata de cuestiones que condicionan el desenvolvimiento del proceso, su apreciación nunca puede quedar en manos de las partes; no es pues una cuestión de carácter disponible. Esta es la razón por la que corresponde también al juez efectuar un control *ex officio* sobre su existencia.

Sin embargo, como no suele ser fácil saber qué tipo de requisitos condicionan la validez del proceso, el legislador tradicionalmente las ha venido agrupando junto con otras cuestiones que, por su vinculación con su objeto del proceso, también constituyen un obstáculo al pronunciamiento sobre el fondo. Se habla así de impedimentos procesales. Esta circunstancia es la que origina justamente que la ley confíe su alegación a la iniciativa de las partes, que son las que en realidad mejor pueden conocer su existencia, aun cuando si se deducen del propio proceso, el juez está facultado igualmente a apreciarlas de oficio.

Lo importante es que reciben un tratamiento autónomo, de manera que su existencia debe ser objeto de un examen previo al juicio para que el objeto del proceso quede liberado de los elementos que eventualmente puedan condicionar un pronunciamiento sobre la cuestión debatida (falta de capacidad de los litigantes o de representación en sus diversas clases, cosa juzgada o litispendencia, falta del debido litisconsorcio, inadecuación de procedimiento o defecto legal en el modo de proponer la demanda o, en su caso, la reconvención y cualquier otra análoga a las anteriores).

C) Las excepciones materiales

Generalmente la contestación a la demanda viene condicionada por la forma en que la propia demanda haya sido planteada. Como acabamos de señalar, cuando el demandado entra en el proceso, su objeto ya ha sido delimitado previamente por el actor. Todo dependerá de cuáles hayan sido los motivos sobre los que el actor haya basado su pretensión. Por lo tanto, al margen de la posibilidad que tiene el demandado de alegar excepciones procesales, la conducta que puede adoptar para contestar a la demanda estará siempre en función de los medios de los que disponga para oponerse a la pretensión ejercitada.

Aun estando conforme con los hechos en que se funde la demanda, el demandado puede sin embargo no estar de acuerdo con la consecuencia jurídica extraída por el actor y, por lo tanto, negar a la norma esgrimida a su favor la falta de idoneidad para producir los efectos jurídicos pretendidos. Esta conducta procesal, típicamente defensiva, permite en el proceso ordinario prescindir de la vista.

El demandado puede negar total o parcialmente los hechos de la demanda. La negación convierte en controvertido el hecho al que se refiera. Ya hemos visto que de la misma manera que la ley obliga al demandante a narrar los hechos de forma ordenada y clara con el objeto de facilitar su admisión o negación por el demandado al contestar, hace recaer sobre el demandado la carga de pronunciarse sobre los hechos consignados en la demanda como fundamento de la pretensión deducida. La simple negación de los hechos constituye un acto meramente defensivo mediante el cual el demandado se opone a la pretensión del actor sin introducir en el proceso hecho alguno, lo que significa que el actor viene pues obligado a probar los hechos que constituyen el objeto de su pretensión.

Así pues, con el fin de anular la acción del demandante, el demandado puede oponerse alegando hechos distintos a los del actor; al contrario de lo que ocurre con las excepciones procesales, estos hechos tienen su origen en la propia relación material deducida y en consecuencia afectan directamente al fondo del asunto; se trataría pues de un *contraderecho* [CHIOVENDA]. En el lenguaje procesal se las conoce con el nombre de excepciones materiales o sustantivas ya que, a diferencia de lo que sucede en los supuestos anteriores, la desestimación de la demanda tiene su origen en la existencia de una categoría de hechos que tienen como consecuencia impedir, extinguir o excluir el derecho del actor.

Aunque la defensa de un derecho puede hacerse por vía de acción y por vía de excepción, mediante la excepción no se ejercita pretensión alguna; ahora bien cuando se hacen valer, su ejercicio supone un acto de disposición del derecho. Estas excepciones atribuyen a su titular el derecho a enervar la acción ejercitada por lo que el juez sólo podrá tenerlas en cuenta en caso de que el demandado las haya hecho valer como fundamento de su oposición. Este tipo excepciones únicamente pueden ser tenidas en cuenta por el juez si el demandado las alega pues forma parte del ejercicio de un derecho inherente a las vicisitudes de propia relación controvertida.

4. La reconvención

El demandado puede aprovechar el trámite de la contestación para formular una pretensión contra el demandante; este acto procesal recibe el nombre de *reconvención*. La reconvención es una pretensión que formula el demandado frente al actor aprovechando la pendencia del proceso; de ahí que la ley se refiera también a ella como demanda reconvencional. La reconvención está asociada funcionalmente a la contestación a la demanda por lo que habrá de proponerse a continuación de la contestación y expresar con claridad la concreta tutela judicial que se pretende obtener frente al actor.

Por la reconvención se invierte la posición de las partes: el demandado se convierte en actor y el actor en demandado. La reconvención requiere que exista conexión entre su pretensión y la que sea objeto de la demanda principal. No se admitirá a trámite la reconvención cuando el tribunal carezca de competencia objetiva por razón de la materia o de la cuantía, o cuando la acción que se ejercite deba sustanciarse en juicio de diferente tipo o naturaleza. Sin embargo, podrá ejercitarse mediante reconvención la acción conexa que, por razón de la cuantía, hubiese de resolverse por los trámites del juicio verbal.

La jurisprudencia, amparándose en una tradición heredada de nuestras antiguas compilaciones, había llegado a aceptar la existencia de lo que se ha dado en llamar doctrinalmente como reconvención implícita. Conforme a esta antigua doctrina jurisprudencial se considera reconvención cualquier pretensión del demandado que no se limite a pedir la mera desestimación de la demanda, siendo así que por esta razón, no necesitaría ser formalizada de manera especial, bastando con que se dedujera su existencia de las alegaciones y súplica que formule el demandado en su contestación a la demanda, aunque no vaya acompañada de las formalidades propias de toda demanda.

Sin embargo, esta manera de concebir la reconvención reduce considerablemente las garantías del actor porque puede pasar desapercibida, lo que determinó que la doctrina comenzase a reclamar el que la reconvención tuviera que acomodarse a una forma especial a fin de que no pasase inadvertida, surgiendo así la figura de la llamada reconvención explícita. Por ello es comprensible que la ley exija que la reconvención en el juicio ordinario se proponga siempre a continuación de la contestación y de acuerdo con los mismos requisitos establecidos para la demanda.

La reconvención sitúa tanto al actor originario en la misma posición procesal en la que se encontraría cualquiera que haya sido emplazado judicialmente. El actor reconvenido dispone de un plazo de veinte días a partir de la notificación de la reconvención para contestar a la demanda reconvencional. No es admisible aprovechar este trámite para introducir hechos nuevos ni para responder a las alegaciones del demandado. Así mismo, tampoco cabe la *reconventio reconventionis* ya que ello ocasionaría una cadena interminable en el debate que haría que el objeto del proceso no acabara de definirse nunca.

Las pretensiones que deduzca el demandado en la contestación y, en su caso, en la reconvención se sustanciarán al propio tiempo y en la misma forma que las que sean objeto de la demanda principal con lo que la ley viene a contemplar el efecto característico de la reconvención y es que tanto el objeto de la demanda como el de la reconvención han de ser sustanciados en un mismo procedimiento y resueltos en una misma sentencia («conventio et reconventio pari passu ambulant»).

5. Tratamiento procesal de la excepción de compensación y de la nulidad absoluta del título en que se funda la pretensión deducida por el demandante

La ley atribuye a las excepciones de compensación y de nulidad absoluta del negocio en que se funda la demanda un régimen procesal diferente al del resto de las excepciones materiales en la medida en que su alegación ocasiona la necesidad de que el juez conozca de la relación jurídica objeto de la excepción. Por tal motivo, la ley confiere al demandante un trámite adicional que le permite responder a la excepción como si de una reconvención se tratara; de ahí que, aunque el demandado con ello no deduzca acción alguna contra el demandante ni pretenda la tutela de ningún derecho, sí supone introducir un nuevo objeto en el proceso. Por eso la doctrina les ha atribuido la condición de *excepciones reconvencionales* [Tapia Fernández].

La razón de ello obedece a que para que el juez pueda resolver sobre la excepción alegada ha de pronunciarse necesariamente con carácter previo y prejudicial sobre los hechos que fundamentan tales cuestiones ya que el demandado con su alegación lo que hace es someter a la consideración de juez una relación jurídica nueva que no existía al comienzo del proceso, razón por la cual la ley ha considerado conveniente conferir al actor la posibilidad de oponerse a ella.

Art. 408 LEC

1. Si, frente a la pretensión actora de condena al pago de cantidad de dinero, el demandado alegare la existencia de crédito compensable, dicha alegación podrá ser controvertida por el actor en la forma prevenida para la contestación a la reconvención, aunque el demandado sólo pretendiese su absolución y no la condena al saldo que a su favor pudiera resultar.

2. Si el demandado adujere en su defensa hechos determinantes de la nulidad absoluta del negocio en que se funda la pretensión o pretensiones del actor y en la demanda se hubiere dado por supuesta la validez del negocio, el actor podrá pedir al secretario judicial contestar a la referida alegación de nulidad en el mismo plazo establecido para la contestación a la reconvención, y así lo dispondrá el secretario judicial mediante decreto.

3. La sentencia que en definitiva se dicte habrá de resolver sobre los puntos a que se refieren los apartados anteriores de este artículo y los pronunciamientos que la sentencia contenga sobre dichos puntos tendrán fuerza de cosa juzgada.

Por lo que se refiere a la excepción de *compensación*, para que el tribunal pueda dar cumplimiento al trámite previsto en la ley es preciso que el demandado la haga valer claramente como medio de extinción de la obligación deducida, lo que determina que el juez tenga que pronunciarse sobre dos cuestiones básicas: la subsistencia del crédito alegado por el demandado y, a su vez, si éste es o no *compensable* (art. 1.196 CC). Así pues, aunque el demandado sólo pretendiese su absolución, constituye una infracción a las garantías procesales del actor la decisión de no concederle tal trámite.

Es evidente por tanto que al demandado le basta y le sobra con hacer valer la excepción de compensación si únicamente pretende enervar la acción del demandante (STS 427/2013 [RoJ 3359]). Pero puede igualmente ejercitar su derecho mediante una acción independiente y autónoma el crédito que opone mediante compensación lo cual habrá de hacer inexcusablemente a través de una reconvención si lo que se busca es la condena por el saldo resultante pues como expuso GÓMEZ ORBANEJA, en relación con el crédito compensable el demandado por lo general no lo hace valer para que el juez declare su existencia sino para que declare la inexistencia del crédito de su contrario. Por lo tanto, este criterio no operará cuando la cuantía del crédito opuesto mediante compensación sea superior al del actor ya que en este caso deberá formularse reconvención por el exceso.

En cualquier caso corresponde al actor verificar el contenido y alcance de la contestación y en su caso proceder formular alegaciones respecto a la excepción alegada en los veinte días siguientes a contar desde la notificación de la contestación (art. 407 LEC). El hecho de que la compensación reciba un tratamiento específico en la primera instancia no excluye sin embargo que pueda ser alegada con posterioridad a los actos de alegación (art. 286 LEC) o, incluso, en apelación (art. 460.3º LEC), si el crédito que se pretenda oponer haya vencido después de dicho trámite ya que en estos casos la compensación tendría que tener la condición de hecho nuevo respecto del cual serían aplicables las normas que regulan esta categoría de hechos.

Solución parecida es la que la ley aplica a los hechos susceptibles de fundar la excepción de *nulidad absoluta del negocio* en que se sustenta la pretensión del actor (siempre que en la demanda se hubiere dado por supuesta la validez del negocio). Hay que tener presente que la posibilidad que ofrece la ley al actor para contestar a la referida excepción también es de carácter potestativo; será el actor el que deberá valorar si de los términos de la contestación se deduce la existencia de una excepción de nulidad absoluta pero a diferencia de lo que sucede en el supuesto anterior, debe *pedir* previamente al secretario judicial que le autorice a contestar a la referida alegación.

Dado que ambas excepciones dan lugar a que el juez se vea obligado a decidir con plenitud de jurisdicción sobre su existencia y por lo tanto sobre la relación jurídica que le sirve de fundamento, los pronunciamientos que la sentencia contenga sobre las mismas tendrán fuerza de *cosa juzgada* (art. 222 LEC), lo cual ocurrirá únicamente respecto de los cuestiones que hayan sido objeto de debate o hubieran podido serlo conforme a lo dispuesto en la ley.

VII. LA PREPARACIÓN DEL JUICIO EN EL PROCESO ORDINARIO. LA AUDIENCIA PREVIA

1. Finalidad

Uno de los principales inconvenientes del antiguo proceso civil, en el que prácticamente todos los trámites y actuaciones se realizaban por escrito, es que no ofrecía a las partes demasiadas oportunidades para corregir determinados errores o subsanar defectos que hubieran incurrido y que luego se convertían en obstáculos insalvables para que el juez pudiera entrar a conocer sobre el fondo del asunto. Cualquier error podía suponer la pérdida del pleito o la reducción de las posibilidades defensivas de las partes ya que no era posible que se pudieran corregir después de haber sido advertidas. Por eso, en el proceso ordinario la nueva ley intercala entre los principales actos de alegación (demanda y contestación o, en su caso, reconvención) y la celebración del juicio, una vista a la que se le asignan diversas finalidades y, entre ellas, la más fundamental de todas ellas es la de preparar el juicio y depurar al proceso de ciertos defectos que podrían provocar la nulidad de la sentencia.

De conformidad con lo dispuesto en el art. 414 de la Ley de Enjuiciamiento Civil, una vez contestada la demanda y, en su caso, la reconvención, el tribunal procederá a convocar a las partes a una audiencia con el siguiente objeto: *(a)* intentar un acuerdo o transacción de las partes que ponga fin al proceso; *(b)* examinar las cuestiones procesales que pudieran obstar a la prosecución de éste y a su terminación mediante sentencia sobre su objeto; *(c)* fijar con precisión dicho objeto y los extremos, de hecho o de derecho, sobre los que exista controversia entre las partes, y *(d)* dar a las partes la oportunidad de proponer la prueba que precisen a la vista de los hechos sobre los que no exista conformidad.

La *audiencia previa* constituye por tanto una pieza clave del sistema ideado por el legislador para garantizar la eficacia del juicio ordinario y facilitar que el juzgador pueda desbrozar el objeto del proceso y tomar una decisión sobre la cuestión que se le plantea sin que se vea obstaculizada por razones formales.

FASE O PERIODO DE ALEGACIONES	*FASE PREPARATORIA*	*FASE O PERIODO DE PRUEBA*	*TERMINACIÓN DEL PROCESO*
Demanda *Contestación* *Reconvención*	*Audiencia Previa*	*Juicio*	*Sentencia*

La celebración de la audiencia previa ha de desarrollarse bajo los principios de oralidad, concentración, inmediación y publicidad. Las partes deben comparecer al acto asistidas de sus Abogados y de sus Procuradores. A los efectos de facilitar el intento de arreglo o transacción, si la parte asistiera representado por su Procurador, éste tendrá que disponer de poder suficiente para renunciar, allanarse o para suscribir aquellos acuerdos que eventualmente se alcancen en el curso de esta comparecencia. En todo caso, y sin perjuicio de lo anterior, para que la audiencia previa quede válidamente constituida, la ley exige que esté presente el Abogado del demandante; su asistencia constituye un requisito inexcusable para que la audiencia pueda celebrarse y al que se le tendrá por desistido si no comparece.

Sin embargo, como hemos visto, la incomparecencia del demandado no afecta a la validez de la audiencia, que podrá celebrarse en su ausencia.

2. Comprobación de la subsistencia de la controversia. La función conciliatoria de la audiencia previa

La ley ha tratado de fomentar por todos los medios la búsqueda de soluciones negociadas que eviten la continuación del litigio. Así pues, una vez comparecidas las partes en la audiencia, el juez declarará abierto el acto y comprobará la subsistencia de la controversia. La subsistencia de la controversia es un elemento esencial para la continuación del proceso. Si las partes manifestaran haber llegado a un acuerdo o se mostrasen dispuestas a concluirlo, podrán desistir del proceso, solicitar del tribunal que homologue el acuerdo alcanzado o pedir un aplazamiento si están pendientes de un procedimiento de mediación. El acuerdo así homologado surtirá los efectos atribuidos a la transacción judicial y podrá llevarse a efecto por los trámites previstos para la ejecución de sentencias y convenios judicialmente aprobados.

3. El «saneamiento» del objeto del proceso. Examen de las cuestiones procesales

Si las partes no hubiesen logrado llegar a un acuerdo, el juez examinará las excepciones procesales alegadas que puedan impedir la válida prosecución del proceso mediante sentencia que resuelva el fondo de la cuestión controversia. La finalidad que se persigue con ello es procurar que el proceso quede desprovisto de cualquier defecto formal que obstaculice que el juez pueda resolver la cuestión debatida. La ley ha diseñado esta comparecencia con la idea de que pueda subsanarse cualquier defecto que afecte a la valida constitución de la relación procesal.

- Cuando alguna de las partes haya alegado defectos de *capacidad* o de *representación* en la parte contraria se otorgará un plazo para su subsanación si no se pudiera corregir en ese momento, salvo que no sean subsanables, en cuyo caso el juez dará por concluida la audiencia poniendo fin al proceso (art. 418 LEC).

- Si el demandado hubiera hecho valer la excepción de falta del debido litisconsorcio (*litisconsorcio pasivo necesario*), el demandante podrá en este mismo acto tratar de integrar el contradictorio acompañando tantas copias de la demanda como sean los sujetos que deban ser demandados a tenor de la alegación formulada por el actor; de esta manera, si el juez estimara procedente la alegación ordenará el emplazamiento a los nuevos demandados a fin de que puedan contestar a la demanda. En el supuesto de que el demandante se manifestara contrario al litisconsorcio alegado y en cambio el tribunal entendiese que es procedente, se concederá un plazo para que el actor dirija la demanda frente a los nuevos demandados y en caso de que el actor no cumpla con lo acordado, el juez pondrá fin al proceso archivando la demanda (art. 420 LEC).

- En caso de que se haya alegado la excepción que excluya (*cosa juzgada*) o impida la continuación del juicio (*litispendencia*), el juez dará por finalizada la audiencia; lo mismo acordará si entre dos pretensiones, más que identidad, exista una relación de dependencia de tal manera que el resultado de una condicione el resultado de la otra, de forma que haya riesgo de sentencias con pronunciamientos o fundamentos contradictorios, incompatibles o mutuamente excluyentes (art. 78 LEC).

- Cuando el demandado hubiera mostrado su disconformidad con la *cuantía* dada al objeto del juicio de forma que el procedimiento elegido no fuera el adecuado, tras procederse al calcular el valor de la cosa litigiosa con los elementos que se dispongan, el juez adoptará la decisión que proceda, y en caso de que correspondiera tramitar el proceso a través del juicio verbal, señalará un día para la celebración de la vista correspondiente (art. 422 LEC). Lo mismo acordará si las objeciones se refirieran a la inadecuación del proceso por razón de la *materia* (art. 423 LEC).

- En el supuesto de que el demandado hubiera objetado defectos en el modo de proponer la demanda bien por no estar bien determinadas las partes o por falta de claridad en las pretensiones deducidas o las mismas objeciones las hubiera opuesto el demandante respecto de la contestación o la reconvención, se concederá a las partes a que lleven a cabo las aclaraciones o precisiones que consideren oportunas (art. 424 LEC).

4. La fijación definitiva del objeto del proceso

En el proceso ordinario, la demanda y la contestación no son los únicos actos que sirven para conformar el objeto del proceso. En este sentido, a pesar de que la ley prohíbe por regla general cualquier cambio en demanda que suponga una alteración sustancial del objeto del proceso (*mutatio libelli*), otorga algunas facilidades a las partes para puedan *aclarar* o *completar* las peticiones inicialmente propuestas. La ley concede a las partes la posibilidad de contribuir a la determinación definitiva de la controversia dándoles la oportunidad de efectuar precisiones sobre el contenido de sus peticiones o llevar a cabo *alegaciones complementarias* en relación con lo expuesto en sus respectivos escritos iniciales sin alterar sustancialmente sus pretensiones ni los fundamentos de éstas expuestos en sus escritos de demanda y contestación; únicamente cabe considerar como complementaria aquella actividad que consista en adicionar a la principal una nueva petición derivada de los mismos hechos que han servido para el ejercicio de la acción inicialmente deducida.

Lo deseable es que el juez estuviera siempre en condiciones de resolver la controversia con arreglo a la situación existente al momento de dictar sentencia por eso la ley tampoco es ajena a los eventuales cambios y alteraciones que debido al transcurso del tiempo que se produzcan en la relación jurídica hecha valer en el proceso (art. 286 LEC). Por eso, la ley permite que si entre la interposición de la demanda hasta la celebración de la audiencia han aparecido tanto *hechos nuevos* o hechos que sean anteriores pero que hayan sido conocidos con posterioridad a la interposición de la demanda y contestación («hechos de nueva noticia») que puedan ser alegado en este momento (art. 426 LEC). Y lo mismo se permitirá si se alegaran hechos acaecidos o conocidos con posterioridad a la celebración de la audiencia pero antes del juicio (art. 433 LEC) o incluso, en el supuesto de que tengan lugar tras la sentencia en el supuesto de que medie recurso de apelación (art. 460 LEC).

5. Proposición de los medios de prueba

Por último, en virtud del principio de aportación, con carácter general y salvo que expresamente la ley autorice al juez otra cosa, en el proceso civil la iniciativa en materia probatoria corresponde a las partes (art. 282 LEC). Así pues, en vista del resultado de la audiencia y evidenciados que hayan sido los hechos discutidos, la ley exige que al finalizar la vista sean las partes quienes propongan los medios de prueba de que intentan valerse para acreditar los hechos sobre los que no exista conformidad y en su caso manifiesten lo que consideren oportuno sobre los documentos presentados por cada una de ellas, impugnando en su caso su *autenticidad*.

6. Señalamiento para el juicio

A continuación, el juez deberá resolverá lo que considere oportuno respecto a su admisibilidad y pertinencia de cada una de los medios de prueba propuestos por cada una de las partes (art. 285 LEC). Tras ello, una vez terminada la audiencia, procederá a señalar la fecha para el juicio, salvo que la única prueba admitida sea la de documentos y éstos no hayan sido impugnados o no se precise la intervención en él de perito, en cuyo caso el juez procederá a dictar sentencia sin celebración de juicio (art. 429 LEC).

VIII. LA PRUEBA

1. El objeto de la prueba

Si el proceso existe es porque cada una de las partes tiende a creer que lleva razón [PRIETO-CASTRO] pero los argumentos, aunque jurídicamente fundados, no son suficientes para lograr una sentencia favorable. La sentencia es un acto jurídico que es el resultado de un juicio que efectúa el juez sobre los hechos que cada una de la partes afirman como existentes. El problema reside en que ese juicio no lo puede emitir a ciegas, sin saber si las alegaciones de las partes se corresponden con la realidad de los hechos.

Para que el juez pueda extraer la consecuencia jurídica al supuesto de hecho controvertido la ley concede a las partes la oportunidad para puedan acreditar en juicio los hechos en los que la fundan sus respectivas pretensiones y esa oportunidad es la que le han de ofrecer las partes a través de los medios de prueba. No es exagerado afirmar que el éxito o el fracaso de la pretensión que se ha deducido dependen en gran parte del resultado de la prueba.

La prueba es aquella actividad regulada por las normas procesales destinada a lograr el convencimiento de juzgador sobre existencia de los hechos que cada parte aduce en apoyo de sus respectivas pretensiones y que han sido afirmados como existentes. Así pues, la ley quiere que sean las partes quienes le proporcionen al juez este tipo de elementos de prueba para acreditar su existencia.

La convicción del juzgador sobre la realidad de los hechos controvertidos resulta de la actividad probatoria, que corresponde a las partes que, en aplicación del *principio de aportación*, es a quienes les corresponde proponer los medios de prueba que van a utilizar para la defensa de sus respectivas alegaciones pues el juez, como sujeto ajeno al desarrollo de la relación material objeto de la controversia, carece de los elementos para conocer las fuentes de prueba que a estos efectos podrían disponer los litigantes (art. 216 LEC); de ahí surge la noción de carga de la prueba en sentido material de modo que *la aportación de la prueba de un hecho se convierte en carga para la parte que tiene interés en acreditar su existencia* [CARNELUTTI].

La doctrina alude al *objeto de la prueba* para referirse a los hechos que deben ser probados. No todos los hechos deben ser objeto de prueba ya que eso supondría un esfuerzo inútil y una pérdida de tiempo. Únicamente deben ser objeto de prueba los hechos sobre los que exista disconformidad («hechos controvertidos»). Por eso, no precisan ser objeto de prueba los hechos notorios y aquellos hechos favorecidos por una presunción.

Así pues, la actividad probatoria es de carácter contingente pero no necesaria; si hubiera conformidad con los hechos no sería preciso practicar prueba alguna. Sin embargo, en la mayor parte de los casos, la controversia se reduce al un problema de prueba. Por esa razón, cuando las partes tratan de asegurar el éxito de sus respectivas pretensiones no les preocupa quién tendría que probar un hecho ni quien tendría que sufrir las eventuales consecuencia de la falta de prueba de un hecho; lo único que les preocupa es simplemente probarlo, lo que conduce a veces a una superabundancia probatoria, esto es, una verdadera hipertrofia en cuanto al número de pruebas que se proponen para acreditar un hecho.

Art. 281 LEC

La prueba tendrá como objeto los hechos que guarden relación con la tutela judicial que se pretenda obtener en el proceso.

Los fundamentos legales de la demanda y de la contestación tampoco pueden ser objeto de prueba ya que se presume que el juez los conoce («iura novit curia»). En todo caso, se exceptúa el derecho extranjero y la costumbre, cuando sirva de fundamento de la pretensión deducida.

La ley proporciona una serie de criterios a fin de que el juez efectúe una valoración sobre la pertinencia de las pruebas propuestas. La pertinencia es un concepto que ha de ser valorado por el juzgador en función de lo que constituya el *thema decidendi*, por lo que su adecuación con éste corresponde al órgano jurisdiccional.

2. Los medios de prueba

La ley pone a disposición de las partes una serie de medios con los que pueden acreditar los hechos controvertidos. Un medio de prueba es todo elemento, personal o material, susceptible de poder llevar a convencimiento del juzgador sobre la realidad de los hechos en que las partes fundan sus respectivas pretensiones; de alguna manera puede afirmarse que su función consiste en tratar de reconstruir ante el tribunal unos hechos que las partes han afirmado como existentes.

Evidentemente, la ley no proporciona criterio alguno sobre cuál es el medio de prueba más adecuado para acreditar procesalmente un determinado hecho; todo depende la naturaleza del hecho que trata de probar y del interés que cada litigante tenga en disponer de un medio de prueba en caso de controversia, por lo que es en el ámbito de la relación jurídico-material discutida donde esta cuestión se debe plantear. Así por ejemplo, tendrá más interés en exigir un documento acreditativo del pago el deudor que el acreedor. La preconstitución de los medios de prueba forma parte de la propia dinámica de la relación obligatoria. Sin embargo, en otros muchos casos el origen de la controversia sobreviene de forma casi inesperada por que las partes no disponen de más medio de prueba que la que el azar en ese momento le proporcione. No obstante, hoy en día los modernos medios de captación y reproducción de imágenes, del sonido y la palabra proporcionan elementos que facilitan mucho esta labor.

En ocasiones, la legislación civil recurre a las llamadas *presunciones*, mediante las cuales el favorecido por ellas queda exonerado de la prueba de un hecho que, de tener que probarlo, le resultaría enormemente oneroso disponer de un medio de prueba con que poder acreditarlo (por ejemplo la prueba de un hecho negativo). En otros, es la ley quien atribuye directamente al juzgador la facultad de apreciar, ante la falta de prueba de un hecho, quien estaría en mejores condiciones de probarlo, compensando las dificultades a la hora de acreditarlo. En general para ello la ley autoriza al juez a valorar la conducta de las partes en relación con la accesibilidad a las distintas fuentes de prueba, evitando con ello que el resultado del proceso dependa de este tipo de circunstancias [González Granda].

A) Interrogatorio de las partes

Debido a su proximidad con el objeto de la controversia, la ley concede un especial valor a la información que le puedan proporcionar las partes. El interrogatorio de parte es un medio de prueba en el que el objeto de la misma recae por lo general en los propios sujetos de la relación jurídico material discutida, lo que le otorga una eficacia especialmente reforzada a la hora de esclarecer los hechos controvertidos; de ahí que la ley requiera una especial colaboración y por ese motivo prefiere que esta prueba sea la que se practique en primer lugar. Esto hace que el juzgador puede considerar como ciertos aquellos hechos que la parte a quien perjudiquen haya reconocido sin necesidad de cualquier otra; es más, el antiguo derecho prohibía utilizar la prueba de testigos para corroborar la prueba de los hechos previamente confesados por las partes por este medio.

El interrogatorio ha de versar sobre hechos personales en los que el propio litigante haya intervenido. Los procuradores de las partes no pueden ser interrogados pero sí los representantes legales de las entidades respecto de los hechos de los que tengan noticia o hayan intervenido. La ley autoriza a proponer el interrogatorio de un litisconsorte siempre que se existan intereses contrapuestos. Tratándose de una prueba personal, lo que se espera de ella es que a través del interrogatorio directo cada parte desvele aspectos sobre la verdad de los hechos que no han podido ser evidenciados mediante la demanda, la contestación a la demanda o, en su caso, de la reconvención. A las partes no se le pide que manifiesten su posición sobre los hechos pues para esos están la demanda y la contestación.

Así pues, dadas las especiales características de este medio de prueba en ningún caso puede solicitarse el interrogatorio de la propia parte. La parte de quien se pretenda su interrogatorio tiene obligación de asistir y contestar a las preguntas que le formule la parte contraria. El interrogatorio ha de practicarse oralmente en el acto del juicio, mediante preguntas que una parte habrá de formular con claridad y precisión a la parte contraria. En caso de negativa el juez puede considerar esta conducta procesal como admisión de hechos («ficta confessio»); lo mismo sucederá en el supuesto de que no conteste o que, contestando, lo haga con respuestas evasivas. Esta es la única sanción que puede imponerse a la parte que no colabore, pues a diferencia de lo que sucede a los testigos o los peritos, a las partes no se las puede perseguir penalmente por falso testimonio.

B) Documentos

Tiene la consideración de documento cualquier elemento de carácter material que contenga información sobre los hechos controvertidos. La información puede versar sobre los hechos que dan vida a la relación jurídico material deducida por el demandante o que se hayan aportado al proceso para acreditar cualquier hecho que sirva para oponerse a ella. En función de quien haya intervenido en la formación del documento la ley distingue entre documentos públicos y privados. Son públicos los documentos que están autorizados por un notario o un funcionario público con atribuciones para ello; por el contrario, tienen la consideración de documentos privados los que no son públicos, esto es, en cuya formación no haya intervenido ninguna autoridad.

La aportación de un documento al proceso no significa sin más que el juez haya de tomarlo en consideración. La ley impone ciertos requisitos para que puedan hacer prueba en juicio. La principal exigencia para que un documento, sea público o privado, tenga efectos probatorios es que sea auténtico. Por documento auténtico no hay que entender el que reúne determinados requisitos formales sino aquel en el que existe una absoluta *coincidencia entre el autor formal que expresa el propio documento y el autor material del mismo.* Corresponde a la parte a quien el contenido del documento le pueda perjudicar, manifestar si goza de dichos requisitos. En caso de que no lo entienda así o no lo reconozca como autentico deberá impugnarlo; impugnar un documento significa tanto como negar su autenticidad y colocar a quien lo aportó en la necesidad de probar su autenticidad. Al margen de los supuestos de falsedad penal, la impugnación de documentos puede efectuarse en una doble dirección, bien atacando la exactitud del documento en cuanto a su materia (*falsedad material*) o bien impugnando su veracidad en cuanto a su contenido (*falsedad ideológica*).

En el proceso ordinario, la ley reserva el trámite de la audiencia previa para que las partes puedan impugnar los documentos presentados por la parte contraria; eso significa que una vez celebrada la audiencia ya no cabe su impugnación y precluye la posibilidad de hacerlo. La razón es clara si se tiene en cuenta que para verificar la autenticidad de un documento es preciso realizar ciertas actividades de comprobación incompatibles con el modelo de juicio en el que la proposición de las distintas pruebas ha de hacerse al final de la audiencia previa, motivo por el cual si la parte a quien perjudica un documento no lo impugna en este acto pierde la oportunidad de hacerlo en un momento posterior.

Si la parte a quien le afectara hubiera iniciado una acción penal, motivada por la posible existencia de un delito de falsedad de alguno de los documentos aportados, podrá solicitar en cualquier momento la suspensión del procedimiento, que el juez acordará si entendiese que puede ser decisivo para la resolución del caso. Si, finalmente, se llegara a acreditar la autenticidad del documento o no se llegara a probar su falsedad, la parte que se haya visto perjudicada por la suspensión tendrá derecho a exigir una indemnización por los daños y perjuicios causados (arts. 40 LEC y 569 LEC).

Si se impugnase la autenticidad de un documento público deberá procederse a su cotejo, contrastándolo con los originales. El cotejo o comprobación de los documentos públicos con sus originales se practicará por el secretario judicial, constituyéndose en lugar donde se encuentre el archivo o local en que se halle el original o matriz, a presencia, si concurrieren, de las partes y de sus defensores.

Los documentos privados harán prueba plena cuando su autenticidad no sea negada o impugnada por la parte a quien perjudiquen. Cuando se impugnare la autenticidad de un documento privado, el que lo haya presentado podrá pedir una prueba pericial caligráfica o proponer cualquier otro medio de prueba que resulte útil y pertinente al efecto.

Si de la prueba practicada se desprendiera la autenticidad del documento, se procederá de igual forma que en el supuesto anterior, esto es, las costas y demás gastos que haya originado el cotejo serán de cargo del impugnante y si la impugnación hubiera sido temeraria el juez podrá imponerle una multa. Si la parte a quien perjudique el *documento presentado por copia reprográfica* impugnare la exactitud de la reproducción, la ley permite que se coteje con el original, si fuere posible y, no siendo así, se determinará su valor probatorio según las reglas de la sana crítica, teniendo en cuenta el resultado de las demás pruebas. Esta misma previsión también se aplicará a los dibujos, fotografías, pinturas, croquis, planos, mapas y documentos semejantes. El cotejo se verificará por el secretario judicial, salvo el derecho de las partes a proponer prueba pericial.

C) *Testigos*

Recibe la denominación de testigo aquella persona que da razón de los hechos controvertidos a través de las preguntas que les formulen tanto las partes como el propio juez. No existen demasiadas restricciones para poder ser testigo; basta con tener la capacidad para poder dar noticia de hechos. Conforme al principio de aportación, la iniciativa para determinar quiénes han de ser interrogados como testigos corresponde exclusivamente a las partes que hayan propuesto la práctica de este medio de prueba. La labor del tribunal queda reducida a establecer los medios para que sean citados judicialmente. No existen limitaciones al número de testigos que pueden declarar por cada una de las partes, aunque el juez puede rechazar la declaración de algunos de los propuestos en el caso de que, por la coincidencia de sus declaraciones, considere que es innecesaria su continuación.

Art. 360 LEC:

Las partes podrán solicitar que declaren como testigos las personas que tengan noticia de hechos controvertidos relativos a lo que sea objeto del juicio.

Los testigos citados tienen obligación de comparecer, de prestar juramento y de decir verdad. La prueba a través de testigos tuvo un enorme auge en otros tiempos; sin embargo, en los asuntos civiles existe un claro predominio de otro tipo de pruebas. En la mayor parte de los casos, los documentos han venido a sustituir a la intervención de testigos en los negocios jurídicos regulados por la legislación civil; es más, se llegaron a establecer normas que aconsejaban al juez a que tuviera ciertas prevenciones cuando por la simple coincidencia de algunos testimonios queden acreditados hechos en los que por lo general suelen documentarse en escrituras o documentos.

La ley establece la obligatoriedad de llevar a cabo un mini-interrogatorio del testigo destinado a averiguar el grado de fiabilidad de su testimonio. A tal fin responden las llamadas *generales de la ley*, denominadas así porque el interrogatorio está compuesto por preguntas que el juez debe dirigir obligatoriamente a todos los testigos, sea quien sea la parte que lo proponga.

Los testigos que oculten o encubran ciertos hechos en relación con la parte que los propone pueden ser tachados. Por ese motivo sólo pueden ser tachados los testigos propuestos por la parte contraria. La tacha de testigos es un sistema que sirve para llamar la atención del juez sobre la concurrencia de circunstancias en la persona de un testigo que pueden afectar a la veracidad de su testimonio, restando fuerza probatoria a su declaración. Las tachas han de proponerse desde la admisión del testimonio del testigo hasta que comience el juicio o la vista; en todo caso, una vez conocido el resultado de las generales de la ley, las partes podrán manifestar lo que consideren en relación con la existencia de circunstancias relativas a la imparcialidad del testigo (art. 378 LEC).

Como hemos indicado, la ley admite que con la demanda o la contestación puedan aportar informes elaborados por profesionales de la investigación privada (*detectives privados*) (art. 265 LEC) pero les atribuye la condición de testigos cuando los hechos contenidos en el informe que hayan presentado hubieran sido negados por la parte a quien perjudiquen. En estos supuestos, cuando el informe haya sido elaborado por encargo de una de las partes la ley se anticipa a una posible alegación en este sentido de modo que considera innecesario que el testigo pueda ser objeto de tacha por este motivo (art. 380 LEC).

D) La prueba pericial

Cuando para apreciar los hechos controvertidos sean necesarios conocimientos científicos, artísticos o técnicos las partes podrán pedir el auxilio y la colaboración de expertos para que, a través del oportuno dictamen, proporcionen al juez dichos conocimientos. En este sentido, de conformidad con el principio de aportación, es a los propios litigantes a quienes les corresponde decidir si la información que le van a proporcionar los peritos resultará de utilidad al juez para valorar los hechos controvertidos; en eso no se diferencia de ningún otro medio de prueba. Así pues, lo que determina la naturaleza jurídica del dictamen pericial como medio de prueba y lo distingue de otras figuras es precisamente éste, pues como se verá seguidamente, son a ellas las que tendrán que soportar las consecuencias de la falta de prueba del hecho que a través de este medio se trata de acreditar. Así pues, no es el juez quien tiene que decidir si precisa de tales conocimientos sino que corresponde a las partes decidir si el juez los va a necesitar.

Art. 335 LEC

Cuando sean necesarios conocimientos científicos, artísticos, técnicos o prácticos para valorar hechos o circunstancias relevantes en el asunto o adquirir certeza sobre ellos, las partes podrá aportar al proceso el dictamen de peritos que posean los conocimientos correspondientes o solicitar, en los casos previstos en esta Ley, que emita dictamen por perito designado por el tribunal.

En el proceso civil si es el demandante quien pretende recurrir a la intervención de peritos deberá acompañar su dictamen junto con la demanda; dado que esa actividad requiere por lo general adelantar las cantidades para abonar los honorarios de los peritos y los gastos que ocasione la realización de la prueba, quedan exonerados quienes tengan reconocido el beneficio de justicia gratuita, pudiendo solicitar del tribunal el nombramiento de un perito judicial; y lo mismo sucederá si es el demandado quien lo solicita. Los peritos tienen el deber de ser imparciales.

Los peritos nombrados por el tribunal pueden ser recusados si concurre en ellos alguna causa que haga dudar de su imparcialidad. En el caso de que se estimase una causa de recusación, el juez nombrará a un nuevo perito que le sustituya; en todo caso, en el supuesto de que un dictamen fuera emitido por un perito en quien concurra causa legal de recusación, dicho dictamen carecería de eficacia procesal. Por el contrario, los peritos que han elaborado el dictamen por encargo de los litigantes podrán ser tachados por las mismas causas que rigen para los testigos y, por lo tanto, su dictamen, podrá ser libremente valorado por el juzgador en función de lo que resulte de esta circunstancia.

Según la ley, el juez apreciará esta prueba conforme a las reglas de la *sana crítica*, esto es, como hemos visto conforme a los parámetros que proporcionan la lógica y la razón (STS 137/2013 [Roj 961]). El problema reside en que a los jueces, que son los que han de valorarla, no les resulta fácil muchas veces tomar una decisión cuando la coexisten dictámenes contradictorios y el estricto trámite al que se somete el debate de estos extremos en el juicio no es el formato adecuado para ayudar a los jueces a llegar a una conclusión; este es el motivo por el que en otros ordenamientos se recurre a fórmulas donde los peritos, en una comparecencia independiente, debaten y discuten a presencia judicial los distintos aspectos del informe que han emitido los peritos nombrados por las partes («hot tube»).

E) El reconocimiento judicial

La ley autoriza a las partes a solicitar del juez que examine directamente la persona, lugar o cosa objeto del juicio o cualquier otro que sea necesario para el esclarecimiento o apreciación de los hechos. Así pues, se trata de una prueba directa en donde no existe ningún tipo de intermediación entre la fuente de prueba y el destinatario de la misma, confiando en que esta circunstancia sirva para proporcionar al juzgador los elementos suficientes para lograr la convicción sobre el fundamento de sus respectivas pretensiones. Se trata de un medio de prueba que ha estado muy vinculado a las reclamaciones en materia de daños y para garantizar el éxito en el ejercicio de acciones reivindicatorias. En la actualidad, aunque su utilidad es reducida, particularmente por la posibilidad que tienen las partes de hacer llegar el juez la realidad de ciertos hechos por otro tipo de medios alternativos (actas de notoriedad, grabaciones, fotografías, etc.).

F) Incidencia de las nuevas tecnologías en el ámbito probatorio. Los nuevos medios de prueba

El legislador no ha sido ajeno a la incidencia que las nuevas tecnologías han tenido en el ámbito procesal, especialmente en lo que se refiere a la prueba. La Ley de Enjuiciamiento Civil incorpora al catálogo de medios de prueba una serie de instrumentos que si bien podrían haber sido incorporadas a través de los anteriores medios de prueba, finalmente les ha querido conceder una sustantividad propia, regulándolos separadamente. A ello se refiere la ley cuando contempla los medios de reproducción de la palabra, el sonido y la imagen así como los instrumentos que permiten archivar y conocer datos, cifras y operaciones matemáticas con fines contables o de otra clase que sean relevantes para la decisión del proceso.

El tratamiento procesal de estos medios de prueba es muy similar al que reciben los documentos. Los soportes en los que se halle grabada la voz, la imagen o el sonido, deberán aportarse con la demanda o la contestación, si con ellos se pretendiera acreditar el derecho cuya tutela se solicita (art. 265 LEC). La parte a quien perjudique podrá impugnar su autenticidad y, en su caso, proponer la práctica de una prueba pericial (arts. 352 y 427 LEC). La práctica de la prueba se llevará a cabo durante el juicio la vista (art. 300 LEC), mediante reproducción o el visionado de las grabaciones aportadas cuyo contenido el juzgador valorará conforme a las reglas de la *sana crítica* (arts. 382 LEC y 384 LEC).

3. Práctica de la prueba

Como hemos indicado, siendo el juez el destinatario de la prueba la ley adopta determinadas cautelas para que se lleve a cabo a presencia judicial y con intervención de las partes de modo que la resolución judicial se fundamente en una actividad probatoria que el juez o el tribunal haya examinado directa y personalmente y en un debate público que permita a las partes la posibilidad de contradicción (STC 46/2011). A tal fin exige, bajo pena de nulidad, que los jueces estén presentes en la práctica de las distintas diligencias de prueba para garantizar así el principio de inmediación respecto de las distintas fuentes de prueba (art. 137 LEC). Así pues, la presencia del juez deviene *inexcusable* (art. 289 LEC).

Se denomina fuente de prueba a la persona o cosa de la que resulta un medio de prueba. El principio que garantiza al juez el contacto directo con las distintas fuentes de prueba recibe el nombre de *inmediación*. La inmediación va unida a los principios complementarios como son los de *oralidad* y *publicidad* en la medida en que permite a las partes y a sus defensores llamar la atención al juez sobre aspectos de su desarrollo consideren que pueden influir en su decisión [MANRESA]. La práctica de las pruebas se celebrará en audiencia pública, salvo que por razones de orden público o de protección de los derechos y libertades, el juez acuerde que se celebre a puerta cerrada.

Art. 431 LEC

El juicio tendrá por objeto la práctica de las pruebas de declaración de las partes, testifical, informes orales y contradictorios de peritos, reconocimiento judicial en su caso y reproducción de palabras, imágenes y sonidos. Así mismo, una vez practicadas las pruebas, en el juicio se formularán las conclusiones sobre éstas.

Ya se ha dicho que la ley reserva un acto específico para la práctica de los distintos medios de prueba. En el proceso ordinario es el juicio y en el proceso verbal, el acto de la vista. Para una eficaz y ordenada realización del acto y para salvaguardar el derecho de defensa de ambos litigantes la ley quiere que la práctica de cada medio de prueba preceda una actividad destinada a prepararla. En el proceso ordinario esta actividad de lleva a cabo en la audiencia previa.

En el proceso verbal esto se hace directamente en la vista. Las partes han de concurrir al acto de la vista con los medios de prueba de que intenten valerse y en ese mismo acto el juez se pronunciará sobre su admisión y su pertinencia.

Ante la eventualidad de que una determinada prueba no pueda practicarse en este momento, la ley autoriza a que se lleve a cabo con antelación. Así pues, las partes pueden solicitar antes del juicio o de la vista la práctica anticipada de algún medio de prueba en previsión de que no pueda ser realizado en el juicio (art. 293 LEC); también dispone previsiones específicas para practicar el interrogatorio de la parte o del testigo que por enfermedad no pueda tener lugar en su momento (arts. 311 y 364 LEC).

4. La valoración de la prueba

La valoración implica la operación mental a través de la cual el juzgador alcanza una conclusión sobre la veracidad de los hechos extraída en función del resultado de las pruebas. Tradicionalmente las leyes procesales han acogido dos tipos de sistemas en materia de valoración de la prueba. El sistema de libre valoración y el sistema de valoración tasada o legal. Conforme al sistema de libre valoración de la prueba la ley concede al juzgador un amplio margen de discrecionalidad para valorar el resultado de la prueba. En general, en el proceso civil moderno la valoración de la prueba está sometida al principio de libre valoración; en ningún caso eso significa que confiera al juez una libertad total. Los jueces han de atenerse a una serie de criterios lógicos. La doctrina desde antiguo ha acuñado la noción de *sana crítica*, expresión que comprende el deber de valorar la prueba con arreglo a criterios racionales y lógicos de manera que no cabe la valoración que resulte ilógica, arbitraria o irrazonable.

Para la valoración de la prueba y, más especialmente, para alcanzar el resultado que deriva de la práctica de la prueba, los jueces recurren a pautas estandarizadas que le proporciona su propia experiencia: estos criterios reciben el nombre de *máximas de experiencia*, de las cuales el juzgador no es más que su depositario e intérprete. Son *definiciones o juicios hipotéticos de contenido general, desligados de los hechos concretos que se juzgan en el proceso, procedentes de la experiencia pero independientes de los casos particulares de cuya observación se han inducido y que, por encima de estos casos, pretenden tener validez para otros nuevos* [STEIN-DE LA OLIVA].

Por lo tanto, no es preciso tener conocimientos jurídicos para valorar la prueba; es suficiente con disponer de ciertas condiciones que en principio son comunes y predicables de cualquier sujeto y que les faculta a conocer y apreciar determinados hechos de la realidad a partir de las pruebas practicadas; eso ha permitido que en los procesos penales encomendados a un jurado pueda disociarse la actividad que llevan a cabo los ciudadanos como es la de valorar la prueba de la encomendada a jueces y magistrados que, en atención a su formación jurídica, están perfectamente capacitados a aplicar la norma jurídica al supuesto de hecho controvertido.

No obstante, con el fin de evitar el subjetivismo judicial y que el juzgador recurra para valorar la prueba a criterios arbitrarios y ajenos a la experiencia general, la ley le impone reglas específicas acerca de cómo deben valorarse determinadas pruebas, sin que pueda apreciarlas de manera diferente a como la ley le señala (prueba tasada). Así ocurre como hemos visto con la valoración de la prueba documental o, en ciertos supuestos, el interrogatorio de parte.

En realidad, cuando la ley establece una determinada manera de apreciar una prueba, la está excluyendo de la valoración por parte del juez. Además, sabemos que la ley obliga al juez a aplicar normas con una textura más abierta que otras a la hora de regular la relación jurídico-material discutida y prefiere delegar en los jueces la facultad de completar aspectos del supuesto de hecho al objeto de que sea desarrollado por los tribunales [HART]. Así ocurre con los llamados conceptos jurídicos indeterminados (buena fe, diligencia de un buen padre de familia, etc.), pero, en cualquier caso, procura que la valoración de la prueba en este tipo de supuestos se ajuste a unas máximas que respondan a criterios racionales y lógicos.

5. La carga de la prueba

Ya hemos visto que la ley destina una fase específica para la práctica de la prueba: el juicio en el proceso ordinario y la vista en el verbal. Pero no siempre es posible probar los hechos controvertidos. Como enseñaba Francisco CARNELUTTI, los medios de prueba son como las llaves que abren la puerta de la verdad: unas veces servirán para que la puerta se abra de par en par; otras sólo para que se abra un poco y no rara vez permanecerá cerrada a pesar de todo. Y esto es así porque no siempre los medios de prueba resultan útiles para acreditar la existencia de un hecho.

En ocasiones es la propia parte que aspira a beneficiarse de la prueba de un determinado hecho la responsable de que finalmente no haya conseguido probarse; quien quiera hacer valer en juicio la existencia de un hecho del que pretenda obtener una ventaja procesal es quien debería mostrar más interés en buscar los medios para acreditarlo preconstituyendo la prueba y asegurando así su disponibilidad para el futuro.

El problema se plantea cuando, a pesar de todo, un hecho no logra ser probado ya que los jueces no pueden ampararse en la falta de prueba de un hecho para no resolver o cuando habiendo existido no les haya llegado a convencer ya que la ley le obliga a resolver a pesar de que no lo tengan claro («non liquet»).

La ley contempla el supuesto de que las partes no hayan podido probar los hechos de sus respectivas pretensiones bien por no haber podido disponer de las pruebas para hacerlo o que, aun habiéndolo intentado, no hayan dado resultado y no hayan logrado convencer al juez hasta hacerle dudar acerca de la existencia de los hechos controvertidos. Recurre en estos casos a normas específicas que señalan al juez cómo proceder cuando en casos en que la falta de prueba de un hecho haya generado en el juez dudas sobre su existencia, proporcionándole una serie de pautas para solucionarle el problema del hecho incierto y por lo tanto no entran en juego cuando el juez considera que ha habido prueba suficiente (STS 377/2010 [Roj 3088]). Por ese motivo se entiende que las normas sobre la carga de la prueba en realidad constituyen una *regla de juicio*, esto es, muestran al juez el camino sobre cómo actuar ante en caso de falta de prueba de un hecho [Micheli]. En definitiva, la normativa sobre la carga de la prueba no es más que la teoría que regula las consecuencias de la falta de prueba [Prieto-Castro].

Las normas de la carga de la prueba van dirigidas al juez, pero es bueno que las partes las conozcan para que sepan a qué atenerse ya que les permiten efectuar un pronóstico que les orientará sobre lo que el juez podrá hacer a la hora de dictar sentencia pues en el horizonte procesal de las partes suele reinar por lo general una gran incertidumbre ya que la mayor parte de las veces los litigantes ignoran cuál será el resultado de las pruebas que se proponen utilizar.

En principio, conforme al principio de aportación, se espera que cada parte trate de acreditar los presupuestos de la norma que le es favorable, aunque como la controversia gira en torno a la demanda, será normalmente el demandante quien por lo general se vea obligado a acreditar los hechos en los que fundamenta su pretensión. Si no consigue convencer al juez, la sentencia será desestimatoria y absolverá al demandado de la pretensión deducida en su contra.

En general, cuando el demandado no se limite a negar un hecho y opone una excepción, será éste quien tenga obligación de probarla. La excepción, en la medida en que incorpora una afirmación formulada por el demandado, está sometida a las mismas reglas («reus in exceptione actor est»). En todo caso, conforme al *principio de adquisición procesal*, el juez viene obligado a decidir conforme al resultado de la prueba independientemente de quien los haya probado; por lo tanto, no se produce una vulneración de las reglas sobre la carga de la prueba cuando el hecho presuntamente dudoso haya sido acreditado por medios distintos a aquel con el que la parte contaba para lograrlo. Al juez le debe resultar indiferente quién tendría en realidad que probar un hecho y deberá resolver en función de las pruebas que se hayan practicado, si con ellas queda convencido de la veracidad de los hechos.

Según la ley, y salvo en no se disponga otra cosa, corresponde al actor la carga de probar la certeza de los hechos de los que ordinariamente se desprenda, según las normas jurídicas a ellos aplicables, el efecto jurídico correspondiente a las pretensiones de la demanda e incumbe al demandado la carga de probar los hechos que, conforme a las normas que les sean aplicables, impidan, extingan o enerven la eficacia jurídica de los hechos de los que ordinariamente se desprenda el efecto jurídico correspondiente a las pretensiones de la demanda (art. 217 LEC).

La aplicación de las normas legales sobre la carga de la prueba no siempre resultan útiles a la parte que espera que el juez le dé la razón. Ya se ha indicado que de conformidad con la aplicación de las reglas de la carga de la prueba en sentido material, la ley presume que quien ha tenido interés en asegurar la prueba de un hecho ha tenido igualmente la plena disponibilidad para acreditar su existencia. Sin embargo, aun cuando en el proceso civil, las reglas de la carga de la prueba operan como un manual de instrucciones para resolver pequeñas averías de fácil arreglo, muchas veces, por mucha diligencia que un sujeto ponga para la consecución de tal finalidad, no existe medio alguno al alcance de la parte para procurarse un medio de prueba en determinados casos.

En ocasiones, la simple negativa de un hecho puede dejar indefensa a la parte que solicita la protección de un derecho sencillamente por las dificultades con que se encuentre para acreditar el hecho en que fundamentan su pretensión; de ahí que la ley atribuya al juez la facultad de apreciar la conducta procesal de la parte que trata de beneficiarse de la aplicación estricta de las normas sobre la carga de la prueba trasladando a la parte que tiene mayores posibilidades de probar un hecho la carga de probarlo, recurriendo a criterios de disponibilidad y facilidad probatoria.

Lo mismo sucede cuando trata de garantizar la tutela de determinados derechos en donde la ley a veces exonera a una de las partes de la carga de probar los hechos que constituyen objeto de su pretensión. Se dice entonces que estamos ante un supuesto de *inversión de la carga de la prueba* de modo que la parte favorecida queda exonerada de la carga de probar un hecho. Así sucede por ejemplo en aquellos procedimientos en los que las alegaciones de la parte actora fundamenten en *actuaciones discriminatorias por razón del sexo,* en cuyo caso corresponderá al demandado probar la ausencia de discriminación en las medidas adoptadas y su proporcionalidad.

En los procesos en materia de *competencia desleal* y de *publicidad ilícita* corresponderá al demandado la carga de probar, respectivamente, la exactitud y veracidad de las indicaciones y manifestaciones realizadas y de los datos materiales que la publicidad exprese (art. 217 LEC).

IX. TERMINACIÓN DEL PROCESO

1. Conclusión del proceso

Una vez practicadas las pruebas, a las partes (si han comparecido por sí mismas) o a sus defensores se les concede la oportunidad de formular oralmente sus conclusiones sobre los hechos que han sido objeto de debate a fin de que expongan lo que les convenga en relación con el resultado de las mismas y a su vez manifiesten si a su entender los hechos controvertidos deben o no considerarse probados, dándoles también la posibilidad de informar sobre los argumentos jurídicos que crean conveniente para apoyar sus respectivas pretensiones. La ley no se refiere expresamente a la posibilidad de que en el juicio verbal exista tal trámite pero no puede negárseles este derecho (art. 185 LEC).

Los litigantes podrán, por lo tanto, efectuar, tras la práctica de la prueba, las consideraciones que estimen oportunas y, en su caso, hacer una valoración crítica de las pruebas que se hayan llevado a cabo. Con la terminación del juicio o de la vista en la que se ha practicado la prueba, se cierra el periodo para alegaciones y prueba de los hechos; el juicio queda concluso y *visto para sentencia*, que es la manifestación más clara de que a partir de ese momento no se les permite efectuar nuevas alegaciones o solicitar la práctica de prueba alguna, quedando los autos pendientes de sentencia o, en su caso, de deliberación, votación y fallo, si se trata de órganos colegiados.

2. Las diligencias finales

La única excepción que cabe oponer a este principio general es el que se refiere a la posibilidad de que el juez acuerde, de oficio o a petición de parte, la práctica de diligencias de pruebas antes de que el juez venga obligado a dictar sentencia. Estas pruebas reciben el nombre de *diligencias finales*. Con ellas la ley persigue lograr el convencimiento del juez con respecto a ciertos hechos que hayan quedado dudosos o para la realización de alguna diligencia de prueba que no se haya podido practicar.

En tanto se practican las que con esta consideración se hayan acordado, queda en suspenso el plazo para dictar sentencia. Las diligencias finales no están concebidas como una segunda oportunidad para recuperar ocasiones perdidas sino para afrontar casos excepcionales, bien por la imposibilidad de haber practicado una prueba previamente admitida o bien por la imposibilidad de proponerla en su momento en razón del hecho sobre el que recaiga [OLIVA SANTOS]. Como se verá, la jurisprudencia configura a la solicitud de un determinado medio de prueba como diligencia final como requisito para que pueda ser admitida en la segunda instancia en caso de que haya sido denegada o no se haya podido practicar (STS 319/2013 [ROJ 2168]).

Las diligencias finales constituyen una especialidad del juicio ordinario; no están prevista en el juicio verbal suponemos que con el propósito de que su práctica no suponga un obstáculo a la sencillez y agilidad con que ha sido configurado este juicio.

3. La sentencia

La sentencia es la resolución que pone fin al proceso decidiendo definitivamente la cuestión planteada: es la *quintaesencia* de la actividad jurisdiccional. En este aspecto, constituye el acto más importante del proceso; es, por tanto, *el objeto y el fin del pleito* [MANRESA]. La forma que ha de adoptar la sentencia ha sido analizada anteriormente y ha de adaptarse a las exigencias de la ley. Su resultado ha de responder a un esquema lógico deductivo en el que quede reflejado el *juicio histórico* llevado a cabo por el juzgador (de hecho y de derecho) como el *juicio crítico* resultante de esta operación [CARNELUTTI] y que cabe enmarcar en el derecho del justiciable a obtener, como una exigencia derivada del art. 24 de la Constitución, una resolución judicial motivada y jurídicamente fundada (STC 182/2011).

Este fenómeno ha sido concebido tradicionalmente a través de la teoría de la subsunción, de tal manera que el razonamiento que se produce en la mente del juzgador se asemejaría a un silogismo en donde la premisa mayor estaría constituida por la norma establecida por el legislador; la premisa menor, por los hechos que han resultado probados y, para terminar, la conclusión, que sería, como resultado de esta operación, la decisión que definitivamente adopte; es más, como ha señalado CORTÉS DOMÍNGUEZ, el carácter de juicio lógico que se atribuye a la sentencia se ha potenciado a raíz de la Constitución por lo que las resoluciones judiciales obtenidas de forma intuitiva supone introducir criterios irracionales y por lo tanto incompatibles con nuestra norma fundamental.

Art. 248.3 LOPJ

Las sentencias se formularán expresando, tras un encabezamiento, en párrafos separados y numerados, los antecedentes de hecho, los hechos probados en su caso, los fundamentos de derecho y, por último, el fallo. Serán firmadas por el juez o magistrado o magistrados que las dicten.

Los requisitos relativos a los requisitos internos de este tipo de resoluciones, independientemente de la justicia intrínseca que caracterice a la misma, están contenidos en el art. 218 de la ley que regula a tal efecto la exigencia relativa a la exhaustividad, la congruencia y la motivación. Por esta razón, los defectos referidos a estas exigencias permiten impugnar la sentencia a través del recurso de casación por infracción procesal (art. 469 LEC).

Art. 218 LEC

Las sentencias deben ser claras, precisas y congruentes con las demandas y con las demás pretensiones de las partes, deducidas oportunamente en el pleito. Harán las declaraciones que aquéllas exijan, condenado o absolviendo al demandado y decidiendo todos los puntos litigiosos que hayan sido objeto del debate.

Así pues, no basta con que el juez se limite a verificar si concurren todos y cada uno los requisitos que son necesarios para llegar a la conclusión y extraer la consecuencia jurídica alcanzada (decisión), sino que, en garantía de los derechos de las partes, es preciso por un lado que el juez se acomode en su sentencia a las pretensiones deducidas y, por otro, refleje en su resolución la operación mental que ha utilizado para dicha finalidad (motivación). La claridad y precisión se justifican por la necesidad de favorecer el entendimiento de sus principales destinatarios (las partes), para lo cual es aconsejable huir en su redacción de términos que puedan inducirles a la confusión sobre el contenido de la resolución.

La exhaustividad es condición previa de la congruencia, aunque por muy exhaustiva que sea una sentencia puede ser incongruente; por eso es tan importante que en la demanda queden claros y bien definidos los términos en que se plantea la cuestión litigiosa para no inducir al juez a cometer errores a la hora de pronunciarse y dar respuesta a todas las pretensiones que han sido objeto del proceso (STS 294/2012 [Roj 3446]); a ella ya nos hemos referido en otro lugar, pues es una exigencia aplicable a cualquier resolución jurisdiccional (§ *VII. 6*). La exhaustividad significa que el juez ha de dar respuesta a la totalidad de las pretensiones deducidas, haciendo las declaraciones que éstas (las pretensiones) exijan por ser inherente al contenido de las mismas, y decidir todos los puntos que hayan sido objeto de debate.

La exigencia del deber de congruencia supone la necesidad de que exista la más perfecta correspondencia entre la pretensión deducida en la demanda y los pronunciamientos contenidos en la sentencia lo cual no significa que el juez venga obligado a resolver con arreglo a los mismos fundamentos que haya incluido el actor. El juez puede, como fruto de su independencia y siempre que su actividad no suponga un cambio o desviación en la causa de pedir, seleccionar la norma jurídica que considere más adecuada para la resolución de la controversia, pues no en vano se trata de una facultad inherente al ejercicio de la potestad jurisdiccional pero no dictar una sentencia incongruente.

Lo mismo sucede respecto de su deber de motivar, al que ya nos hemos referido y que expresa el deber de dar a conocer el desarrollo del juicio mental realizado por el juez en relación con el objeto de su decisión. En el fondo, el deber de motivación de las resoluciones judiciales es de carácter instrumental y sirve para favorecer a las partes la función de control que ellas mismas pueden ejercer sobre la actividad jurisdiccional, lo cual sólo puede conseguirse imponiendo al juez la obligación de exteriorizar las razones en las que se ha basado el pronunciamiento jurisdiccional. Así pues, la ley no hace más que insistir en algo que es esencial en el ejercicio de su actividad de enjuiciamiento; de ahí que, si bien no aporta nada nuevo respecto de la doctrina general existente en esta materia, procura evitar los defectos que estaba ocasionando en la práctica una incorrecta aplicación de la teoría de la valoración conjunta de la prueba.

4. La cosa juzgada

A) Concepto y finalidad. Clases

Uno de los efectos que caracterizan a las sentencias una vez que ha adquirido firmeza es la cosa juzgada material. A esta especial característica de las resoluciones judiciales ya nos hemos referido anteriormente ya que constituye un atributo específico de la actividad jurisdiccional (§ *I. 4*). La ley, siguiendo un criterio unánimemente aceptado ha asumido esta formulación y distingue entre la *cosa juzgada formal* y la *cosa juzgada material*. La primera alude al efecto que produce cualquier resolución judicial en el caso de que haya adquirido firmeza, bien por haber sido consentida por las partes o porque frente a ella no quepa ningún recurso, siendo procesalmente inatacable.

La denominada cosa juzgada formal no pasa de ser un efecto procesal derivado de la *preclusión* del que ya hemos hablado (§ *VII. 5*), lo que determina que un importante sector doctrinal niegue el carácter de cosa juzgada a los efectos que se derivan de la firmeza pues, como veremos inmediatamente, nada tiene que ver con lo que significa en realidad la cosa juzgada.

Por cosa juzgada material se entiende el efecto que producen las sentencias firmes cuando se han pronunciado sobre el fondo del asunto, esto es, cuando han resuelto la controversia de manera definitiva; por eso, no todas las sentencias producen efectos de cosa juzgada. Hay procesos en que, por el carácter sumario de sus resoluciones, no gozan de los efectos de cosa juzgada ya que como se ha dicho la ley da por sentado que la situación objeto de la tutela puede volver a reproducirse en un momento posterior.

B) Extensión objetiva y subjetiva de los efectos de la cosa juzgada

La cosa juzgada material despliega sus efectos en una doble dirección, positiva o prejudicial (efecto positivo) y negativa o excluyente (efecto negativo). Las sentencias firmes, sean estimatorias o desestimatorias, producen el efecto de impedir la existencia de un ulterior proceso con idéntico objeto al del proceso en que aquélla se produjo. Para que un proceso tenga la cualidad de excluir la existencia de un ulterior proceso es preciso que los elementos sean los mismos, es decir, es preciso que entre ambas pretensiones concurra la más perfecta identidad entre las cosas, las causas, las personas de los litigantes y la calidad con que lo fueron, si bien, tal como hemos tenido oportunidad de examinar, hay ciertas ocasiones en que el efecto excluyente puede llegar a afectar incluso a procesos de objeto diferente (art. 400 LEC), pero nunca al demandado, que es libre de ejercitar su derecho en la forma y en el momento que considere oportuno, sin que venga obligado ni siquiera a defenderse mediante reconvención (STC 106/2013).

Lo resuelto con fuerza de cosa juzgada vinculará al tribunal de un proceso posterior cuando éste aparezca como antecedente lógico de lo que sea su objeto, siempre que los litigantes de ambos procesos sean los mismos o la cosa juzgada se extienda a ellos por disposición legal (STC 151/2001). Pero el efecto positivo de la cosa juzgada no impide la existencia de un proceso posterior, simplemente lo condiciona; de ahí que la esencia de la cosa juzgada radica en el sometimiento del juez a lo declarado en una sentencia anterior, prescindiendo de si los hechos o los motivos en que aquella se funda son ciertos o no, pues de lo que se trata es de atribuir a la sentencia el carácter de medio que sirva para garantizar el principio de intangibilidad de las resoluciones judiciales y, de esta manera, conseguir la seguridad y certeza necesarias que el pronunciamiento jurisdiccional está llamado a cumplir.

En este sentido, el único elemento que hemos de tomar en consideración para determinar el grado de vinculación, es el fallo, que sirve de canon para calibrar la medida en que se produce la extensión de la cosa juzgada. Las declaraciones acerca de los hechos contenidas en las resoluciones judiciales no pasan en autoridad de cosa juzgada. Los hechos, en tanto son afirmados, sirven sólo para fundar la pretensión deducida. El resto de las conclusiones a las que llegado el juez en la sentencia respecto de los hechos aducidos por cada una de las partes no tienen valor en sí mismos y, consiguientemente, carecen del suficiente grado de certeza como para permitir a un segundo juez partir de dichos pronunciamientos.

Como ha explicado gráficamente CALAMANDREI, *los juicios de hecho que el juez formula en el curso de su razonamiento son como puentes provisionales, construidos rápidamente con materiales que se encuentran sobre el terreno; una vez efectuado el paso y alcanzada la meta última que es el fallo, los puentes provisionales pueden hundirse sin causar daño, porque no habrá nadie que sienta necesidad de recorrer de nuevo el camino* y, por lo tanto, los jueces no están obligados a tener por verdaderos los hechos considerados como base del fallo precedente en un juicio posterior. Como puso de relieve el célebre procesalista italiano CHIOVENDA, desde el punto de vista del valor de la sentencia, una vez que ésta ha sido dictada, el ordenamiento jurídico rompe y olvida el aparato lógico que sirvió para alcanzarlo desapareciendo a los ojos de la ley el razonamiento y toda huella de sus posibles errores; lo único que queda es la decisión que en ella se contiene y que representa la voluntad del Estado, impidiendo que la cuestión suscitada pueda volver a ser objeto de discusión, fenómeno que recibe como sabemos el nombre de cosa juzgada, la cual está condicionada por la concepción pública de la actividad jurisdiccional.

Desde un punto de vista subjetivo, la cosa juzgada en principio afecta sólo a las partes que hayan litigado (así como a sus herederos y causahabientes) y a todos cuantos por cualquier título se hayan colocado en el lugar de aquéllas, en cuyo caso los efectos de la cosa juzgada habrían de recaer sobre las personas sustituidas por ser éstas los verdaderos titulares del derecho material discutido.

En las sentencias sobre estado civil, matrimonio, filiación, paternidad, maternidad, incapacitación y reintegración de la capacidad, la cosa juzgada tendrá efectos frente a todos a partir de la inscripción o anotación en el Registro Civil, lo cual no quiere decir que la ley esté supeditando la eficacia estimatoria de la sentencia a la inscripción; la sentencia es válida desde el mismo instante en que se dicta y despliega todos sus efectos desde que haya adquirido firmeza, siendo así que, tratándose de sentencias constitutivas, lo único que hace la ley es establecer el momento a partir del cual la sentencia empieza a producir efectos *erga omnes,* lo que no es propiamente una consecuencia de la cosa juzgada sino el efecto característico que este tipo de sentencias producen en el ordenamiento jurídico.

En consonancia con las normas en materia de protección de consumidores, la ley establece una serie de reglas especiales destinadas a regular las particularidades relativas a las sentencias dictadas en aquellos procesos promovidos por las asociaciones encargadas de su protección, sobre todo cuando se pretenda extender sus efectos a quienes no hayan litigado, lo cual ocurrirá sólo en aquellos supuestos en que el contenido de aquélla afecte a una pluralidad de indeterminada de perjudicados. Con ello se persigue articular los medios a través de los cuales puedan verse beneficiados por la sentencia quienes no han tenido oportunidad de intervenir en el proceso en la que ésta haya sido dictada, habilitando, cuando resulte difícil su determinación individual, un procedimiento específico para que puedan comparecer todos aquellos que se encuentren en la misma situación que la resuelta en la sentencia.

5. Terminación del proceso por decisión de las partes.

La posibilidad de que el proceso no termine de la forma para el que ha sido dispuesto o que termine anticipadamente constituye un supuesto legalmente previsto y en la mayor parte de los casos obedece al resultado de actos de disposición de las partes sobre el objeto del proceso y sobre sus pretensiones, sea como fruto de un acuerdo o por actos de carácter unilateral. El reconocimiento general del poder atribuido a las partes para disponer del objeto del proceso tiene por finalidad facilitar la resolución del litigio; de ahí que la ley conceda a las partes el derecho a llevar a cabo actos de disposición que afecten directamente a su resultado o que determinen su terminación de forma anticipada.

Art. 19 LEC

Los litigantes están facultados para disponer del objeto del juicio y podrán renunciar, desistir del juicio, allanarse, someterse a mediación o a arbitraje y transigir sobre lo que sea objeto del mismo, excepto cuando la ley lo prohíba o establezca limitaciones por razones de interés general o en beneficio de tercero.

Estos actos pueden tener lugar en cualquier momento, ya sea en la primera instancia, en trámite de recurso o, incluso, durante la ejecución de sentencia. La ley exige, con carácter general, capacidad para disponer, quedando en consecuencia excluidos expresamente, a excepción de algunas cuestiones concretas, los actos de disposición en los procesos sobre capacidad, filiación, matrimonio y menores (art. 751 LEC).

A) Allanamiento

Como hemos dicho, el allanamiento constituye un acto mediante el cual el demandado declara que la pretensión del actor es fundada, lo que determina que el juez venga obligado a dictar una sentencia estimatoria de la demanda. No se trata por tanto de un reconocimiento de hechos; es un acto de naturaleza unilateral, por lo que en principio no precisa del consentimiento del actor. Si el demandado se allanara a todas las pretensiones del actor, el tribunal deberá dictar sentencia condenatoria de acuerdo con lo solicitado por éste, pero si se hiciera en fraude de ley o supusiera renuncia contra el interés general o perjuicio de tercero, el juez puede rechazarla y ordenar la continuación del proceso. En cambio, si se tratase de un allanamiento parcial, a instancia del demandante, podrá dictar de inmediato auto acogiendo las pretensiones que hayan sido objeto de dicho allanamiento y continuar el proceso respecto de las demás.

Ya se ha dicho que aunque el allanamiento pueda tener lugar en cualquier momento del proceso, lo normal es que se haga antes de la contestación a la demanda ya que con ello el demandado evita la condena en costas, salvo que el tribunal considere que ha obrado con temeridad o mala fe (art. 395 LEC).

B) Desistimiento

El desistimiento es un acto mediante el cual el actor decide retirar su demanda y manifestar de forma unilateral su voluntad de abandonar el ejercicio de la acción deducida. En consecuencia, el desistimiento sólo produce el efecto de dar por terminado el proceso anticipadamente sin necesidad de que el juez venga obligado a dictar sentencia, lo que teóricamente permitiría al actor reproducir su pretensión en un proceso posterior ya que el desistimiento, si se produce antes de que haya recaído sentencia durante la primera instancia, carece de efectos de cosa juzgada toda vez que deja imprejuzgado el fondo del asunto por falta de controversia sobre la que pronunciarse.

No obstante, aun siendo un acto de naturaleza unilateral, el desistimiento encubre normalmente un acuerdo entre partes; si no es así, es decir, si no responde a causa alguna o responde a una causa contraria a los principios de la buena fe, puede requerir la aceptación del demandado pues se entiende que una vez entablado el proceso puede resultar de interés al demandado que el juez se pronuncie sobre la cuestión controvertida. Hay que tener en cuenta que con el desistimiento el demandado pierde la oportunidad de oponerse a la acción ejercitada en su contra y se ve obligado a sufrir las consecuencias de haber tenido que comparecer judicialmente sin causa alguna; de ahí que como ha señaló Fairén Guillén, la aceptación y, por lo tanto, la exigencia de la bilateralidad del desistimiento del demandado, se justifica en base a la *difamación judicial* que ha podido resultar de interposición de la demanda; por eso, la ley ordena que del escrito de desistimiento se dé traslado al demandado y si éste prestara su conformidad o no se opusiere el juez dictará auto de sobreseimiento y el consiguiente archivo de las actuaciones; en cambio, si el demandado se opusiera al desistimiento, el juez resolverá lo que estime oportuno pudiendo ordenar la continuación del procedimiento a fin de resolver la pretensión deducida por el demandante.

Si el desistimiento se produce pendiente un recurso, se declarará la firmeza de la resolución que haya sido recurrida. En caso de ser varios los recurrentes y sólo alguno de ellos recurriera, la resolución recurrida no será firme en virtud del desistimiento, pero se tendrán por abandonadas las pretensiones de impugnación que fueren exclusivas de quienes hubieran desistido.

C) Renuncia

La renuncia es una declaración de voluntad del actor en virtud de la cual manifiesta que la acción ejercitada es infundada. Si el actor hace efectiva su renuncia, el tribunal deberá dictar una sentencia desestimando la demanda y absolviendo al demandado de la pretensión deducida. Así pues, la renuncia determina la obligación del juez de dictar una sentencia con efectos de cosa juzgada. Se trata por tanto de un acto de disposición del derecho material que constituye el objeto del proceso y por esa razón el juez puede rechazarla si la entiende improcedente. La renuncia es un acto unilateral; y ha de ser expresa. Para su validez no precisa consentimiento del demandado, aunque éste puede oponerse si la considera contraria a su interés o al orden público (art. 6 CC).

La renuncia puede alcanzar a la acción ejercitada o al derecho que se hace valer. En ambos casos, produce el efecto de dar anticipadamente por terminado el proceso, si bien la cosa juzgada no sufre variación alguna. En este sentido, dado que mediante la renuncia lo que hace el actor es condicionar el resultado del proceso, su utilización en la práctica no es demasiado frecuente.

D) Transacción judicial

La transacción judicial es un contrato por el cual las partes, dando, prometiendo o reteniendo cada una alguna cosa, ponen término a un pleito (art. 1809 CC). Para que la transacción judicial surta efectos es preciso que concurran dos requisitos: *(a)* que ambas partes estén en condiciones de disponer del objeto del proceso, y *(b)* que el resultado de la transacción sea homologado por el juez que esté conociendo del litigio al que se pretenda poner fin. Al recaer sobre la pretensión ejercitada, la transacción judicial, por su propia naturaleza, produce la terminación del proceso sin necesidad de que el juez dicte sentencia. En todo caso, es responsabilidad del juez verificar que en la transacción concurren los requisitos esenciales para su validez. La aprobación judicial de la transacción ha de recogerse en un auto. El acuerdo homologado judicialmente goza de eficacia ejecutiva y podrá llevarse a efecto por los trámites previstos para la ejecución de sentencias (art. 517 LEC).

X. IMPUGNACIÓN DE LAS RESOLUCIONES JUDICIALES. LOS RECURSOS

1. Los recursos

Como de manera muy expresiva se ha dicho, *no es consustancial a la jurisdicción acertar a la primera* [PRIETO-CASTRO]. Por esta razón, la justicia pone a disposición de los litigantes los medios para combatir las resoluciones dictadas por los tribunales. Este es uno de los motivos por los que la organización de los tribunales está organizada jerárquicamente pues con ello la ley procura posibilitar la revisión de las decisiones por órganos que se encuentran a diferente nivel de aquellos que han dictado la resolución. Ya se ha indicado que la única manera de que los tribunales superiores tienen para corregir la aplicación e interpretación hecha por los inferiores es a través de los recursos establecidos por la ley (art. 12 LOPJ).

Los recursos son pues los instrumentos que las leyes procesales conceden a las partes para impugnar las resoluciones de los jueces que les afecten desfavorablemente o les causen indefensión. Las leyes procesales pueden no obstante restringir o limitar el derecho a recurrir en determinados procesos o para una determinada categoría de resoluciones pues en materia civil el derecho a recurrir está concebido como un derecho de configuración legal. Así, como se verá, no son susceptibles de recurso de apelación las sentencias dictadas en los juicios verbales por razón de la cuantía por un importe inferior a 3.000 euros.

Art. 448 LEC

Contra las resoluciones de los tribunales y secretarios judiciales que les afecten desfavorablemente, las partes podrán interponer los recursos previstos en la ley.

En función de cuál sea el órgano que haya de resolver la impugnación, suelen distinguirse dos tipos de recursos: los recursos devolutivos (*efecto devolutivo*) y los no devolutivos (*efecto no devolutivo*). Los recursos devolutivos son aquellos cuyo conocimiento se atribuye a un órgano diferente al que ha dictado la resolución impugnada. En cambio, se denominan recursos no devolutivos aquellos cuya resolución se encomienda al propio juzgado o tribunal que ha dictado la resolución recurrida. Este tipo de recursos generalmente se reserva para la impugnación de resoluciones de trámite (diligencias de ordenación, providencias, etc.), con el fin de pedir al juez que reconsidere la decisión previamente adoptada. Sería contrario a cualquier criterio racional que pudieran impugnarse ante un tribunal superior todas las decisiones que se vaya adoptando a lo largo del procedimiento.

El recurso típicamente devolutivo es el recurso de apelación y el no devolutivo por antonomasia es el *recurso de reposición*. Así mismo, la ley contempla la posibilidad de impugnar las resoluciones dictadas por los secretarios judiciales en aquellos supuestos en que la ley les atribuya esta competencia (diligencias y decretos), en este caso a través de un recurso de reposición ante el propio secretario judicial o mediante una *revisión* ante el juez o tribunal.

El derecho a recurrir constituye la expresión del ejercicio del poder de disposición de las partes sobre el objeto del proceso de manera que quien haya sufrido un gravamen o perjuicio por la decisión judicial puede no obstante, en función de su interés, conformarse con su contenido o, por el contrario, impugnarla. Para conformarse con la decisión no es preciso hacer una manifestación de voluntad expresa en tal sentido; basta con dejar trascurrir los plazos que la ley concede para poder recurrirla.

Para poder recurrir una resolución judicial es preciso que quien pretenda hacerlo esgrima la existencia de un perjuicio, esto es, que la decisión haya afectado desfavorablemente a quien pretenda impugnarla y por tanto que haya sufrido un gravamen por razones materiales o por que se le haya causado un perjuicio derivado de la infracción de una garantía procesal.

2. Recurso de apelación

El recurso de apelación es un recurso ordinario y devolutivo y constituye el medio del que dispone todo litigante que no esté conforme con la sentencia dictada para dirigirse a un tribunal superior para que la anule y dicte una nueva más acorde a sus pretensiones. A través del recurso de apelación se entra en una nueva instancia pero siempre en el ámbito de un mismo proceso cuyo objeto no sufre alteraciones por el hecho de que su conocimiento se atribuya a un órgano jurisdiccional superior.

La legislación española ha acogido un sistema de apelación limitada. La interposición de un recurso de apelación no da lugar a un nuevo juicio renovado totalmente desde el punto de vista objetivo («novum iudicium»), ni a las partes se les ofrece la oportunidad de introducir nuevas pretensiones; se trata simplemente de una nueva instancia de carácter revisorio («revisio prioris instantiae») en la que «la sentencia apelada constituye el principio y el fin del segundo enjuiciamiento» [GARBERÍ LLOBREGAT] de manera que, salvo que se hayan aportado nuevos hechos, el tribunal de apelación se encuentra respecto de la demanda en las mismas condiciones que el juez de primera instancia, con la única limitación que no puede dictar una sentencia que agrave la situación del apelante [Gómez Orbaneja].

Art. 456 LEC

En virtud del recurso de apelación podrá perseguirse, con arreglo a los fundamentos de hecho y de derecho de las pretensiones formuladas ante el tribunal de primera instancia, que se revoque un auto o sentencia y que, en su lugar, se dicte otro u otra favorable al recurrente, mediante un nuevo examen de las actuaciones llevadas a cabo ante aquel tribunal y conforme a la prueba que, en los caos previstos en esta Ley, se practique ante el tribunal de apelación.

No obstante, como se ha dicho, no son susceptibles de recurso de apelación las sentencias dictadas en aquellos juicios verbales determinados por razón de la cuantía y que su importe sea inferior a 3.000 euros.

Al tratarse de un recurso ordinario, la legitimación para recurrir en apelación está reconocida a cualquiera de las partes que entienda que ha sufrido un perjuicio («gravamen») o que considere que se ha producido una infracción de sus garantías procesales causantes de indefensión. Por lo tanto, ambas partes pueden recurrir simultáneamente.

En el escrito de interposición el apelante deberá exponer las alegaciones en que base su impugnación y los pronunciamientos que impugna, toda vez que aquellos que no sean objeto de recurso quedarán consentidos y pasados en autoridad de cosa juzgada («tantum apellatum quantum devolutum»); así mismo, si el recurso se fundase en la infracción de normas y garantías procesales, en el escrito deberán hacerse constar las normas que se consideren infringidas y alegar, en su caso, la indefensión sufrida (art. 459 LEC).

El recurso de apelación se interpone *ante quien* ha dictado la resolución («a quo»). En la mayor parte de los casos será ante las Audiencias Provinciales y se sustancia entre dos partes: el *apelante*, cuyo interés viene determinado por la revocación de la sentencia dictada, y el *apelado* (caso de que se haya personado), cuyo interés consistirá en el mantenimiento o la confirmación de la sentencia impugnada. Como se ha indicado, nada impide que sean ambas partes quienes recurran, si los dos litigantes no están conformes con el contenido de la resolución dictada. Puede incluso ocurrir que una parte supedite su impugnación al recurso de la otra parte y no interponga su recurso hasta que no lo haga otro de los litigantes; se distingue así entre la apelación principal y la *apelación adhesiva*. Con la adhesión al recurso, el litigante queda como consecuencia de su decisión, convertido en un recurrente más, a quien se le conceden las mismas oportunidades procesales durante esta nueva instancia.

La interposición de un recurso de apelación provoca un doble efecto: *(a)* por una parte prorroga la situación de litispendencia, impidiendo que la resolución dictada en la primera instancia adquiera firmeza («efecto suspensivo») y *(b)* determina la pérdida de la jurisdicción del juez que estaba conociendo del litigio en primera instancia para traspasársela al tribunal que ha de conocerlo, de modo que, interpuesto el recurso de apelación y presentados, en su caso, los escritos de oposición o impugnación, se ordenará la remisión de los autos al tribunal competente para que resuelva la apelación, emplazando las partes para que comparezcan; si el apelante no lo hiciera dentro de plazo señalado, se declarará desierto el recurso de apelación y quedará firme la resolución recurrida. En cuanto al efecto suspensivo, éste puede ser anulado mediante la ejecución provisional de la sentencia a pesar de que haya sido recurrida (art. 524 LEC).

Así pues, la primera y la segunda instancia son en realidad dos etapas de un mismo procedimiento [PRIETO-CASTRO]. La sentencia dictada en primera instancia no deja de ser una mera expectativa, sometida en su caso a la posibilidad de que el contenido de su decisión puede ser ejecutada provisionalmente [§ XI, 4].

Este fenómeno recibe el nombre de efecto devolutivo, llamado así porque en el antiguo derecho medieval los jueces actuaban por delegación del monarca, a quien le asistía el derecho a revisar las sentencias de sus tribunales. El efecto devolutivo genera en el tribunal que vaya a conocer del recurso de apelación el deber de pronunciarse sobre los motivos que han aducido las partes como fundamento de su impugnación con la única limitación consistente en la llamada prohibición de *reformatio in peius* o reforma peyorativa. Esta prohibición impide al tribunal dictar una sentencia que agrave la situación ya reconocida por el juez de primera instancia y su fundamento radica en evitar que la parte que no ha recurrido pueda obtener una ventaja procesal en razón de su inactividad; por lo tanto, esta prohibición no opera cuando sean ambos litigantes los que hayan recurrido.

Entre las especialidades de la apelación destaca la facultad concedida a las partes de solicitar la práctica de aquellas pruebas que no se hayan podido llevar a cabo ante el juez de primera instancia por causa no imputable al recurrente o las que indebidamente les hubieran sido denegadas; para ello es preciso que la parte perjudicada haya hecho patente su disconformidad haciendo constar su oportuna protesta a los efectos de poder hacer valer su derecho en la segunda instancia y haya intentado practicarla al menos como diligencia final (STS 319/2013 [Roj 2168]).

La sentencia que resuelva el recurso de apelación revocará o confirmará la sentencia dictada en primera instancia. Como se ha dicho, el tribunal que conozca del recurso de apelación tiene reconocida la facultad de pronunciarse de nuevo sobre la pretensión deducida en la demanda a menos que haya apreciado la existencia de alguna infracción procesal que justifique la devolución de la jurisdicción al juez de instancia para que, una vez subsanada, resuelva lo que estime procedente.

3. Recurso de casación

Los países donde predomina la norma escrita como fuente primaria del derecho han tratado de garantizar la primacía de la ley a través de instituciones procesales que preserven el principio de separación de poderes y garanticen el sometimiento del juez a la ley. Así sucedió con la casación diseñada a raíz de la Revolución francesa, que ideó un sistema de revisión a través de un tribunal de casación llamado garantizar que la estructura judicial del antiguo régimen acatara la legalidad extraída de los nuevas asambleas legislativas si bien con una jurisdicción meramente negativa, circunscrita a anular (*casser*) la sentencia del juez. Para la consecución de este objetivo, el derecho español ha recurrido a una técnica que consiste en encomendar a un único órgano del poder judicial la facultad de decidir si el juez ha aplicado correctamente la ley al caso enjuiciado, consiguiendo con ello un beneficio añadido como es el de unificar las diversas interpretaciones que efectúan los tribunales inferiores.

En nuestro derecho, esta función ha estado encomendada tradicionalmente al Tribunal Supremo, que la ejerce a través del recurso de casación; ya nos hemos referido a ello anteriormente [§ *V.3 M*]. Esta función, llamada *nomofiláctica,* está dirigida a corregir las interpretaciones incorrectas o inadecuadas de los jueces de instancia, asegurando a través de la jurisprudencia, la exacta observancia de la ley (art. 1.6 CC); en este aspecto, estaríamos ante una función que tiende a asegurar el sometimiento de los jueces a la voluntad de la ley como base del principio de división de poderes [GÓMEZ ORBANEJA].

Art. 477 LEC:

El recurso de casación habrá de fundarse, como motivo único, en la infracción de normas aplicables para resolver las cuestiones objeto del proceso.

La estructura territorial ha hecho igualmente que las Comunidades Autónomas que tengan competencias para disponer de sus propias normas civiles atribuyan esta competencia a los Tribunales Superiores de Justicia de su respectiva Comunidad Autónoma; de ahí que se hable de la llamada casación foral o autonómica y que queda circunscrito a la función de determinar si ha habido una infracción de normas derecho civil, foral o especial, propio de esa Comunidad Autónoma.

A través de este recurso no pueden combatirse aspectos relativos a la valoración de los hechos realizada por tribunal que ha dictado la sentencia que se pretende impugnar. La función se reduce a determinar si se ha producido la infracción a las normas aplicables al supuesto objeto de la controversia (errores *in iudicando*). Por lo tanto, no es una nueva instancia; si estima el recurso tiene la facultad de dictar una sentencia más acorde con la interpretación que considere correcta o, en su caso, confirmar la resolución dictada bien por el juez de primera instancia o bien la dictada en segunda instancia, en función de cuál sea la que estimen más acertada.

En segundo lugar, al igual que en el recurso de apelación, el recurso de casación tampoco está abierto a cualquier proceso: pueden ser recurridas en casación exclusivamente las sentencias dictadas en procesos sobre vulneración del derecho al honor, a la intimidad personal y la propia imagen, las sentencias dictadas en aquellos procesos cuya cuantía exceda de 600.000 euros y cuando la cuantía del proceso no excediere de dicha cantidad o se haya tramitado por razón de la materia, siempre que, en ambos casos, la resolución del recurso presente *interés casacional*; mediante la noción de interés casacional, el Tribunal Supremo cumple además una función *uniformadora* de la jurisprudencia y garantiza el principio de igualdad en la aplicación de la ley.

Por lo tanto, tal como ha señalado la doctrina, la función uniformadora de la jurisprudencia es consecuencia de la defensa del *ius litigatoris*, toda vez que su finalidad está orientada a garantizar el principio de igualdad ante la ley y la seguridad jurídica [GONZÁLEZ-CUELLAR SERRANO]. Así pues, la casación cumple una doble finalidad. Una primera derivada de la protección del *ius litigatoris*, ya que permite a la parte que se considere perjudicada por la resolución tener la oportunidad de obtener una sentencia más acertada; pero también está concebida en beneficio de la ciudadanía, ya que cumple una función de carácter público, en la medida en que garantiza una mayor capacidad de acierto de los tribunales, lo que sirve para generar confianza en el sistema judicial al hacerlo más predecible y fiable.

> *Se considerará que un recurso presenta* interés casacional *cuando la sentencia recurrida se oponga a la doctrina jurisprudencial del Tribunal Supremo o resuelva puntos y cuestiones sobre los que exista jurisprudencia contradictoria de las Audiencias Provinciales o aplique normas que no lleven más de cinco años en vigor, siempre que, en este último caso, no existiese doctrina jurisprudencial del Tribunal Supremo relativa a normas anteriores de igual o similar contenido.*

En el derecho español se da la particularidad de que siempre que la sentencia sea susceptible de recurso de casación, la ley también permite a las partes alegar infracciones de carácter procesal en el supuesto que se haya vulnerado alguna de las garantías reconocidas en el art. 24 de la Constitución (errores «in procedendo»). Esto ha de llevarse a cabo interponiendo *simultáneamente* junto al recurso de casación el recurso extraordinario por infracción procesal. La posibilidad de que se pueda entrar a conocer sobre un motivo por infracción procesal está condicionada a que la sentencia sea recurrible en casación, tal como ha señalado la jurisprudencia al interpretar el régimen transitorio establecido en la Disposición Final 16ª de la Ley de Enjuiciamiento Civil, aun vigente tras la decisión del legislador de abandonar su propósito inicial de atribuir el conocimiento del recurso extraordinario por infracción procesal a los Tribunales Superiores de Justicia.

Con ello nuestro derecho incorpora las dos modalidades tradicionales de recurso de casación: el recurso de casación por *infracción de ley* y el recurso de casación por *quebrantamiento de forma* («recurso extraordinario por infracción procesal»).

Art. 469 LEC:

El recurso extraordinario por infracción procesal sólo podrá fundarse en los siguientes motivos:

1º. Infracción de las normas sobre jurisdicción y competencia objetiva o funcional.

2º. Infracción de las normas procesales reguladoras de la sentencia.

3º. Infracción de las normas legales que rigen los actos y garantías del proceso cuando la infracción determinare la nulidad conforme a la ley o hubiere podido producir indefensión.

4º. Vulneración, en el proceso civil, de derechos fundamentales reconocidos en el art. 24 de la Constitución.

Sólo procederá el recurso extraordinario por infracción procesal cuando, de ser posible, ésta o la vulneración del art. 24 de la Constitución se hayan denunciado en la instancia y cuando, de haberse producido en la primera, la denuncia se haya reproducido en la segunda instancia. Además, si la violación de derecho fundamental hubiese producido falta o defecto subsanable, deberá haberse pedido la subsanación en la instancia o instancias oportunas.

Ambos recursos deberán interponerse en un mismo escrito y sustanciarse a través de un mismo procedimiento. El tribunal examinará el escrito de interposición de ambos recursos e inadmitirá el recurso de infracción procesal si la sentencia no fuera susceptible de recurso de casación. Por eso, si la causa alegada se fundara en la existencia de interés casacional, a la hora de admitirlo el Tribunal Supremo suele ser muy riguroso a fin de evitar que la simple alegación formal de la procedencia del recurso de casación fundamentado en este motivo universalice el recurso por infracción procesal de modo que aquél pueda interponerse sin fundamento alguno y con la única finalidad de lograr la admisión de éste (STS 559/2012 [RoJ 6325]).

El recurso de casación propiamente dicho tiene como objeto exclusivo revisar la aplicación de las normas sustantivas que han servido al juzgador para resolver las cuestiones objeto del proceso; no alcanza a las infracciones de naturaleza procesal *cuya corrección debe examinarse en el marco del recurso extraordinario por infracción procesal, dejando el de casación limitado a una estricta función revisora del juicio jurídico consistente en la determinación del alcance y significado jurídico de los hechos probados* (STS 792/2012 [RoJ 3150]).

No obstante, la ley permite interponer un recurso exclusivamente por los motivos de orden procesal sin necesidad de formular recurso de casación frente a las sentencias dictadas en los procesos para la tutela judicial civil de los derechos fundamentales (excepto los que reconoce el art. 24 de la Constitución) y en aquellos procesos de cuantía superior a 600.000 euros.

Un desarrollo sobre la interpretación de la ley en este aspecto se encuentra en el Acuerdo del Tribunal Supremo de 30 de diciembre de 2011.

4. La anulación de sentencias firmes

A) Fundamento

Ya se dicho que la finalidad de los recursos es obtener, mientras el procedimiento está iniciado, una resolución judicial más acertada respecto de la que ha sido dictada. Como es sabido, la interposición de un recurso impide que la sentencia dictada en primera instancia o, en su caso, la dictada en segunda instancia (si frente a ella cabe recurso de casación), alcance los efectos de cosa juzgada y también sabemos que la cosa juzgada es el mecanismo que el derecho proporciona para garantizar la certidumbre de las relaciones jurídicas que han sido objeto de controversia, excluyendo que pueda promoverse un nuevo proceso entre las mismas partes y en relación con la misma pretensión.

No obstante, la ley quiere que, concurriendo determinadas circunstancias, esta situación pueda combatirse permitiendo a las partes obtener la nulidad de las actuaciones seguidas o la rescisión del proceso ya terminado; es este aspecto, aunque se les suele asignar el carácter de recursos extraordinarios, técnicamente sólo cabe entenderlas como acciones de impugnación autónomas dirigidas a anular los efectos de cosa juzgada de un determinado proceso. Como cabe imaginar, esta posibilidad está concebida de forma absolutamente excepcional y sometida en cuanto su ejercicio a unos controles muy rigurosos. Los dos remedios más paradigmáticos de este tipo de acciones son el recurso de audiencia al litigante juzgado en ausencia y el llamado «recurso de revisión».

B) El recurso de audiencia al litigante condenado en su ausencia

Como ya se ha indicado, el demandado no tiene obligación de participar ni de intervenir en el proceso; si no lo hace no se desarrolla ninguna actividad adicional para ponerle al corriente de las resoluciones que se vayan adoptando. La ley parte de la base de que se le ha notificado la existencia del proceso y que, por lo tanto, su incomparecencia es voluntaria, pues se presume que el tribunal ha cumplido con su obligación de emplazar correctamente al demandado. Por eso, el único deber que pesa sobre el órgano judicial es notificarle la sentencia dictada por si decide comparecer posteriormente en el caso de que haya sido condenando a fin de impugnarla si le resulta desfavorable.

A pesar de ello no excluye que su ausencia se haya debido a causas ajenas a su voluntad y sabemos que el derecho a la tutela judicial efectiva impide que nadie pueda ser condenado si haber sido previamente oído. La ley establece el mecanismo adecuado para dar respuesta a aquellas situaciones en que el demandado haya sido condenado en su ausencia a fin de darle la oportunidad de purgar su rebeldía y obtener la nulidad o la rescisión del proceso seguido en su contra. Para lo cual es preciso que justifique las razones de su incomparecencia alegando, bien la imposibilidad de personarse debido a causas de fuerza mayor, o bien acreditando el desconocimiento de la existencia del proceso seguido en su ausencia.

La demanda dirigida a obtener la rescisión habrá de interponerse ante el juzgado que haya dictado la sentencia firme y se sustanciará por el procedimiento del juicio ordinario, frente a cuya decisión no cabrá ulterior recurso. En el supuesto de que concediera la audiencia se anularía todo el proceso y se restablecería al demandado en su derecho a comparecer y contestar a la demanda interpuesta.

C) La revisión civil

La revisión tiene por finalidad la anulación de un proceso cuando se acredite la existencia de hechos que hayan podido inducir al juez a cometer un error (*propter falsa*) o hayan aparecido hechos nuevos que no pudieron ser tenidos en cuenta a la hora de resolver (*propter nova*); dadas las consecuencias de la revisión, ésta se admite de manera excepcional y siempre que concurren las causas o motivos que vienen establecidos en la ley. Así mismo, la revisión no puede solicitarse en cualquier momento; a fin de dar estabilidad a las resoluciones judiciales, la posibilidad de obtener la revisión de una sentencia está sometida a un plazo preclusivo: cinco años desde que la sentencia haya sido dictada.

La ley permite solicitar la revisión de una sentencia firme en el supuesto de que se recobren documentos decisivos o haya sido declarada posteriormente su falsedad, o la sentencia haya recaído en virtud de la declaración de un testigo o un perito condenado por falso testimonio o ha sido obtenida en virtud de cohecho, violencia o maquinación fraudulenta (art. 510 LEC).

Acreditada la causa de la revisión se procederá igualmente a la anulación del procedimiento con los efectos que procedan en función de cual haya sido el motivo que ha dado lugar a la anulación.

XI. LA EJECUCIÓN FORZOSA

1. El derecho a la ejecución

La ejecución comprende todo aquel conjunto de actividades de naturaleza jurisdiccional destinadas a obtener el cumplimiento forzoso de la resolución dictada y, por lo tanto, es una fase procesal dispuesta ante la eventualidad de que el condenado no cumpla voluntariamente con la obligación contenida en aquélla. Por eso se dice que la ejecución forzosa tiene *carácter sustitutivo,* porque sustitutiva o *secundaria* es también la actividad jurisdiccional en esta fase, en la que el tribunal viene a suplir con su actividad la que debiera haber realizado el condenado para la satisfacción del derecho declarado en la resolución [CALAMANDREI]; eso no significa que el tribunal venga obligado a realizar por sí mismo todas las actuaciones materiales que lleven al cumplimiento de dicha finalidad sino a disponer todo lo necesario para pueda llevarse a cabo.

Ya se ha visto que desde el punto de vista constitucional, el derecho a la ejecución de las sentencias y demás resoluciones firmes forma parte del contenido esencial del derecho a la tutela judicial efectiva, evitando con ello que las resoluciones de los tribunales queden convertidas en meras declaraciones de intenciones. El derecho a obtener la ejecución de las sentencias está atribuido a quien ha obtenido de ellas un pronunciamiento favorable a sus pretensiones y su derecho no haya podido ser restablecido por la falta de cumplimento del condenado; en este aspecto, son susceptibles de ejecución forzosa las sentencias que han adquirido firmeza y como veremos seguidamente aquellas otras que, aun no siendo firmes, se han visto favorecidas por una resolución judicial que autoriza su ejecución provisional.

2. Presupuestos de la ejecución forzosa

Para que tenga lugar la ejecución forzosa es preciso que concurran tres requisitos: (a) *título de ejecución,* (b) *acción ejecutiva* y (c) *patrimonio ejecutable* [COUTURE]. La ejecución deberá siempre fundarse en un título que lleve aparejada ejecución. El título puede ser de naturaleza jurisdiccional, entendiendo por tal el obtenido a través del un proceso del que resulte una declaración en la que se condene al demandado a una prestación jurídicamente exigible, ya sea de hacer, no hacer o entregar cosa determinada. Así pues, no se despachará ejecución de las sentencias meramente declarativas de derechos o constitutivas, esto es, las que supongan la extinción, modificación o creación de un derecho o una situación jurídica (art. 521 LEC). El título de ejecución por excelencia es la sentencia que condena a una prestación susceptible de ser realizada a través de medios coactivos que el derecho dispone a tal fin.

Art. 517 LEC:

La acción ejecutiva deberá fundarse en un título que tenga aparejada ejecución.

La ejecución forzosa no puede ser acordada por el juez si la parte favorecida por la resolución no la solicita. A través de la solicitud, el titular del derecho que la sentencia ha reconocido (acreedor), renueva su pretensión de tutela ante la falta de cumplimiento voluntario por parte del condenado. A estos efectos, la ley establece un plazo de veinte días (*plazo de espera*), a fin de comprobar esta circunstancia (art. 548 LEC). La petición de ejecución ha de ser deducida ante el juez que dictó la sentencia en primera instancia. La ley quiere que el condenado haga exactamente lo que le ordena la sentencia por eso establece medidas especiales para garantizar su cumplimiento específico a fin de que ejecute en sus propios términos (art. 18 LOPJ).

Esta prevención tiene una incidencia muy particular cuando se trata del cumplimiento de obligaciones de hacer, no hacer o entregar la cosa que el demandante haya reclamado. Sin embargo, no siempre es posible. Como alternativa, se establece la posibilidad de que este tipo de ejecuciones se transformen en una condena al pago de una cantidad como compensación a la falta de colaboración del deudor. Se denomina ejecución dineraria aquella dirigida a obtener el metálico necesario para efectuar el pago de la cantidad objeto de la condena (principal, intereses y costas), al que ha obtenido una resolución favorable a su derecho o en el caso de que el condenado se resista a su cumplimiento voluntario en la forma establecida en la sentencia. Esto sólo puede conseguirse, a falta de un cumplimiento voluntario, afectando el patrimonio del condenado a la ejecución despachada.

Y dado que el deudor responde de sus obligaciones con todos sus bienes presentes y futuros (art. 1.911 CC), la ejecución forzosa sólo terminará cuando el acreedor haya visto satisfecho la totalidad de su crédito (art. 570 LEC).

Art. 570 LEC:

La ejecución forzosa sólo terminará con la completa satisfacción del acreedor ejecutante.

En el caso de que sean varios los deudores los que se dirijan simultáneamente contra el patrimonio del deudor, una vez acreditada la insolvencia, la ley les faculta para que se le declare en situación de concurso; esta situación está regulada por la Ley Concursal y permite la liquidación de todos sus bienes (*concurso necesario*); lo mismo podrá hacer el propio deudor cuando entienda que no va a poder hacer frente a sus obligaciones (*concurso voluntario*) y obtener, en su caso, y mediante convenio una moratoria o rebaja de sus deudas. La declaración de concurso provoca la suspensión de los procesos de ejecución iniciados, salvo para las ejecuciones de bienes hipotecados o pignorados (art. 568 LEC).

Normalmente la ejecución se lleva a cabo mediante el embargo de los bienes del deudor a fin de proceder a su venta en pública subasta y con lo que se obtenga satisfacer el crédito del acreedor. Esta actividad procesal recibe el nombre de procedimiento de apremio. Previamente hay proceder al embargo de sus bienes. El *embargo* es una medida que tiene por objeto trabar o afectar determinados bienes del deudor a los efectos de la ejecución. Aunque el deudor conserva la titularidad de los bienes embargados, sufre por medio de esta decisión importantes restricciones a su libertad de disposición. Pueden ser objeto de embargo todos los bienes que pertenezcan al deudor y que sean susceptibles de ser realizados o convertidos en metálico.

La ley impide que sean embargados determinados bienes y, tratándose de sueldos o retribuciones, únicamente hasta una determinada cuantía. Ya que la ejecución de créditos de escasa cuantía puede afectar a todo el patrimonio del condenado, establece un orden de bienes embargar para el caso de que el ejecutado no designe cuáles pueden ser objeto del mismo.

Si a un tercero ajeno al proceso se le embarga por error un bien que le pertenece puede interponer una *tercería de dominio* y evitar que el bien quede afecto a la ejecución. Los bienes embargados se realizan en la *subasta*, adjudicándose al mejor postor y es, con el producto de la venta, con lo que se paga al acreedor.

3. Ejecución de otros títulos. Especial referencia al juicio monitorio

Con el fin de reforzar el cumplimiento de determinadas obligaciones pecuniarias, la ley permite acceder a la ejecución forzosa para la reclamación de cantidades incorporadas a títulos aunque su existencia no haya sido judicialmente declarada con anterioridad, siempre que la deuda conste en documentos porque se entiende que acreditan a primera vista (*prima facie*) la existencia de un derecho de crédito en favor de quien lo hace valer.

Así mismo, en algunos casos la ejecutabilidad el título se puede obtener mediante un tipo de procesos que tienen una *predominante función ejecutiva*, tal como sucede con el proceso monitorio o el juicio para la ejecución de obligaciones contenidas en letras de cambio, pagarés o cheques o en el procedimiento para la ejecución de títulos no judiciales (art. 517 LEC). En este tipo de procesos, la ley otorga una inicial credibilidad al derecho del actor y relega, a través de un sistema de contradicción diferida, la defensa del demandado a un momento posterior, permitiéndole que una vez aseguradas las cantidades presuntamente adeudadas a través del embargo de sus bienes se pueda entrar a discutir definitivamente sobre la existencia de la deuda. El procedimiento de ejecución en estos supuestos, aun siendo el mismo que se utiliza para la ejecución forzosa de los títulos judiciales, presenta ciertas especialidades a fin restablecer la igualdad de condiciones ante la pretensión deducida de forma tan expeditiva, todas ellas derivadas de la necesidad de conferir el deudor los medios para poder oponerse a la ejecución que en su momento fue despachada en su contra («cum clausula iustificativa»).

Entre ellos destaca por su importancia en la actualidad el llamado *juicio monitorio*. La ley autoriza a acudir al juicio monitorio para reclamar cantidades, cualquiera que sea su importe, cuando la deuda se acredite mediante documentos (independientemente de la forma y clase o el soporte en que se encuentren), que aparezcan firmados por el deudor (o con su sello, impronta o marca o con cualquier otra señal, física o electrónica) o, no estando firmados, la deuda se haga valer mediante otros documentos (facturas, albaranes de entrega, certificaciones, telegramas, telefax o cualesquiera que acrediten la obligación de pago) siempre que sean de los que habitualmente documentan los créditos y deudas en las relaciones entre acreedor y deudor (art. 812 LEC).

El juicio monitorio constituye un medio para obtener de una forma rápida y sencilla un mandato de pago ya que reduce considerablemente los inconvenientes de la rebeldía del deudor ya que le obliga a comparecer y a defenderse si no quiere que le ejecuten directamente; de esta manera, al invertirse la posición procesal de las partes, se facilita la reclamación de cantidades que *previsiblemente* no van a ser discutidas por el deudor debido al grado de certeza que la ley asigna al derecho documentado en el título [TOMÁS Y VALIENTE].

El principio viene sustentado en la idea de que la inactividad del deudor ante al requerimiento tiene efectos similares a la *confessio in iure*, de modo que la incomparecencia es interpretada por la ley como una renuncia implícita a la defensa y a la aceptación incondicionada de la deuda, que es lo que sirve al acreedor para acceder a su ejecución sin necesidad de una previa declaración judicial. En este sentido, hay que partir de la base de que mediante la técnica que incorpora el proceso monitorio lo único que se persigue es facultar a quien afirme ser acreedor el poder de obtener un *mandato de pago* respecto del cual el requerido sólo puede asumir dos posturas para enervarlo: pagar o dar razones de por qué no paga, esto es, oponerse. La orden de pago, que en ningún momento presupone la existencia de la deuda, queda sin efecto si el requerido comparece y contesta.

El carácter ejecutivo de este juicio no deriva de una resolución judicial, ni en nuestro caso, del Decreto emitido por el secretario del juzgado, sino por el hecho de que por medio de ese juicio se confiere al acreedor el derecho a ejecutar el crédito cuando el juez entiende que el deudor, una vez requerido, carece de excepciones que oponer; de ahí la enorme importancia de que el mandato de pago contenga los elementos necesarios para que el deudor pueda identificar el objeto de la reclamación que se le exige ya que si el deudor no se opone, el derecho de crédito que ha servido de base al requerimiento se convierte en indisputable («pro veritate accipitur»); por eso, la petición inicial no es una demanda porque en ella no se deduce pretensión alguna.

El mandato de pago se hace a condición de que al deudor se le confiera la posibilidad de defenderse y de oponer las excepciones que considere oportunas. Por eso, como se ha dicho con indudable acierto, en justa compensación para el deudor por el modo en que ha sido admitida a trámite la solicitud, la ley ha configurado una oposición de forma amplia y abierta en la que cabe discutir todo tipo de cuestiones de fondo [Correa Delcasso]. La oposición por ello tiene importantes consecuencias ya que da por terminado el proceso monitorio propiamente dicho.

A partir de ahí, el solicitante, si realmente pretende seguir adelante con el ejercicio de su acción, está obligado a plantear su pretensión a través del juicio declarativo que corresponda en función de la cuantía de la reclamación, teniendo en cuenta que la sentencia que en su día se dicte tendrá plenos efectos de cosa juzgada (art. 818 LEC). Este proceso de emancipación respecto de la fase previa constituye una de las principales características del juicio monitorio. Esta es la razón por la que algunos autores siempre defendieron que se trataba de un acto de jurisdicción voluntaria [Cortés Domínguez].

La gran ventaja de estos procedimientos consiste precisamente en erigirse en un medio de evitar el proceso en aquellos supuestos en que no exista propiamente una controversia sino simplemente una resistencia injustificada del deudor a cumplir con sus obligaciones [Pérez Ragone]; dado que se trata de un sistema muy expeditivo de administrar justicia suele ser un medio idóneo para hacer frente a los excesos de litigiosidad; de ahí que el legislador recurra a la técnica sobre la que se sustenta el juicio monitorio para proporcionar una tutela rápida y eficiente para la defensa de otro tipo de bienes jurídicos.

Sin embargo, estas ventajas se oponen a la necesaria tutela que deben dispensar los tribunales en determinadas controversias como sucede con aquellas en que afectan a derechos de los consumidores. Así pues, tal como ha declarado la sentencia de 14 de junio de 2012 del Tribunal de Justicia de la Unión Europa, al igual que ya hace en los supuestos de las ejecuciones ordinarias (art. 552 LEC) e hipotecarias (art. 695 LEC), sería preciso dotar al juez del monitorio de mecanismos procesales para que esté en condiciones de apreciar de oficio la existencia de clausulas abusivas también en este tipo de reclamaciones, incluso antes de proceder al requerimiento de pago al que se ha aludido.

4. La ejecución provisional

Como sabemos, la interposición de un recurso contra la sentencia produce el efecto de prorrogar los efectos de la *litispendencia*, de manera que la decisión adoptada por el juez es susceptible de ser revocada por otro tribunal en virtud del recurso, lo que en principio impide que pueda ser ejecutada. Una de las mayores innovaciones de la Ley de Enjuiciamiento Civil fue haber tratado de modificar el régimen que venía siendo aplicable a la ejecución provisional con el fin de reforzar la posición procesal de quien ha obtenido una sentencia a su favor en la primera instancia, procurando con ello aspirar al ideal, no siempre alcanzable, de la inmediata ejecutabilidad de la sentencia dictada en el primer grado jurisdiccional. Así pues, la ley concede al litigante vencedor el derecho a obtener la ejecución provisional de la resolución dictada en la instancia en tanto se resuelve el recurso que haya interpuesto el demandado.

La ejecución provisional podrá pedirse desde la notificación de la resolución en que se tenga por interpuesto el recurso de apelación sin necesidad de prestar ninguna garantía. El deudor únicamente puede oponerse a actuaciones ejecutivas concretas del proceso de ejecución, en tanto en cuanto entienda que dichas actuaciones pueden causar una situación absolutamente *imposible de restaurar o de compensar* en caso de revocación y si por cualquier razón la restitución resultara imposible, el ejecutado tendrá, en caso de revocación, derecho a reclamar una indemnización por los daños y perjuicios causados.

Esta modalidad de ejecución se rige por las mismas reglas establecidas para la definitiva, hasta el punto de que si la sentencia dictada en segunda instancia fuera confirmatoria de la dictada en primera instancia, la ejecución se reanudaría en el lugar donde haya quedado, y continuará si aún no hubiera terminado. El principio de identidad en cuanto al contenido de la ejecución es el que determina que la ley conceda a las partes intervinientes en la ejecución provisional los mismos derechos y facultades que en la ordinaria.

En razón a la irreversibilidad de la situación que ocasionaría la ejecución, no son susceptibles de ejecución provisional las sentencias dictadas en procesos de paternidad, maternidad, filiación, nulidad de matrimonio, separación, divorcio, capacidad, estado civil y derechos honoríficos. La ley excluye igualmente la ejecución provisional de las sentencias que declaren la nulidad o caducidad de títulos de propiedad industrial y la de los pronunciamientos de carácter indemnizatorio de las sentencias que declaren la vulneración de los derechos al honor, a la intimidad personal y familiar y a la propia imagen.

XII. LA TUTELA CAUTELAR

1. Las medidas cautelares

Ante la eventualidad de que el demandado pueda, por actos propios o ajenos, poner en peligro la ejecución de la sentencia que en su momento se dicte o que, simplemente, por el transcurso del tiempo la tutela que se pretenda pueda dejar de tener sentido, la ley permite que todo demandante pueda solicitar la adopción de las medidas cautelares que considere necesarias para asegurar la efectividad de la tutela judicial que en su momento pudiera otorgarse. Ello supone, en consecuencia, el reconocimiento de un derecho, incardinado en el derecho general de accionar y, por lo tanto, susceptible de la tutela a la que hace referencia el art. 24 de la Constitución, que concede la posibilidad de obtener, siempre que concurran los presupuestos necesarios, una resolución por la que se acuerde la medida solicitada.

Sin embargo, el juez no se encuentra en modo alguno vinculado por la petición del solicitante ni su decisión prejuzga el resultado del proceso. En esta materia no rige, por tanto, el principio de congruencia en toda su extensión. A la vista de la solicitud, el juez puede acordar la medida que considere más oportuna. En este sentido, es claro que el juez viene obligado a acordar la que considere más adecuada en función de la efectividad del derecho que se pretende garantizar.

Por regla general, la competencia para conocer de las solicitudes de medidas cautelares se atribuye al juez que esté conociendo del asunto en primera instancia o, si el proceso aun no se hubiese iniciado, el que sea competente para conocer de la demanda. Para conocer de las solicitudes relativas a medidas cautelares que se formulen durante la sustanciación de la segunda instancia o de un recurso de casación, será competente el tribunal que conozca de la segunda instancia o de dicho recurso.

2. Características de las medidas cautelares

El juez podrá acordar como medida cautelar cualquier actuación que reúna las siguientes *características*: *(a)* ser exclusivamente conducente a hacer posible la efectividad de la tutela judicial que pudiere otorgarse en una eventual sentencia estimatoria, de modo que no pueda verse impedida o dificultada por situaciones producidas durante la pendencia del proceso correspondiente, y *(b)* no ser susceptible de sustitución por otra medida igualmente eficaz, pero menos gravosa o perjudicial para el demandado. Así mismo, podrá acordar como medida cautelar cualquier medida que consista en *órdenes* o *prohibiciones* que tengan un contenido similar a lo que se pretende en la demanda.

Las medidas cautelares, por su propia naturaleza, están subordinadas a la existencia de un proceso, a cuya efectividad sirven. Así, pues, la *instrumentalidad* constituye la característica más relevante de las medidas cautelares, criterio que resulta decisivo para distinguirlas de otras figuras afines. No existe medida cautelar sin un proceso al cual aquélla se encuentre funcionalmente subordinada, es decir, no tiene un fin en sí misma sino que ha de encontrarse al servicio del proceso principal; eso significa que, con carácter general, la medida cautelar mantiene su vigencia mientras exista el proceso principal.

No todas las medidas cautelares sirven para ser aplicadas a todo tipo de procesos. La ley no establece una lista tasada y cerrada de medidas cautelares, lo que sin duda hubiera contribuido a limitar en exceso las posibilidades del actor en relación con la clase de tutela que pretende garantizar. Sin embargo, las medidas cautelares tienen en principio que ser homogéneas con la ejecución que pretende garantizar y adaptarse a la naturaleza del derecho que se ejercita, pero en ningún caso puede el juez acordar una medida más gravosa que las solicitada.

No obstante, la dependencia de la medida cautelar no supone que ésta se encuentre sometida a los mismos presupuestos que aquél; todo lo contrario. Las medidas cautelares se adoptan bajo unos presupuestos procesales propios y con un procedimiento distinto del principal. Ya hemos visto que la tutela cautelar responde a una serie de principios específicos ya que parte de la existencia de un derecho que se encuentra sobreentendido en las normas procesales y que es lo que explica que el interesado pueda obtener del juez la adopción de los medios adecuados que aseguren la eficacia práctica de la decisión adoptada en el proceso principal (*acción cautelar*). Por consiguiente, la medida cautelar, además, está sujeta a los cambios que se sucedan durante la sustanciación del proceso principal, lo cual implica la necesidad de modificarlas si han variado las circunstancias que fueron tenidas en cuenta al tiempo de acordarlas («rebus sic stantibus»).

Como se ha indicado, la instrumentalidad de la tutela cautelar está subordinada a la decisión que finalmente deba adoptarse sobre el objeto del proceso principal ya que lo que viene a asegurar son los riesgos que la duración del proceso puede ocasionar y, por este motivo, las medidas cautelares son siempre provisionales. La naturaleza esencialmente provisional que caracteriza a las medidas cautelares constituye un elemento distintivo frente a otro tipo de procesos autónomos que pueden tener, a primera vista, una finalidad cautelar, de modo que la resolución que ponga fin al proceso tendrá como principal efecto derogar todas aquellas medidas que hayan sido acordadas durante la sustanciación del mismo.

Hay que tener en cuenta no obstante que la *provisionalidad* de una medida cautelar siempre está en función de la finalidad que se pretende perseguir con la misma, razón por la cual su vigencia no puede hacerse depender exclusivamente de lo que dure el proceso principal. Habrá medidas cuya duración esté condicionada por el tiempo estrictamente necesario para asegurar el estado de cosas que con la misma se trata de prevenir. Así, pues, las medidas cautelares se extinguen no sólo cuando recaiga sentencia definitiva sino también cuando resulte inidónea para el cumplimiento de sus propios fines o, en su caso, cuando la ley imponga su sustitución por otro tipo de medida alternativa.

3. Presupuestos para la adopción de las medidas cautelares. La apariencia de buen derecho. El peligro por la mora procesal. La necesidad de prestar caución

El hecho de que las medidas cautelares se justifiquen en función de un proceso pendiente y de la duración que pueda llegar a tener, constituye uno de los presupuestos esenciales de las medidas cautelares que no permite que pueda adoptarse sin más, simplemente porque el actor lo pida. Por esa razón, la ley exige en quien las solicite que justifique que, en el caso de que se trate, podrían producirse durante la pendencia del proceso, de no adaptarse las medidas solicitadas, situaciones que impidieren o dificultaren la efectividad de la tutela que pudiere otorgarse en una eventual sentencia estimatoria (art. 728 LEC). Es preciso que acredite lo que la ley denomina *apariencia de buen derecho* («fumus boni iuris»), esto es, que ostente un título que *prima facie* le haga acreedor de la medida que pretende que sea acordada.

La medida cautelar se adopta sin saber cuál va a ser el resultado final del proceso y por lo tanto con carácter provisional, lo que impone la necesidad de que el solicitante aporte un principio de prueba del derecho que reclama; de acuerdo con ello, la ley exige por tanto que el solicitante presente en su escrito los datos, argumentos y justificaciones documentales que conduzcan a fundar un juicio provisional e indiciario favorable al fundamento de su pretensión.

El solicitante ha de acreditar también el *peligro por la mora procesal* («periculum in mora») que constituye un elemento adicional que el juez ha de tener en cuenta a la hora de decretar una medida cautelar. El solicitante de la medida cautelar debe además prestar caución suficiente para responder de los daños y perjuicios que la adopción de la medida cautelar pudiera causar al demandado. La necesidad de prestar caución o fianza es pues lógica consecuencia de la naturaleza meramente provisional de la medida cautelar. La cuantía de la caución se determinará atendiendo a la naturaleza y contenido de la pretensión y a la valoración que sobre el fundamento de la solicitud de la medida realice el solicitante.

4. Procedimiento para la adopción de medidas cautelares

Las medidas cautelares no pueden ser acordadas de oficio por el tribunal; tampoco el interesado por una medida cautelar puede solicitarla cuando mejor le convenga. La ley establece unos momentos de carácter preclusivo en función de determinadas circunstancias. Las medidas cautelares se solicitarán, de ordinario, junto con la demanda (art. 730 LEC). No obstante, podrán también solicitarse antes de la interposición de la demanda si además de los presupuestos generales, en ese momento se acreditan razones de urgencia o necesidad; en este caso, las medidas que se hubieran acordado quedarán sin efecto si la demanda no se presentase en los veinte días siguientes a su adopción.

Como regla general, el órgano jurisdiccional resolverá la petición previa audiencia del demandado. No obstante, cuando el solicitante así lo pida y justifique que concurren razones de urgencia, o que, de hacerse, se puede comprometer el buen fin de la medida, podrá acordarla directamente exponiendo las razones que han aconsejado acordarla sin audiencia del demandado. Contra el auto que acuerde medidas cautelares de esta manera no cabrá recurso alguno pero el perjudicado podrá formular oposición en el plazo de veinte días a contar desde la notificación de dicha resolución (art. 732 LEC). Si a la vista de las alegaciones y las justificaciones el juez estimase que concurren todos los requisitos establecidos y considerase acreditado, el peligro de la mora procesal atendiendo a la apariencia de buen derecho, accederá a la solicitud y fijará con toda precisión la medida o medidas cautelares que acuerde y precisará el régimen a que han de estar sometidas, determinando, en su caso, la forma, cuantía y tiempo en que deba prestarse caución por el solicitante.

Como se ha dicho, la medida cautelar es siempre provisional, sujeta por tanto a los cambios que se sucedan durante la sustanciación del procedimiento principal y no prejuzga en absoluto la decisión que vaya a adoptar el juez. Esta es la razón por la que la ley concede a las partes la facultad de revisar las medidas acordadas en caso de que hayan variado las circunstancias que fueron tenidas en cuenta al tiempo de decretarlas. Así pues, las medidas cautelares podrán ser modificadas probando la existencia de hechos y circunstancias que no pudieron tenerse en cuenta al tiempo de su concesión (art. 743 LEC).

Si el demandado hubiera sido absuelto, el órgano judicial deberá ordenar el inmediato alzamiento de las medidas cautelares adoptadas, salvo que medie recurso contra la sentencia y el recurrente solicitase su mantenimiento al tiempo de interponerlo (también está facultado en, en función del contenido del fallo a solicitar la adopción de alguna medida cautelar distinta). En este caso, el tribunal, oída la parte contraria y antes de remitir los autos al órgano competente para resolver el recurso contra la sentencia, resolverá lo que proceda sobre la solicitud, atendiendo a la subsistencia de los presupuestos y circunstancias que justifiquen el mantenimiento de dichas medidas (art. 744 LEC).

Made in the USA
Monee, IL
05 November 2026

67809050R00138